Tod und ewiges Leben

Werner Zager (Hrsg.)

Tod und ewiges Leben

EVANGELISCHE VERLAGSANSTALT
Leipzig

Bibliographische Information der Deutschen Nationalbibliothek
Die Deutsche Nationalbibliothek verzeichnet diese Publikation in der Deutschen Nationalbibliographie; detaillierte bibliographische Daten sind im Internet über http://dnb.dnb.de abrufbar.

Printed in Germany · H 7778

Das Buch wurde auf alterungsbeständigem Papier gedruckt.

Cover: Zacharias Bähring, Leipzig
Satz: Raphael Zager, Tübingen
Druck und Binden: Hubert & Co., Göttingen

ISBN 978-3-374-03902-9
www.eva-leipzig.de

Vorwort

Der in unserer Zeit zu beobachtende Wandel der Bestattungskultur ist ein Indiz dafür, dass sich die Einstellungen zu Leben und Tod innerhalb der Gesellschaft ändern. Theologie und Kirche sollte dies Anlass sein, neu darüber nachzudenken, was christliche Hoffnung über den Tod hinaus bedeutet.

Da sich in der postmortalen Erwartung des einzelnen Menschen heutzutage Vorstellungen aus verschiedenen Religionen miteinander verbinden, gilt es, neben dem christlichen Hoffnungspotential auch die entsprechenden Vorstellungen der anderen Weltreligionen in den Blick zu nehmen. Darüber hinaus soll danach gefragt werden, wie in Literatur, Philosophie und Musik Tod und ewiges Leben thematisiert worden sind. Schließlich kann die Medizin in einer Zeit, in der die Grenze zwischen Leben und Tod fließend geworden ist, zu einem naturwissenschaftlich fundierten Verständnis von Sterben und Tod verhelfen.

Die Beiträge gehen auf Vorträge zurück, die im Rahmen der Jahrestagung des Bundes für Freies Christentum vom 11. bis 13. Oktober 2013 in der Evangelischen Akademie Loccum gehalten wurden. Die Tagung fand in Kooperation mit der Akademie und der Evangelischen Erwachsenenbildung Worms-Wonnegau statt.

Der Bund für Freies Christentum versteht sich als ein Forum für offenen religiösen Dialog und ist ein Zusammenschluss überwiegend protestantischer Christen, die sich für eine persönlich verantwortete undogmatische, weltoffene Form des christlichen Glaubens einsetzen und dabei ein breites Spektrum von Auffassungen zu integrieren suchen (Geschäftsstelle des Bundes: Felix-Dahn-Straße 39, 70597 Stuttgart; Homepage: www.bund-freies-christentum.de).

Eine willkommene Ergänzung der auf der Tagung gehaltenen Vorträge bieten die Beiträge von Erwin Martin und Dr. Andreas Rössler.

Mein Dank gilt Frau Dr. Annette Weidhas für die Aufnahme des Bandes in das Programm der Evangelischen Verlagsanstalt und die gute Zusammenarbeit bei der Veröffentlichung. Der Ulrich-Neuenschwander-Stiftung (Bern) sei gedankt für die freundliche Gewährung eines Druckkostenzuschusses. Schließlich möchte ich auch meinem Sohn stud. theol. Raphael

Zager herzlich danken für die sorgfältige Erstellung der Druckvorlage und die Anfertigung des Personenregisters.

Frankfurt am Main, im März 2014 Werner Zager

Inhalt

Vorwort 5

Michael Blume

Tod und Jenseits in der Evolution der Religionen 9

Erwin Martin

Der Tod in der Literatur
Ein Panorama 17

Hans-Georg Wittig

Sterben lernen – Philosophie angesichts des Todes (I) 33

Michael Großmann

Sterben lernen – Philosophie angesichts des Todes (II) 45

Werner Zager

Vollendung als »unsagbares Geheimnis«
Tod und ewiges Leben in der neueren Theologie 63

Jörgen Bruhn

NAHTODERFAHRUNGEN: BLICKE HINTER DEN HORIZONT
Ein Weg zur Spiritualität? ... 85

Martin Proescholdt

STERBEN UND TOD IN MEDIZINISCHER SICHT ... 95

Wolfgang Pfüller

TOD UND EWIGES LEBEN IN DER MUSIK
Richard Wagner und Johannes Brahms ... 105

Folkart Wittekind

TOD, AUFERSTEHUNG UND EWIGES LEBEN IN DER GEGENWÄRTIGEN THEOLOGIE ... 127

Andreas Rössler

»IN DER WELT ENDLICH, ABER IN GOTT EWIG«
Ewigkeitsglaube in der »freien Theologie« ... 159

PERSONENREGISTER ... 197

AUTORENVERZEICHNIS ... 201

Michael Blume

Tod und Jenseits in der Evolution der Religionen

Populäre Annahmen lauten, dass alle Weltreligionen Jenseitskonzepte hätten, ja Religion selbst zur Besänftigung der Todesfurcht entstanden sei. Doch die interdisziplinäre Evolutionsforschung zu Religiosität und Religionen zeichnet ein differenzierteres Bild.

»Religion ist etwas für Leute, die Angst vor dem Tod haben«, so lautet ein populäres Vorurteil über Religionen. Weiter ausgebaut mündet es in die Annahme, religiöe Menschen würden sich auf eine Art schlechtes Geschäft einlassen: Sie würden sich religiösen Autoritäten unterstellen und diese auch bezahlen, um dafür »im Jenseits« mit einem Platz im Paradies oder einer guten Wiedergeburt entlohnt zu werden.

1. Religiosität und Bewältigung (»Koping«)

Auf den ersten Blick scheint tatsächlich empirisch einiges für die Todesfurcht-These zu sprechen: Bei den ersten, archäologisch sicher als religiös zu deutenden Funden aus der Altsteinzeit (vor ca. 100.000+ Jahren) handelt es sich um Bestattungen. Diese werden sowohl bei Homo sapiens wie Homo neanderthalensis zunehmend komplexer: So treten Sekundärbestattungen auf, bei denen etwa der Schädel separat behandelt und gegebenfalls als religiöses Artefakt verwendet wird, und Grabbeigaben verweisen auf vermutete Bedürfnisse im Jenseits.

Auch ist der weltweit stärkste Faktor für die praktische Ausprägung von Religiosität heute – wie Gebets- und Opferbereitschaft – die Erfahrung existenzieller Unsicherheit: Wo sich Menschen bedroht und erschüttert fühlen, rufen sie buchstäblich »instinktiv« nach höheren Wesenheiten. Dies zeigt sich nicht nur in internationalen Vergleichsuntersuchungen, sondern auch im Verhalten nach Katastrophen wie Erdbeben oder Amokläufen und sogar in psychologischen Experimenten: Werden Probanden in Worträtseln oder Textaufgaben unbewusst mit Themen wie Tod und Gefahr konfrontiert (Fachbegriff: »geprimed«), so weisen sie sich in folgenden Befragungen deutlich stärker als religiös aus als nur neutral befasste Vergleichsgruppen. Empirisch gesichert ist: Not lehrt beten.

Und so gilt auch umgekehrt: Menschen, die in Standards vergleichsweise hoher Lebenssicherheit aufwachsen – zum Beispiel verlässlich krankenversichert sind –, reduzieren schon nach wenigen Jahren durchschnittlich ihr religiöses Engagement deutlich. Erfüllen auch noch staatliche, zivilgesellschaftliche und privatwirtschaftliche Institutionen wie Gerichte, staatliche Schulen, Sportvereine und Filmproduzenten weitere Bedürfnisse wie Vertragssicherheit, berufliche Bildung, Vergesellschaftung und unterhaltende Mythen, dann konnte ein Abschmelzen, ja Abbrechen religiöser Traditionen noch nie dauerhaft aufgehalten werden. Der Sozialpsychologe ARA NORENZAYAN formulierte daher sogar auf Basis des aktuellen Kenntnisstandes: »*Gemeinsam mit säkularen Institutionen, die die kooperativen Mechanismen am Laufen halten, wird existentielle Sicherheit zum Nemesis der Religion.*«

Entsprechend bewahren entschieden religiöse Traditionen wie die Old Order Amish, Hutterer und Haredim ihren Zusammenhalt und Kinderreichtum auch durch die betonte Distanz zu säkularen Institutionen – sowohl Bildung wie Existenzsicherung, Sozial- wie Familienleben werden strikt innerhalb der Gemeinschaft organisiert, was jedes Ausscheiden zu einem ungesicherten Sprung ins Ungewisse macht. Existenzielle Sicherheit ist dann vor allem in der religiösen Innenwelt zu finden.

2. Kann Religion nur das Jenseits verheißen?

Doch das vermeintlich glatte Bild weist bei näherem Hinsehen theoretisch und empirisch gravierende Lücken auf, die es schließlich weitgehend widerlegen.

So ist es evolutionär nicht schlüssig anzunehmen, ein Merkmal habe sich allein auf der Basis einer unüberprüfbaren Wette entwickelt. Wenn die »Gegenleistung« für zeit- und kostenaufwändiges religiöses Verhalten nur in einem Jenseitsversprechen bestünde, hätte sich dieses Verhalten nicht so erfolgreich entwickeln und universalisieren können. Sogar der Tod selbst (!) ist dafür ein treffendes Beispiel: Nach heutigem Stand der Forschung hat das unweigerliche Sterben aller komplexeren Lebensformen – etwa durch die Apoptose, den genetisch ausgelösten Zelltod – im Kern die gleiche Funktion wie die Sexualität: Es sichert die Vielfalt und damit Adaptivität (erfolgreiche Angepasstheit) künftiger Generationen.

Simulationen wie auch Beobachtungen zeigen, dass »unsterbliche« ältere Generationen früher oder später unweigerlich in den Konflikt mit den eigenen, nachrückenden Generationen geraten und also deren Entfaltungschancen verringern. In Varianten, in denen sich die Älteren jedoch nach erfolgreicher Reproduktion und Unterstützung der Nachkommen »freiwillig« verabschieden, konnten sich dagegen neuere und vielfältigere Nachrücker besser durchsetzen und damit auf Umweltveränderungen besser reagieren. Noch ist theologisch kaum reflektiert, dass gerade auch nach den Befunden der Biologie der Tod selbst dem (künftigen) Leben dient (!) und unsere Spezies nie zu Gehirn und Geist gefunden hätte, wenn sie nicht auch sterblich gewesen wäre!

Und so weisen die oben bereits erwähnten Old Order Amish, Hutterer, Haredim und andere ja gerade nicht nur auf Jenseitshoffnungen hin, sondern zeigen auch schon ganz diesseitig ein erhebliches kooperatives und vor allem reproduktives Potential.

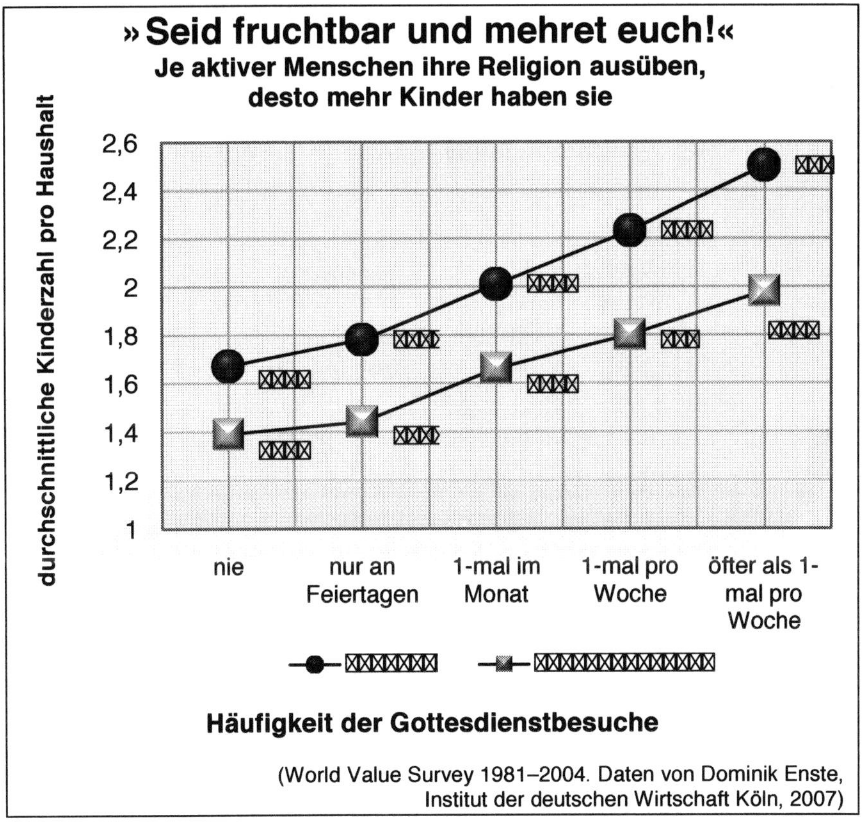

Aus: Michael Blume, »Homo religiosus«, in: Gehirn & Geist 2009, kostenlos online.

Quer durch alle Weltreligionen – und gerade auch unter den Bedingungen von Freiheit, Bildung und Wohlstand! – weisen religiös aktive Menschen durchschnittlich mehr Kinder und Enkel (und also »Reproduktionserfolg, evolutionäre Fitness«) auf als ihre weniger- bzw. nichtreligiösen Nachbarn! Religiöse Varianten, die diesen höheren Kinderreichtum nicht hinbekommen – wie etwa die insgesamt zölibatären Shaker –, unterliegen im religionshistorischen Wettbewerb und werden kaum zu Weltreligionen. Mehr noch: Wir kennen bislang trotz Suche bis zurück in die griechische und indische Antike keinen einzigen Fall, in dem eine nichtreligiöse Population auch nur ein Jahrhundert demografisch stabil geblieben wäre! Wo sich religiöse Überzeugungen und Gemeinschaften auflösen, folgte bislang ausnahmslos auch der Niedergang von Familienmotivation und -strukturen.

Jenseitsverheißungen können also durchaus Teil des religiösen Angebotes sein; empirisch widerlegt ist aber die Annahme, sie wären die einzige Form der beobachtbaren »evolutionären Gegenleistung« für Religiosität. Diese erschließt vielmehr auch messbar neue Potentiale des Lebens!

3. Bieten alle (Welt-)Religionen Jenseitsversprechen?

Entsprechend erweist sich auch das Vorurteil, dass »alle« Religionen konkrete Jenseitsverheißungen anzubieten hätten, als religionshistorisch nicht haltbar. Frühe religiöse Traditionen – wie jene der Ägypter oder Zoroastrier – weisen ausgearbeitete Gerichts- und Jenseitskonzepte auf; andere, wie die römischen und griechischen Mythologien vor dem späten Aufkommen der Mysterienkulte, gerade nicht. Das im 3. Jahrtausend vor Christus entstandene Gilgamesch-Epos schließt sogar mit dem ausdrücklichen Scheitern (!) des Helden auf der Suche nach Unsterblichkeit und dem göttlichen Rat, stattdessen doch lieber das irdische Leben zu genießen, solange es eben gehe!

Auch das Judentum kennt lange keine verbindliche Jenseitserwartung; und noch Jesus streitet an der Seite der Pharisäer innerjüdisch gegen die Sadduzäer, die die Vorstellung einer Auferstehung mit dem Beispiel einer mehrfach verheirateten Witwe zu widerlegen versuchen (Mk 12,18-27 parr.). Und als ob Jesus unsere heutigen Debatten vorwegnehmen wollte, formuliert er seine Auferstehungshoffnung und lässt die Sadduzäer zugleich wissen (Mk 12,27): »*Gott ist nicht ein Gott der Toten, sondern der Lebenden.*«

Auch der nähere Blick in andere Weltreligionen zeigt ein differenziertes Bild: So ist es zwar richtig, dass in Indien die Vorstellung eines Kreislaufs aus Leben und Tod im Sinne einer Folge von Wiedergeburten entwickelt wurde. Aber auch diese wird schon in vorchristlicher Zeit in Frage gestellt, und Buddhisten debattieren bis heute, ob der Reinkarnationsglaube vom sonst streng empirisch argumentierenden Buddha selbst angelegt, als »pädagogische Maßnahme« geduldet oder erst von späteren Überlieferern hinzugefügt worden sei. Auf jeden Fall stellt das Rad der Wiedergeburten in Buddhismus, Jainismus und Teilen des Hinduismus aber kein positives Ereignis dar, sondern einen leidhaften Prozess, dem durch erlösende Einsicht zu entkommen sei.

In China hält der Konfuzianismus an der Verehrung der Ahnen fest, die als weiterlebende und weiterwirkende Geister vorgestellt werden. Doch schon der Daoismus entfaltet sich als innerweltliche Lebens- und Weisheitslehre und entwickelt nie ein verbindliches Jenseitskonzept. Stattdessen werden in China, Japan und anderen Gesellschaften der Region »Dienstleistungen« der verschiedenen Religionen biografisch kombiniert: Im Alltag schätzt man z.B. lokale (teilweise noch: schamanistische) Gottheiten, zitiert weisheitliche Lehren, erwirbt etwa für Gebäude taoistische bzw. shintoistische Segenshandlungen und wendet sich für Fragen der Bestattung und des Jenseits an buddhistische Spezialisten. Die berühmten Zen-Tempel in Japan errangen ihre Popularität vor allem deswegen, weil sie glaubhaft die Bannung und Besänftigung von Geistern und Ahnen »anbieten« konnten!

Schließlich erweisen sich die Jenseitskonzepte der Weltreligionen auch keineswegs als so stabil, wie gerne angenommen wird. Im Hinduismus entwickeln sich schon sehr früh Traditionen der Bhakti-Frömmigkeit, die sich in Liebe auf die Eine, geliebte Gottheit wirft und von dieser auch erlöst und befreit zu werden hofft. Auch im Buddhismus entfalten sich quasitheistische Lehren wie jene des Buddha Amithaba, der die ihn vertrauend Anrufenden aus seiner unverdienten Gnade ins paradiesisch-jenseitige »reine Land« führen werde – wo sie dann in die Erlösung eingewiesen würden. Jesuitische Missionare sollen beim Erstkontakt mit dieser Lehre im 16. Jahrhundert erschrocken ausgerufen haben, dass die »lutherische Ketzerei« schon bis Asien vorgedrungen sei!

Aber es geht auch umgekehrt: Über die jüdische Kabbala entwickelte sich die Überzeugung, dass Menschen mehrfach wiedergeboren würden, bis sie schließlich ihren paradiesischen Frieden in Gott finden würden. Heute bekennen sich selbst anerkannt orthodoxe Rabbiner unerschrocken zum Glauben an eine (theistisch-vorläufige) Wiedergeburt, beispielsweise Avraham Radbil (Freiburg) in »*Die moderne Welt durch die Brille der Tora*« (2011).

Der Sikhismus entwickelte bereits in seiner Entstehung eine entsprechende Lehre aus der Verschmelzung hinduistischer und islamischer Überlieferungen in Gebieten des heutigen Pakistan und Nordindiens. Auch kleinere Religionen wie Drusen und Yeziden deuten Tod und Wiedergeburt entsprechend. Die westlichen Theo- und insbesondere Anthroposophen verbanden schließlich indische Reinkarnations- und christliche Gottesmotive in europäischen und amerikanischen Kontexten.

Umfragen belegen, dass sich solche Modelle einer letztlich optimistischen »theistischen Wiedergeburt« in postmaterialistischen Milieus wachsender Beliebtheit erfreuen, wogegen dogmatische Festlegungen zunehmend zurückgewiesen werden. Es reicht sehr vielen zu glauben, dass es »irgendwie« weitergehe, Reinkarnations-, Nahtod- und Paradiesverheißungen treffen auf Interesse, aber »man« braucht sich ja »nicht festlegen«, kann sich »alles offen halten« und »letztlich überraschen« lassen.

4. Fazit: Der Tod als Begleiter, nicht aber als Entstehungsgrund der Religion

In der Summe bleibt festzuhalten: Nach heutigem Kenntnisstand ist die These nicht mehr haltbar, dass Todesfurcht der alleinige Grund für die Entstehung und Ausbreitung religiöser Überzeugungen gewesen sein könnte.

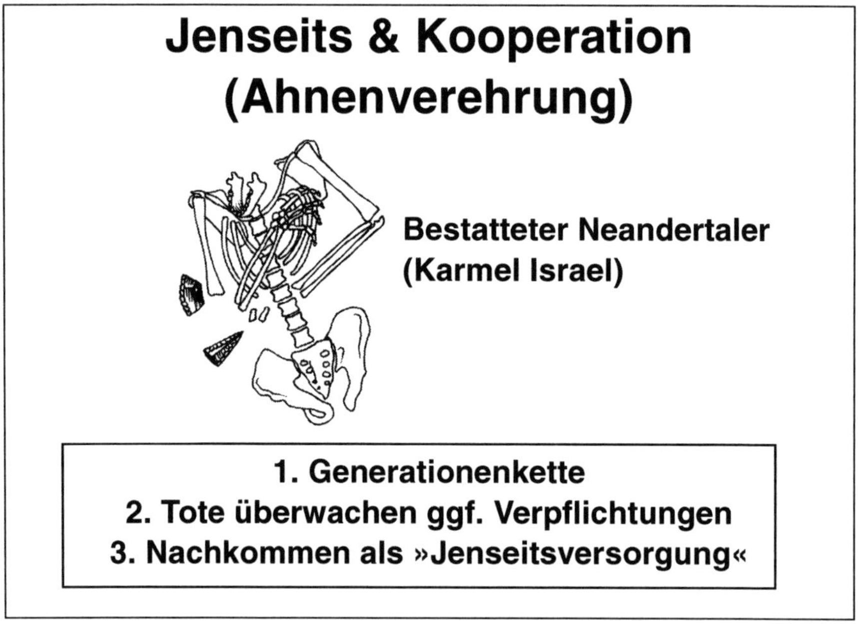

Aus: Michael Blume, »Evolutionsgeschichte der Religion – Glauben stärkt Kooperation und Reproduktion«, in: Mitteilungen der Berliner Gesellschaft für Anthropologie, Ethnologie und Urgeschichte, Bd. 29, 2008, S. 21-38 (kostenlos online).

Stattdessen erweist sich die Bewältigung existenzieller Unsicherheit insgesamt als treibende Kraft der Religionsentwicklung: Die Vergemeinschaftung mit höheren Wesen und den Mitglaubenden durch religiöses Verhalten kann das psychologische Koping ebenso wie den sozialen Zusammenhalt unterstützen - und letztlich zu kooperativen und betont kinderreichen Traditionen führen. Schon altsteinzeitliche Bestattungen dürften also nicht nur mit jenseitigen Erwartungen, sondern auch mit diesseitigen Funktionen verbunden worden sein.

Jenseitsmythen entstehen dabei im Prozess der kulturellen Evolution durchaus, doch haben sie es nicht leicht, sich gegen auch innerreligiöse Skepsis und alternative Szenarien durchzusetzen. Entsprechend bleiben auch die Jenseitslehren großer Religionen in sich nicht völlig stabil, es treten Varianten und auch Vermischungen auf. Tendenziell scheinen dabei Lehren einer »theistischen Wiedergeburt« vorzurücken, die die entlastende Anmutung mehrerer Leben (und Chancen) mit der Hoffnung auf ein letztendliches Aufgehobensein in Gott verbinden – und also sowohl die ewigen Höllenstrafen des richtenden Monotheismus wie auch die pessimistischen Weltsichten a-theistischer Karmalehren hinter sich lassen.

Ob und was also immer uns nach dem Tode erwarten wird – schon die Frage danach treibt die kulturelle und religiöse Entwicklung der Menschheit weiter voran.[1]

---

1 Aktuelle, weiterführende Literatur zum Thema: Ara Norenzayan, Big Gods. How Religion transformed Cooperation and Conflict, Princeton, NY 2013; Jochen Oehler (Hg.), Der Mensch – Evolution, Natur und Kultur, Berlin / Heidelberg 2010; Michael Blume, Evolution und Gottesfrage. Charles Darwin als Theologe, Freiburg i.Br. 2013. Weitere, auch kostenfreie Artikel: www.blume-religionswissenschaft.de.

Erwin Martin

Der Tod in der Literatur

Ein Panorama

1. Der Tod in der griechischen Philosophie

Thanatos, den Tod, ließen die griechischen Götter nicht in ihren Olymp. Sie waren die Unsterblichen, denen der Tod nichts anhaben konnte. Nur durch das Leben der Irdischen geistert das Gespenst des Todes. In der fiktionalen Literatur erscheinen alle denkbaren Varianten der Auseinandersetzung der Menschen mit dem Tod. Die Skala reicht von der stillen Akzeptanz des Unabänderlichen bis zur Auflehnung gegen die Macht des Todes.

Die antike Überlieferung enthält zwei Beispiele zur Auseinandersetzung des Menschen mit dem Tod. Sie sind exemplarisch und markieren ethische Grundpositionen. Die Handlungsträger sind keine fiktionalen Figuren der Literatur, sondern reale historische Personen, nämlich zwei griechische Philosophen.

Der eine ist der berühmte SOKRATES[1] (470–399 v.Chr.), dessen Schüler Platon vom Ende seines Lehrers berichtet. Sokrates steht vor dem Athenischen Gericht mit der Anklage, die Jugend zu verführen und die alten Götter zu leugnen. Beide Anschuldigungen entsprechen nicht der Wahrheit, sie entstammen dem Hass seiner Gegner. Obgleich Sokrates sich rechtfertigen kann, weiß er, dass eine Zurückweisung der Anklage ohne Nutzen sein wird. Da er sich demonstrativ nicht gegen das Gesetz stellen will, für das er stets eingetreten ist, hielte er es für übel und schändlich, gesetzeswidrig zu handeln. So nimmt er das Todesurteil an und trinkt den tödlichen Giftbecher.

---

[1] PLATON, Phaidon, Politeia (Platon Sämtliche Werke. In der Übers. v. Friedrich Schleiermacher mit der Stephanus-Numerierung hg. v. Walter F. Otto, Ernesto Grassi u. Gert Plamböck, Bd. 3; Rowohlts Klassiker der Literatur u. der Wissenschaft. Griech. Philosophie, Bd. 4), Hamburg 1958.

Diese zweifache Motivation, die Bekundung der Wahrheit und der Gehorsam gegenüber dem Gesetz, rechtfertigt für Sokrates die Akzeptanz des Todes. Bemerkenswert ist aber im Besonderen, dass er diesem Tod mit heiterer Gelassenheit gegenübersteht. Ein Philosoph hat nach seiner Auffassung keinen Grund, den Tod zu fürchten, er kann sich vielmehr darauf freuen, denn der Tod befreit seine unsterbliche Seele von den Fesseln des Körpers. Während der Leib der Vergänglichkeit verfallen ist, geht die Seele in die Welt des Göttlichen ein, allerdings nur, wenn der Mensch ein Leben geführt hat, das sich am Maßstab hoher ethischer Werte messen ließ.

Ein weiterer Philosoph der Antike steht ebenfalls mit heiterer Gelassenheit dem Tod gegenüber, aber mit einer ganz anderen Lebensauffassung. Es ist EPIKUR[2] (341-270 v.Chr.). Er vertritt das Prinzip des Strebens nach einem lustvollen Leben, in dem Leid und Schmerz ausgeklammert sind.

Unter dem Streben nach Lust versteht er allerdings nicht den Genuss der Schlemmer, sondern die hochgeistige Wahrnehmung der Daseinselemente, die ein einsichtsvolles, sittliches und gerechtes Leben begründen und damit eine ungestörte Seelenruhe in vollkommener innerer Ausgeglichenheit gewähren. Wem das gelingt, so Epikur, lebt »wie ein Gott unter den Menschen«.

Diese Einstellung ist ganz auf das Leben ausgerichtet, das mit dem Tod endet und in keiner Weise darüber hinaus reicht. »Der Tod hat keine Bedeutung für uns, denn was aufgelöst ist, ist ohne Empfindung, was aber ohne Empfindung ist, das hat keine Bedeutung für uns.« Um diese Auffassung zu demonstrieren, inszeniert Epikur seinen eigenen Tod. Er war an einem Nierenleiden erkrankt, das ihm unerträgliche Schmerzen verursachte und auch sein Ende herbeiführte.

Mit dem Gegengewicht zu diesem Leid, der Erinnerung an die freudige Erhebung seiner Seele in den Gesprächen mit dem Freundeskreis seiner Schüler, lässt er sich seine Badewanne mit lauwarmem Wasser füllen, legt sich hinein, verlangt einen letzten Becher mit unverfälschtem Wein und stirbt mit der Seelenruhe, die er ein Leben lang propagiert und vorgelebt hat.[3]

---

[2] EPIKUR, Philosophie der Freude. Eine Auswahl aus seinen Schriften, übers. u. hg. v. Johannes Mewaldt, Stuttgart 1960; DERS., Briefe, Sprüche, Werkfragmente, übers. u. hg. v. Hans-Wolfgang Krautz, Stuttgart 1985; DERS., Von der Überwindung der Furcht, übers. u. hg. v. Olof Gigon, München 1986.

[3] Vgl. OTTO A. BÖHMER, Sternstunden der Philosophie. Von Platon bis Heidegger, München 2003, S. 37. 40-42.

Nun findet sich aber auch in unserer Zeit ein Schriftsteller, der wie Epikur den Tod als letzte Instanz wertet, über die es hinaus keinerlei metaphysischen Bezug gibt. Es ist der 1913 geborene französische Philosoph und Dichter Albert Camus. Er litt an einer schweren Tuberkulose, die ihn bereits in seiner Jugend in Todesnähe brachte. Er starb allerdings mit 46 Jahren nicht an dieser Krankheit, sondern bei einem Verkehrsunfall.

Sein Denken ist vom Tod her bestimmt: Der Mensch ist das einzige Lebewesen, das weiß, dass es sterben wird und damit sein Leben begrenzt ist. Von da aus stellt sich die Frage nach dem Sinn der menschlichen Existenz, zu dessen Bestimmung es keiner religiösen Instanz bedarf.

Camus fasst diesen Gedanken in das Bild vom antiken Sisyphos[4], der zu einer sinnlosen Arbeit verdammt wurde: einen schweren Stein einen Berg hinauf zu schaffen, der von allein wieder herunter rollt, so dass die Mühe des Gequälten stets erneut beginnt. Aber Sisyphos verleiht dieser Tätigkeit, die die Götter über ihn als Strafe verhängt haben, von sich aus einen Sinn, indem er die Götter und damit jede Fremdbestimmung außer Acht lässt.

Übertragen auf die Lebenswirklichkeit, die als einzige vorgegebene Festlegung den Tod hat: Der Mensch widmet seine ganze Kraft den Lebensaufgaben, die es als humane Leistung zu bewältigen gilt.

2. Der Tod in der Dichtung des Mittelalters

Wir machen nun einen Sprung in die mittelalterliche Literatur, in der drei berühmte Helden einen frühzeitigen Tod sterben, mit dem es jeweils etwas Besonderes auf sich hat: Roland, der Held des französischen Nationalepos, des Rolandsliedes, sodann der Siegfried des Nibelungenliedes und Tristan, der Titelheld des Epos' von Gottfried von Straßburg. Es geht dabei nicht um die Darstellung ihres Sterbens, sondern um die Einschätzung ihres Todes aus der Perspektive ihrer Umwelt und der Nachwelt bis heute.

Roland[5], der als herausragender Kämpfer die Nachhut des Heeres führt, mit dem sich Karl der Große von seinem Feldzug gegen die Mauren in Spanien nach Frankreich zurückzieht, wird infolge eines Verrats in den Pyrenäen von einer sarazenischen Übermacht überfallen und mit allen seinen Mannen getötet. Roland hätte durchaus mit seinem berühmten

---

4 Albert Camus, Le Mythe de Sisyphe, Paris 1942; in deutscher Übersetzung: Der Mythos von Sisyphos. Ein Versuch über das Absurde, Hamburg 1964.

5 Rolandslied, in: Heinrich Adelbert von Keller (Hg.), Altfranzösische Sagen, Bd. 1, Tübingen 1839, S. 59-187.

Horn rechtzeitig den vorausziehenden Kaiser mit dem Hauptheer zurückrufen können, wenn ihn sein kämpferischer Ehrgeiz nicht zu dem Wahn verführt hätte, allein mit der Übermacht der Feinde fertig zu werden.

Roland hat also seinen Tod und den seiner Mitkämpfer selbst verschuldet. Der unbekannte Erzähler des Epos feiert ihn aber trotzdem als vorbildlichen Kämpfer der Christenheit, der eine Unzahl von Glaubensfeinden getötet hat und selbst dann mit edler Haltung starb.

Die Glorifizierung dieses Todes erreicht ihren Gipfel darin, dass seine unsterbliche Seele von drei Heiligen abgeholt und in den Himmel getragen wird. Für den Erzähler spielt die Fehlleistung des Helden, der die Verantwortung für sich und seine Mitstreiter außer Acht ließ, keine Rolle gegenüber der Tatsache, dass Roland mit aller Kraft und Tapferkeit gegen die »ungläubigen« Feinde bis zum letzten Atemzug gekämpft hat.

Ebenfalls mitschuldig an seinem Tod ist *Siegfried*[6]. Doch bei ihm überlagern sich unterschiedliche Bewertungen. Siegfried hält um die Hand der schönen Kriemhild an. Um sein Ziel zu erreichen, muss er sich an der betrügerischen Werbung König Gunthers um Brunhild beteiligen. Zweimal missbraucht Siegfried seine Überkraft und seine Tarnung, um Brunhild für Gunther gefügig zu machen.

Diese Machenschaften verlangen im Interesse des Staates Geheimhaltung. Siegfried bricht aber die entsprechende Abmachung mit der Folge, dass Kriemhild die ahnungslose Brunhild vor allem Volk bloßstellen kann. Die Demütigung als Königin macht die Tötung des eigentlichen Verursachers aus Staatsraison unerlässlich. Hagens Mordtat ist eine Hinrichtung.

Für Kriemhild ist Siegfrieds Tod die Folge der Intrige Hagens, der ihr Vertrauen missbraucht hat, um die verwundbare Stelle an Siegfrieds Körper ausfindig zu machen. Dieser Vertrauensbruch Hagens und die strahlenden Siege Siegfrieds überwiegen die Defizite des Helden, der im Leben ohne Selbstkritik und bedenkenlos gehandelt hat. Er lebt als Lichtgestalt für alle Zeiten weiter, und sein Tod gilt als feige Mordtat des finsteren Hagen.

In ganz andere Dimensionen reicht der Tod des Helden *Tristan*[7]. Mit ihm verbindet sich ein großes Thema der Literatur: die Verknüpfung von Liebe und Tod. Tristan ist schon von seinen Eltern her damit vorbestimmt. Die Mutter stirbt bei seiner Geburt, nachdem sie vom Tod ihres geliebten

---

[6] Das Nibelungenlied. Mittelhochdeutscher Text mit Übertragung und Kommentar von Helmut Brackert, Frankfurt a.M. 1970.

[7] GOTTFRIED VON STRASSBURG, Tristan. Text, Nacherzählung, Wort- u. Begriffserklärungen, hg. v. Gottfried Weber u. Werner Hoffmann, Darmstadt 1967.

Ehemannes erfahren hat. Tristan wird sozusagen in den Tod geboren. Im Laufe seiner Lebensgeschichte wird er mehrmals tödlich verwundet, erfährt aber Heilung durch heilkundige Frauen. Als er den Auftrag von seinem König Marke erhält, als Brautwerber bei Isolde von Irland aufzutreten, beginnt das zentrale Abenteuer seines Lebens: Isolde und Tristan werden ein Liebespaar und geraten dadurch in Konflikt mit der Gesellschaft, die verlangt, dass die Ehe des Königs mit Isolde respektiert wird. Daran halten sich die beiden Liebenden aber nicht und führen ein ständiges Täuschungsmanöver gegen die Regeln der Sitte, über die sich aber ihre über alles triumphierende Liebe hinwegsetzt. Sie erreichen den Höhepunkt der Erfüllung ihrer Liebe in einer elysischen Minnegrotte. Dieser Ort hat mythischen Charakter, er liegt außerhalb der normalen Welt. Die Liebe der beiden übersteigt alle Grenzen des gesellschaftlichen Lebens und vollzieht sich außerhalb der Normen menschlicher Gemeinschaft. Ihre Sehnsucht nach Erfüllung ist nur in einer märchenhaften Sondersituation und zeitlich begrenzt möglich, weil die Normalwelt sie nicht dulden kann. Konsequenterweise muss sie in den Tod führen, den »Liebestod«. Tristan wird am Ende abermals tödlich verwundet. Man schickt nach der heilkundigen Isolde, aber sie kommt zu spät. Tristan hat nicht überlebt. Als sie eintrifft, kann sie ihm nur in den Tod folgen.

Roland und Siegfried sind noch ganz in die mittelalterliche Denkwelt integriert, während Tristan die Schranken der feudalen Gesellschaftsformen, der sozialen Ethik der Adelswelt, mit seiner individuellen Liebe zu Isolde durchbricht und damit einen ersten Schritt aus dem Mittelalter heraus vollzieht.

Zwei Jahrhunderte später, um 1400, führt ein Mann aus dem Volke, ein *Ackermann aus Böhmen*[8], das Wort mit einer Anklagerede gegen den Tod. Johannes von Tepl lässt einen jungen Ehemann ein fiktives Streitgespräch mit dem Tod führen, der seine junge Frau in der Blüte ihres Lebens von ihm gerissen hat. Die beiden stehen als Ankläger und Angeklagter vor einem Gericht, an dessen Ende Gott das Urteil fällt. Bemerkenswert für uns sind die Argumente, die die beiden Kontrahenten gegenseitig ausspielen.

Der Ackermann begehrt als individuell Leidender auf gegen eine übergeordnete Instanz, den Tod, dessen Autorität er nicht anzuerkennen bereit

---

8 Johannes von Tepl, Der Ackermann aus Böhmen [um 1400]. Einleitung, kritischer Text, vollständiger Lesartenapparat, Glossar, Kommentar, hg. v. Alois Bernt u. Konrad Burdach (Vom Mittelalter zur Reformation. Forschungen zur Geschichte der deutschen Bildung, Bd. 3,1), Berlin 1917.

ist. Er beschimpft und verflucht ihn aus seinem Schmerz heraus als Mörder seiner geliebten Frau:

»*Ihr habt die helle Sommerblume meiner Wonnen aus dem Anger meines Herzens ausgereutet.*«

In diesem bildlich-poetischen Sprachstil gibt er seiner Klage Ausdruck, denn er äußert sich nicht aus einer intellektuellen Einstellung heraus, sondern aus der Fülle seiner Empfindungen. Dieser Emotionalität setzt der Tod als objektive Instanz eine nüchterne, sachliche Beweisführung entgegen: Wenn er alle Lebewesen am Leben ließe, gäbe es auf Erden eine solche Vermehrung, dass es an Nahrung für alle fehle und Menschen wie auch die Tiere sich gegenseitig verspeisen würden. Gott selbst habe ihn, den Tod, zur Aufrechterhaltung der schöpferischen Ordnung beauftragt.

»*Wir* (er spricht im pluralis maiestatis, der Pluralform der Herrschenden) *verschonen niemand, alle Menschen sind unabhängig von ihrem Stand und ihrem Alter uns ausgeliefert, und wir handeln wie die Sonne, die auf Gute und Böse scheint.*«

Der Ankläger gibt nicht so leicht auf. Der Tod habe einen Menschen dahingerafft, dem Gott selbst Schönheit verliehen habe, und der Tod habe auf diese göttliche Gabe keine Rücksicht genommen, er habe sich also gegen Gottes Schöpfung vergangen. Darauf entgegnet der Tod zynisch, der Ackermann könnte doch froh sein, dass er nicht erleben musste, wie die jugendliche Schönheit seiner Frau im Alter dahinwelken würde.

Was immer der Ankläger vorbringt, der Tod bleibt bei seinem Grundargument, alles auf Erden sei mit Fug und Recht dem Untergang geweiht. So bleibt dem Ackermann nur die Anrufung Gottes, der wie der Richter im Prozess die Endentscheidung trifft. Und Gott gibt beiden Recht. Er spricht:

»*Ihr habt beide wohl gestritten. Der Kläger habe die Ehre, der Tod habe den Sieg. Der Mensch ist verpflichtet, dem Tod das Leben, den Leib der Erde und Gott die Seele zu geben.*«

In dieser fingierten Szene tritt der Tod als Gestalt auf wie in den mittelalterlichen »Totentänzen«, die in Bildreihen vorführen, wie der Tod als Knochen- und Sensenmann die Menschen aller Stände und Berufe zu einem Tanz mit ihm abholt und damit deren Leben ein Ende setzt. Johannes von Tepl geht mit seinem Ackermann über diese für selbstverständlich hingenommenen Todesbilder hinaus und gestaltet das Aufbegehren eines Individuums, eines Einzelnen, der sich damit aus dem Kollektiv der glaubensgebundenen mittelalterlichen Menschheit herauslöst und damit die Renaissance, die Neuzeit, ankündigt.

3. Der Tod in der Literatur der Neuzeit

Dem Ackermann, der noch namenlos ist, folgt in der Renaissancezeit, im 16. Jahrhundert, ein weiterer Ausbrecher, der mit seinem berühmten Namen weit mehr Individualität und Eigenständigkeit zeigt. Es ist der *Doktor Faustus*, ein Gelehrter, der mit seinem erworbenen Wissen nicht zufrieden ist, sondern die Geheimnisse der Welt erfahren will, die dem Menschen verborgen sind. Mit diesem Ziel geht er ein Bündnis mit dem Teufel ein, der ihm zu den erwünschten Erkenntnissen verhelfen soll.

Das Problem beginnt aber damit, dass er als Gegenleistung sein Seelenheil aufzugeben bereit ist, das in der mittelalterlichen Gläubigkeit als das höchste Gut des Menschen gilt. Das Volksbuch, das seine Geschichte erzählt, in der der Teufel ihm allerlei Einblicke gewährt, macht kein Hehl daraus, dass Faust einem schrecklichen Tod entgegengeht. Als es so weit ist, holt ihn der Teufel. Diese Szene spielt sich ganz im Sinne des mittelalterlichen Volksglaubens ab als abschreckendes Beispiel für sündhafte Abkehr vom guten Weg. Es heißt da: Als die Mitternachtsstunde erschienen, da erhub sich plötzlich ein ungestümer Wind, der riss und tobte, als ob er das Haus zugrunde stoßen wollte. Aus der Stube, in der Faust gelegen hatte, war ein gräuliches Zischen und Pfeifen zu vernehmen, als ob lauter Schlangen und Nattern zugegen wären. Man hörte ein Stoßen und Herumwerfen und den armseligen Faust Zeter und Mordio schreien.

Am Morgen sah man, dass in der Stube Wände, Tisch und Stühle voll Bluts waren. Das Hirn Fausts klebte an den Wänden, seine Zähne lagen auf dem Boden. Den Körper fand man außerhalb des Hauses auf einem Misthaufen.[9]

Mit diesem spektakulären Ende sollten die Leser von renaissancehaftem Wissen-Wollen abgeschreckt und in mittelalterlicher Gläubigkeit gehalten werden. Das Volksbuch steht zwischen zwei Zeitaltern.

Als Gegenbild zur Höllenfahrt Fausts stellt die mittelalterliche Malerei den Tod des frommen Menschen dar: Aus dem Mund des Verschiedenen steigt in Gestalt eines kleinen Kindes die Seele, die Engel in Empfang nehmen, um sie in den Himmel zu tragen. Diese Version übernimmt GOETHE in seinem Faust-Drama[10]: Goethe lässt seinen Faust nicht zur Hölle fahren, obwohl der nicht fromm ist. Als die Osterglocken ertönen, sagt Faust: »Die Botschaft hör' ich wohl, allein mir fehlt der Glaube.« Und doch

---

[9] Vgl. Historia von D. Johann Fausten dem weitbeschreyten Zauberer und Schwarzkünstler [Volksbuch eines unbekannten Verfassers, Text des Druckes von 1587]. Mit einem Nachwort hg. v. Richard Benz, Stuttgart 1996, S. 150 f.

[10] Goethes Faust, hg. u. erläutert v. Erich Trunz, Hamburg 1954.

wird seine Seele, als er stirbt, gerettet. Allerdings streiten sich teuflische und himmlische Mächte um das Unsterbliche, das dem Leichnam entsteigt, denn Faust hatte mit dem Teufel einen Pakt geschlossen. Den Sieg erringen die Boten des Himmels, die ihn dem Höchsten zutragen. Der Grund für diese Lösung liegt bei Goethe nicht im Glauben, sondern in der unermüdlichen Tätigkeit des Menschen, der Gutes bewirkt und Böses dabei nicht vermeiden kann. So lautet die Schlussformel der himmlischen Mächte: »Wer immer strebend sich bemüht, den können wir erlösen.«

Damit haben wir den Sprung in die Neuzeit vollzogen, in deren Literatur der Tod differenzierter erscheint, vor allem auch individueller, er wird persönlichen Gegebenheiten, Lebenssituationen und Charakteren angepasst.

Wir können bei Goethe bleiben. In seinem *Werther*[11] münden persönliche seelische Disposition und ein gefühlsbetonter Zeitgeist zusammen, um einen jungen Menschen in den Tod zu treiben. Er verliebt sich in eine Frau, die einem anderen angehört und deshalb für ihn unerreichbar ist. Dazu kommt, dass sein überschäumendes Gemüt unter dem Widerspruch zwischen der Natur, für die er empfindsam schwärmt, und der menschlichen Gesellschaft, die den hoch sensiblen jungen Mann mit ihren Erwartungen und Widersprüchen verwirrt und verstört, unmäßig leidet. Werther hält das Leben, in das ihn sein Schicksal hineingestellt hat, nicht aus, und so bleibt ihm als einziger Ausweg der Freitod: Er erschießt sich.

Das 19. Jahrhundert führt das Motiv des Selbstmordes in Varianten weiter. Zwei Frauen geraten schicksalhaft in Liebesverhältnisse, die im Gegensatz zu der gleichgewichtigen Liebe zwischen *Tristan* und *Isolde* an der Einseitigkeit der Paarbeziehung leiden. Es sind Titelfiguren berühmter Romane: GUSTAVE FLAUBERTS »Madame Bovary«[12] und LEO TOLSTOJS »Anna Karenina«[13].

FLAUBERTS Emma Rouault, die wohlbehütete Tochter eines reichen Bauern, die spätere *Madame Bovary*, hat sich in der ländlichen Abgeschiedenheit in romantische Träumereien verflüchtigt, in eine Flucht aus der Gegenwart in eine Welt des schönen Scheins. Als sie von dem mittelmäßigen Landarzt Charles Bovary geheiratet wird, gerät sie bald in Missbehagen über die Monotonie des Alltags, die schließlich in Hass auf ihren Mann

---

11 JOHANN WOLFGANG GOETHE, Die Leiden des jungen Werther. Roman, Leipzig 1774.

12 GUSTAVE FLAUBERT, Madame Bovary. Mœurs de province [Ein Sittenbild aus der Provinz]. Roman, Paris 1856.

13 LEV NIKOLAJEWITSCH TOLSTOJ, Anna Karenina. Roman, Moskau 1878.

mündet. Das macht sie bereit zum Ehebruch, den sie durch die Liebesverbindung mit dem routinierten Verführer und Gutsbesitzer Rodolphe Boulanger vollzieht. Erfüllt von dieser Liebe entwickelt sie hochfliegende Fluchtpläne, die aber Boulanger zurückweist. Die Enttäuschung führt zum Bruch und zu neuen Verbindungen, die mit der Diskrepanz zwischen Traum und Realität in einem Überdruss an der faden Gewöhnlichkeit solcher Beziehungen endet. Sie macht Schulden durch Luxusartikel, die sie in verschwenderischer Laune gekauft hat, und als sie gerichtlich belangt wird, weil sie die hohen Summen nicht bezahlen kann, erkennt sie die Ausweglosigkeit ihrer Lage, nimmt Arsen und stirbt einen qualvollen Tod.

Anna Bovarys Schicksal spielt sich auf dem Lande ab. Flaubert spricht von einem »Sittenbild aus der Provinz«. In einem anderen, einem großstädtischen Milieu bewegt sich TOLSTOJS *Anna Karenina*. Sie lebt lange Jahre in glückloser Ehe mit einem hohen Beamten in Petersburg, den sie aber als »ministerielle Maschine« erlebt, in der alles Menschliche erstickt ist.

Sie verfällt nun in unwiderstehliche Liebe zu dem männlich kraftvollen Offizier Graf Vronskij. Sie entscheidet sich entschlossen zur Abkehr von ihrem Ehemann und ihrem Sohn, um sich ganz der Liebe zu Vronskij hinzugeben.

Aber sie macht die schmerzliche Erfahrung, dass die Gesellschaft ihre Verbindung nur als Ehebruch wertet und die beiden das Los der Ausgestoßenen auf sich nehmen müssen. Anna klammert sich nun in so hohem Maße an ihre Liebe, die den Geliebten in absoluten Besitz nehmen will, dass Vronskij sich ihr entfremdet und ihre Beziehung in den Zustand tiefster Hoffnungslosigkeit mündet. Die Gesellschaft, die nur in konventionellen Klischees urteilt, hat kein Verständnis für das Recht einer großen Liebe.

Doch auch der Geliebte ist ihrem Anspruch nicht gewachsen, er ist letztlich Sklave einer Scheinwelt. die keine großen Gefühle kennt. Anna sieht in ihrer maßlosen Enttäuschung keinen anderen Ausweg als den Tod. Sie wirft sich unter die Räder der Eisenbahn auf dem Moskauer Bahnhof, wo einst ihr Liebesglück begonnen hat.

Das Thema von Liebe und Tod taucht im 20. Jahrhundert mit einer überraschenden Variante auf: im Hörspiel »Der gute Gott von Manhattan«[14] von INGEBORG BACHMANN.

Ein Liebespaar gibt sich in dem Maße seiner Liebe hin, dass beide die Welt darüber vergessen und ihr sozusagen nicht mehr angehören. Sie brechen aus allen Fesseln des Raumes und der Zeit und allen Bindungen, in

---

14 INGEBORG BACHMANN, Der gute Gott von Manhattan. Hörspiel, München 1958.

denen sie bisher gelebt haben. Der gute Gott von Manhattan, eine mythische Instanz, duldet jedoch nicht, dass die Ordnung der normalen Gesellschaft durchbrochen und dadurch in Frage gestellt wird. Er hat als Diener zwei übergroße Eichhörnchen, die die diabolische Aufgabe haben, solche Liebespaare in die Luft zu sprengen. Bei dem Paar, das in das höchste Stadium der Liebe eingetreten ist, geschieht aber nun eine Wendung.

Der Mann gibt dem Wunsch nach, einmal eine halbe Stunde allein zu sein, er geht in ein Lokal in der Nähe und schaut auf die Uhr, die in der Zeitlosigkeit des Liebeserlebnisses keine Rolle gespielt hat. Er fällt in das »Normale«, »Gesunde« zurück und entgeht in dieser »Pause« dem Attentat der Eichhörnchen, die den Liebesort in die Luft sprengen, an dem die Frau als die unbedingt Liebende zurückgeblieben war. Dieses Liebesverhältnis ist ungleich wie das von Anna Karenina und Madame Bovary.

Wechseln wir nun vom Thema Paarbeziehung zu einem literarischen Motiv, das in anderer Weise in die Tiefen der menschlichen Seele verweist: zu der Verwandlung eines Menschen angesichts des Todes. Ein berühmtes Beispiel ist der *Prinz von Homburg*[15] in Kleists Schauspiel, das der Autor kurz vor seinem eigenen Tod, einem Freitod, verfasst hat.

Der Prinz von Homburg ist ein Traumwandler. Er erlebt bei einer Hofgesellschaft des Kurfürsten von Brandenburg, in dessen Diensten er als Offizier steht, eine Situation, in der sich bei ihm Wirklichkeit und Traum vermischen: Er nähert sich der Nichte des Kurfürsten, wird aber vom Kurfürsten zurückgewiesen.

Als am folgenden Tag der Kurfürst einen Einsatzplan für die bevorstehende Schlacht gegen die Schweden bespricht, ist er durch seine weiterhin anhaltende Träumerei vom Zuhören abgelenkt. Er überhört den Passus, dass er mit seiner Reiterei erst eingreifen soll, wenn er den ausdrücklichen Befehl dazu erhält. In der Schlacht missachtet der Prinz diese Weisung, die er überhört hat, führt seine Truppe nach eigenem Gutdünken in den Kampf und erreicht dadurch den Sieg über den Feind.

Wegen dieser Insubordination lässt ihn der Kurfürst vom Militärgericht zum Tode verurteilen. Der Prinz, im Hochgefühl seines Sieges, nimmt dieses Urteil zunächst nicht ernst, bis ihm klar wird, dass der Kurfürst, der den Willkürakt eines Untergebenen nicht ungestraft lassen kann, nicht zu der von ihm erwarteten Begnadigung bereit ist. Angesichts des für ihn bestimmten Grabes überfällt ihn eine derartige Todesangst, dass er nur noch um sein Leben fleht.

---

[15] Heinrich von Kleist, Prinz Friedrich von Homburg. Schauspiel [entstanden 1809–1811], Berlin 1821.

Der Kurfürst ist auf die Bitten seiner Umgebung schließlich doch zur Begnadigung bereit unter der Bedingung, dass der Prinz selbst das Urteil des Gerichts für rechtens erklärt und die Todesstrafe als Notwendigkeit anerkennt. Damit hat der Kurfürst ihn selbst zum Richter über sich gemacht, und der Prinz verwandelt sich unter diesem Aspekt völlig. Er sieht dem Tod, den er nun für unausweichlich hält, ins Angesicht und überwindet aus dem tiefen Gefühl der Verantwortung die Todesangst, die vorher das offene Grab hervorgerufen hat. Jetzt kann er, als Geläuterter vom Kurfürst begnadigt, ins Leben zurückkehren und in der Realität erleben, was anfangs schwärmerische Träumerei war.

Nun gibt es zu diesem von der Todesangst gewandelten Prinzen von Homburg das Gegenstück eines Menschen, dem die Aussicht auf den Tod gerade nicht unter die Haut geht. Der *Leutnant Gustl*[16] aus der Novelle ARTHUR SCHNITZLERS ist ein Offizier der K. u. K.-Monarchie vor dem Ersten Weltkrieg, der von den Durchschnittsgedanken und -gefühlen eines unbedarften jungen Mannes der damaligen Ära erfüllt ist.

Nachdem er ein Konzert besucht hat, mit dem er nichts anzufangen wusste, passiert ihm das Missgeschick, dass ihm an der Garderobe ein Bäckermeister, den er gerade zurechtgewiesen hat, mit kräftiger Hand an den Säbel greift und ihm jede Möglichkeit zur Ab- oder Gegenwehr nimmt.

Dieses unerwartete Ereignis wirft ihn zunächst völlig aus der konventionellen Bahn, auf der er bisher geschritten ist. Als Offizier hätte er auf die gerade erfahrene unverschämte Handlung mit einer Herausforderung zum Duell reagieren müssen – wenn der Kontrahent ein Ebenbürtiger gewesen wäre. Mit einem Bürgerlichen kann er sich aber nicht duellieren, und eine andere Art der Reaktion ist nicht möglich, weil sie auf jeden Fall Bloßstellung nach sich gezogen hätte. So bleibt ihm nur im Rahmen seines Standes der Entschluss zur Selbsttötung, um die Schande zu tilgen, denn die Ehre ist nach seiner Auffassung das Einzige, was ein Leutnant der kaiserlichen Armee hat. Mit dieser Gewissheit geht er durch die Viertel und Gassen des alten Wien, stets den Gedanken tragend, dass er im Morgengrauen dem Tod in die Augen schauen müsse. Auf der stundenlangen Wanderung begleiten ihn aber dieselben banalen Empfindungen, die ihn sein ganzes bisheriges Leben beherrschten.

Als er am Morgen ein Café betritt, erfährt er, dass den Bäckermeister, der ihn der Schande preisgab, in der Nacht der Schlag getroffen hat. Damit entfällt der ganze Konflikt, und er kann sein bisheriges Leben unbeküm-

---

16 ARTHUR SCHNITZLER, Lieutenant Gustl. Novelle, Wien 1900; Berlin 1901.

mert weiterführen. Der drohende Tod war für ihn nichts als ein vorübergehender Gedanke innerhalb seines programmierten Standesbewusstseins.

Todesangst bestimmt wiederum das Leben der Hauptgestalt der Novelle »*Die Letzte am Schafott*«[17] von Gertrud von Le Fort. Die Handlung spielt in Frankreich zur Zeit der Revolution von 1789. Blanche de la Force ist in ihrer ganzen Lebenshaltung von existenzieller Angst bestimmt, die sie in ein Kloster fliehen lässt, in der Hoffnung, dass Gott ihr diese Angst nimmt.

Aber was vorher Weltangst war, steigert sich hier zur Todesangst. Sie erlebt, dass ihre Mitschwestern der zu erwartenden Hinrichtung durch das Revolutionstribunal mit glühender Todesbereitschaft entgegensehen, um den Märtyrertod zu sterben, während sie selbst von ständigem Entsetzen befangen ist. Sie flieht aus dem Kloster ins Leben, aus dem sie vorher ins Kloster geflüchtet ist.

Als aber ihre Mitschwestern zum Schafott geführt werden, folgt sie ihnen auf das Gerüst. Sie flieht nicht mehr vor ihrer Angst, sondern unterwirft sich ihr als Kreuz, das ihr auferlegt ist. Ihre natürliche Schwäche wird zur übernatürlichen Stärke. Als Letzte am Schafott bringt sie ein größeres Opfer als ihre Mitschwestern, die »jubelnd« in den Tod gehen – denn sie trägt das »Kreuz der Angst«.

Eine Bühnenfigur aus einem ganz anderen gesellschaftlichen Milieu erhebt sich angesichts des Todes in unerwarteter Weise aus einer banalen Lebensebene zu einer erhabenen inneren Größe. Es ist die bemerkenswerteste Gestalt des Schauspiels »*Der Besuch der alten Dame*«[18] von Friedrich Dürrenmatt, der Kaufmann Ill, ein Durchschnittsmensch der Kleinstadt Güllen, die den Besuch einer Milliardärin erwartet. Alfred Ill, der in jungen Jahren ihr Geliebter war, soll in Erinnerung an die alte Zeit die Besucherin zur Wohltätigkeit veranlassen, denn Güllen ist auf unerklärliche Weise verarmt und deshalb dringend auf eine großzügige Spende der alten Dame angewiesen.

In der folgenden Handlung stellt sich jedoch heraus, dass die Besucherin gekommen ist, um sich für das Unrecht, das ihr einst in Güllen angetan wurde, zu rächen, und zwar auf eine überraschende Art. Sie erklärt sich bereit, den Einwohnern eine Milliarde zu spenden, wenn man ihren ehemaligen Geliebten Ill tötet. Denn dieser, so kommt es ans Licht, hat sie damals mit Hilfe von falschen Zeugen vor Gericht verleumdet, so dass sie aus Güllen verjagt und in ein erbärmliches Leben getrieben wurde, bis sie

---

[17] Gertrud von Le Fort, Die Letzte am Schafott. Novelle, München 1931.

[18] Friedrich Dürrenmatt, Der Besuch der alten Dame. Eine tragische Komödie, Zürich 1956.

einen reichen Liebhaber fand, dem sie, inzwischen Witwe, einen sagenhaften Reichtum verdankt.

Nun erlebt Ill, vorher als Vertrauensmann hoch gefeiert, wie die Güllener einschließlich seiner eigenen Familie auf seinen Tod spekulieren, obwohl sie ihm ständig versichern, dass sie das Angebot der Besucherin verurteilen und auf seiner Seite stehen, dabei aber bei ihm und sonst wo auf Kredit Einkäufe machen, die sie sich nur leisten können, wenn die in Aussicht stehende Zahlung erfolgt, an der sie alle teilhaben werden.

Unter diesem Druck der sich immer deutlicher abzeichnenden Todeserwartung wandelt sich Ills schmierige Krämerseele in einen herausragenden Charakter. Er jammert und klagt nicht in Todesangst. Von allen verlassen, in völliger Einsamkeit, in der ihm auch die Kulturträger, die Obrigkeit und die Polizei keinen Bestand leisten, kommt er zu seinem eigenen, persönlichen Entschluss: Als der Bürgermeister mit dem Ansinnen an ihn herantritt, er solle im Hinblick auf seine frühe Verfehlung sich selbst das Leben nehmen, weigert er sich, den opportunistischen Güllenern diesen Gefallen zu tun. Sie alle, nicht er allein, sollen den geforderten Mord an ihm auf sich nehmen und den erwarteten Wohlstand mit diesem Verbrechen auf ihrem Gewissen bezahlen. Wie zu erwarten war, führen die Güllener gefühl- und gewissenlos die Tat aus. Ein athletischer Sportler erwürgt ihn am Ende einer Gasse aus Menschen, durch die Ill mit der Abgeklärtheit eines zum Tode Gereiften geht.

Nun gibt es ein überraschendes Beispiel für eine Inszenierung bzw. Manipulation des Todes in einer kaum bekannten Geschichte unter dem Titel »*Der Tod des Kleinbürgers*«[19]. Franz Werfel erzählt hier vom außerordentlichen Sterben eines subalternen Angestellten namens Karl Fiala, der in der Notzeit nach dem Ersten Weltkrieg mit seiner Frau und einem arbeitsunfähigen Sohn in dürftigen Wiener Vorstadtverhältnissen vom kärglichen Lohn eines Magazinaufsehers lebt.

Seine einzige Lebensfreude ist der Anblick eines Erinnerungsfotos, das ihn in der einstigen Würde und Macht des Türstehers an der Finanzlandesprokuratur in Wien aus dem Jahre 1910 in prächtiger Uniform zeigt. Seine jetzige Existenz ist im Vergleich dazu demütigend, und er muss auch noch fürchten, dass seine kümmerlichen Ersparnisse einer Inflation zum Opfer fallen, so dass ihm und seinen Angehörigen ein noch größeres Elend bevorsteht.

---

[19] Franz Werfel, Der Tod des Kleinbürgers. Novelle, Berlin / Wien / Leipzig 1927.

Da macht ein Versicherungsvertreter in seiner Nachbarschaft seiner Hoffnungslosigkeit ein Ende, indem er ihm eine Lebensversicherung empfiehlt, die ihn nicht nur vor dem Verlust seines Eigentums schützt, sondern auch noch eine hohe Rendite in Aussicht stellt.

Mit dieser Aussicht lebt er solange beruhigt, bis eine ernsthafte Krankheit bei ihm ausbricht, deren zunehmende Bedrohlichkeit für ihn die Sorge mit sich bringt, dass er die Bedingung für die Auszahlung des Versicherungsbetrags nicht erfüllen kann: Er muss sein 65. Lebensjahr erreichen, das erst in ein paar Monaten erfolgt.

Und nun beginnt ein phänomenaler Wettlauf mit der Zeit. Fiala wird im Laufe der Wochen und Monate von innerem Zerfall gepeinigt, so dass die Ärzte, die ihn im Spital betreuen, einen baldigen Tod voraussagen. Sie erleben aber ebenso verblüfft wie das gesamte Pflegepersonal, dass der Todgeweihte weit über jede Prognose hinaus am Leben bleibt und deshalb als Wunder der Wissenschaft betrachtet wird. Fiala tut alles, was eigentlich nicht möglich ist, um sein Leben zu verlängern, und wächst dabei über sich selbst hinaus zu einem geradezu heldenhaften Charakter. Als er endlich stirbt, hat er das Zieldatum seines 65. Geburtstags nicht nur erreicht, sondern sogar um zwei Tage überboten. Er hat seine Familie, in der er vorher wenig galt, vor dem finanziellen Elend gerettet, indem er dem Tod eine selbst gesetzte Frist abzwang.

Dieser kleinbürgerlichen Bravourleistung im Kampf gegen den Tod steht eine auf hoher geistiger Ebene ablaufende Lebensgeschichte in einer Novelle gegenüber, die bereits im Titel den Tod als Zielgröße der Handlung angibt: »*Der Tod in Venedig*«[20] von THOMAS MANN.

Die zentrale Figur, der Schriftsteller Gustav Aschenbach, der sein bisheriges Leben mit strenger Selbstdisziplin geführt hat, erlebt nach und nach befremdende Begegnungen und verwirrende chaotische Bilder. Was sein Bewusstsein bis jetzt nicht zugelassen hat, schafft sich in unbewussten Augenblicken freie Bahn als ein verdrängter Teil seines Selbst. Er beschließt, auf einer Reise nach Venedig Erholung zu finden. Auf dem Weg dahin tauchen Gestalten auf, die ihn abstoßen. Es sind verkleidete Inkarnationen des Todes, Figurationen des antiken Gottes Hermes, der die Verstorbenen zur Unterwelt geleitet.

Unverkennbar taucht Hermes als Wanderer beim Spaziergang in der Nähe des Münchener Südfriedhofs auf, dann als alter Geck unter jungen

---

[20] THOMAS MANN, Der Tod in Venedig (1912), in: ders., Gesammelte Werke in Einzelbänden, Bd. 9: Frühe Erzählungen, hg. v. Peter de Mendelssohn, Frankfurt a.M. 1981, S. 559-641.

Leuten, womit seine peinliche Rolle als aufgeputzter Liebhaber eines Knaben vorweggenommen wird, als Bootsmann bei der Überfahrt zum Hotel, der über den Kopf seines Fahrgastes hinweg die Fahrtroute bestimmt und an den Totenfährmann Charon erinnert.

In Venedig erfolgt dann die entscheidende Begegnung, die ihn aus der bisherigen Lebensbahn wirft. Er verliebt sich in einen schönen Knaben namens Tadzio und erlebt zu seinem Entsetzen, wie er von einer pädophilen Liebe in zunehmendem Maße ergriffen wird. Aschenbach kann sich aus der Faszination des Knaben Tadzio nicht lösen und verliert sich völlig darin. Sein ganzes Sinnen und Trachten richtet sich auf die beglückende Begegnung mit dem Knaben, so dass er ihm würdelos auf Schritt und Tritt folgt. Dabei kommt Aschenbach nicht der Gedanke, dass Tadzio sein Todesbote ist. Erst als er vom Strand aus den Knaben draußen im Meere beobachtet, »war ihm als ob der bleiche und liebliche Psychagog dort draußen ihm zulächle, ihm winke; als ob er [...] hinausdeute, voranschwebe ins Verheißungsvoll-Ungeheure. Und wie so oft machte er sich auf, ihm zu folgen.«

Es bleibt offen, ob Aschenbach durch den Einbruch des Chaos in seine Persönlichkeit zugrunde ging oder durch Ansteckung an der Cholera, die gerade in der Stadt ausgebrochen ist. Der Tod war auf seiner »Erholungsreise« sein ständiger Begleiter.

Exkurs: Volkstümliche Rezeption des Todes

Das Faktum Tod, dem wir alle unterliegen, ist ein weites Feld. Nicht nur Autoren der großen Literatur haben sich mit dem Thema Tod befasst. Auch in der Volkskunst und der Volksliteratur hat es Eingang gefunden und erscheint in entsprechenden Variationen.

Der Autor des Volksbuches vom Doktor Faustus konnte sich nicht genugtun, seinen Teufelsbündler bei dessen Lebensende eine drastische Behandlung durch den Satan erfahren zu lassen. Davon heben sich wiederum die mittelalterlichen Totentänze ab, in denen die begleitenden Worte äußerst knapp gehalten sind: »Sagt ja, sagt nein, getanzt muss sein.« Der Tod redet nicht lange herum.

In knapper Form drückt es der Volksmund in Sprichwörtern aus, wie es der bäuerlichen Wesensart entspricht: »Gegen den Tod ist kein Kraut gewachsen« oder »Ään Dod muss mer schterwe.« Lakonisch ist auch die Aufschrift auf einem Marterl an einer Unglücksstelle:

»Brückli gange,
Brückli broche,

abi gfalle
un vesoffe.«

Dass die Gestalt des Todes in der Welt der Märchen und Schwänke Eingang gefunden hat, ist nicht verwunderlich. Hier tritt der Tod als Person auf, die sich teilweise wie ein Mensch verhält und reagiert, ja sogar anfällig ist für menschliche Schwächen. In dem Schwank vom *Brandner Kasper*[21] bringt es dieser sogar fertig, dem Tod durch Branntwein eine Lebensverlängerung abzuschwatzen.

Ähnlich verhält es sich in dem BECHSTEIN-Schwank »*Der Schmied von Jiterbogk*«[22]. Hier sind es saftige Birnen, die ihn auf den Baum locken, der die Eigenschaft hat, alles festzuhalten, was mit ihm in Berührung kommt, solange es dem Schmied beliebt. Für diesen scheint damit der bevorstehende Tod aufgehoben. Aber bald zeigt sich der Haken bei der Sache. Es stirbt überhaupt kein Mensch mehr, und es sterben auch keine Tiere, und so muss der Märchenheld einsehen, dass ohne den Tod auf der Erde ein Chaos ausbricht, und er gibt ihn frei.

Im GRIMM'schen Märchen »*Der Gevatter Tod*«[23] übernimmt der Tod sogar die Patenschaft für das Kind eines armen Bauern und begabt den zukünftigen Arzt mit der Fähigkeit, Tod oder Überleben eines Kranken vorherzusehen. Diese Gabe wird allerdings mit der strengen Auflage verbunden, sich an die Weisung des Todes zu halten: Steht dieser am Kopfende des Bettes, so bedeutet dies Genesung des Kranken, erscheint er am Fußende, so ist sein Leben verwirkt.

Mit dem Tod lässt sich nicht spaßen, sagt der Volksmund, und dies bewahrheitet sich auch in diesem Grimm-Märchen. Als der junge Arzt versucht, den Tod zu betrügen, indem er die kranke Tochter des Königs dadurch retten will, dass er ihren Körper im Bett umdreht, so dass der Tod nun zu ihren Häupten steht, erfährt er die ganze Strenge des Unerbittlichen. Er hat sich damit selbst das Lebenslicht ausgeblasen.

---

21 FRANZ VON KOBELL, Die G'schicht von Brandner-Kasper, Basel 1871.

22 LUDWIG BECHSTEIN, Der Schmied von Jüterbogk, in: ders., Sämtliche Märchen, Mannheim 2011, S. 55-59.

23 Der Gevatter Tod, in: BRÜDER GRIMM, Kinder- und Hausmärchen. Vollständige Ausgabe, mit einer Einleitung von Hermann Grimm u. der Vorrede der Brüder Grimm zur ersten Gesamtausgabe 1819, München [11]1987, S. 247-250.

Hans-Georg Wittig

STERBEN LERNEN – PHILOSOPHIE ANGESICHTS DES TODES (I)

Wir alle müssen sterben, und niemand weiß, wann es ihn wie treffen wird. Was bedeutet das für unser Leben? Welchen Beitrag kann die Philosophie zu dieser Frage leisten? Philo-Sophie ist Streben nach Weisheit, sie geht nicht, wie die Theo-Logie, von Gott und seiner Offenbarung aus, sondern bleibt, wie ihr Name sagt, unterwegs.

Einerseits ist dieser Vortrag für mich eine willkommene Gelegenheit, mich Ihnen als Mitglied des Bundes für Freies Christentum vorzustellen, andererseits muss ich mich fragen, ob ich genügend Lebenserfahrung gewonnen habe, um über Sterben und Tod sprechen zu dürfen. So möchte ich – auch im Blick auf MICHAEL GROSSMANNS ergänzenden Vortrag – an einen Philosophen anknüpfen, dem für unser Thema nach meiner Überzeugung eine Schlüsselstellung zukommt, der aber, wie so viele andere auch, fast unbekannt geblieben ist: WILHELM KAMLAH, den ich vor vier Jahrzehnten noch persönlich kennengelernt habe.

Bevor ich jedoch von der Sache her begründe, warum ich gerade auf Kamlah zurückgreife[1], möchte ich von einigen Bemerkungen CARL FRIEDRICH VON WEIZSÄCKERS ausgehen, der in Göttingen Kollege von Kamlah war. In seinem Aufsatz über den Tod formuliert Weizsäcker: »Aus den Abschiedsgesprächen des Sokrates erfahren wir, daß Philosophie nichts anderes ist als Sterbenlernen.«[2] Und später: »Gewiß kann man Menschen, die unsere Kultur ein Leben lang verdrängen gelehrt hat, daß Leben Sterbenlernen bedeutet, nicht im letzten Augenblick zumuten, alles Versäumte

---

1 Vgl. übrigens, neben einer fast unabsehbaren Literatur, neuerdings – mehr aus psychologischer und theologischer Sicht – das zusammenfassende Publik-Forum-Extra: Sterben. Über das Unvermeidliche, Oberursel 2011.

2 CARL FRIEDRICH VON WEIZSÄCKER, Der Garten des Menschlichen. Beiträge zur geschichtlichen Anthropologie, München 1977, S. 145.

nachzuholen.«[3] Mit welchem Recht wird hier behauptet, sowohl Philosophie als auch Leben seien Sterbenlernen?

1. Wilhelm Kamlahs philosophische Schlüsselstellung für unser Thema

WILHELM KAMLAH (1905–1976) studierte neben Musikwissenschaften Geschichte, Theologie und Philosophie, unter anderem bei RUDOLF BULTMANN und MARTIN HEIDEGGER. Nach dem Zweiten Weltkrieg lehrte er Philosophie in Göttingen und Hannover, dann vor allem in Erlangen. Aus drei Gründen beziehe ich mich auf ihn:

Erstens verbindet er wie vielleicht kein zweiter eine profunde Kenntnis der reichen philosophischen Tradition mit einer Präzision und Reflektiertheit des Formulierens, die durch die moderne Sprachphilosophie und Logik geschult ist – von Heidegger bis zur Kooperation mit PAUL LORENZEN und damit zur Begründung der »Erlanger Schule« war es ein weiter Weg. »Die Dinge sind [...] zu ernst, als daß wir noch darauf verzichten könnten, so klar und so einfach zu reden wie überhaupt möglich. Der Versuch, die Wörter genau zu nehmen, ist für jeden Versuch, die Sachen klar zu sehen, unerläßlich.«[4]

Zweitens versucht KAMLAH mit seiner »Kritik der profanen durch vernehmende Vernunft« (so der Untertitel seiner frühen Anthropologie), Philosophie und Theologie einander anzunähern, ohne sie vorschnell vereinen zu wollen. Während BULTMANN (aus meiner Sicht nicht überzeugend) ihm gegenüber daran festhält, das »Christusgeschehen« nicht in die sogenannte »Entmythologisierung« einzubeziehen,[5] will KAMLAH diese Entmythisierung »radikal zu Ende führen«[6]. Im Blick auf unser Thema formuliert er: »Wer die [...] Eigenmächtigkeit [...] aufgibt, in der wir gewöhnlich leben, wer Tod und Leiden ohne Aufbegehren annimmt, der hat den Tod schon überwunden und ist in ein neues Leben eingetreten, in dem er fähig ist,

---

[3] A.a.O., S. 156.

[4] WILHELM KAMLAH, Utopie, Eschatologie, Geschichtsteleologie, Mannheim 1969, S. 9.

[5] RUDOLF BULTMANN, Neues Testament und Mythologie. Das Problem der Entmythologisierung der neutestamentlichen Verkündigung (1941), in: Kerygma und Mythos. Ein theologisches Gespräch, [Bd. 1], hg. v. Hans-Werner Bartsch (ThF 1), Hamburg-Volksdorf [2]1951, S. (15-48) 40-48.

[6] WILHELM KAMLAH, Philosophische Anthropologie. Sprachkritische Grundlegung und Ethik, Mannheim / Wien / Zürich 1972, S. 162.

die Bedürftigkeit des Mitmenschen zu erkennen und demgemäß zu handeln – eine philosophische Einsicht, ja die philosophische Grundeinsicht, die theologisch-christlich als ›Glaube‹ nur noch dadurch verstanden wird, daß man *hinzufügt* [im Orig. hervorgehoben]: diese Einsicht kann nur gewonnen werden im ›Hören‹ auf ›das Wort‹, d.h. eben: in der gläubigen Annahme der ›Verkündigung‹, die mit dem Auftreten Jesu ›in die Welt gekommen ist‹.«[7]

Drittens: Neben der Verbindung von philosophischer Tradition und moderner Sprachphilosophie und neben dem Dialog mit theologischen Richtungen, an denen gerade der Bund für Freies Christentum interessiert ist, kommt noch ein »existenzieller« Aspekt hinzu. In seiner nüchternen Sprache unterscheidet der späte Kamlah zwischen »primärem« und »sekundärem« Lernen. Sekundäres Lernen findet durch bloßes Hörensagen statt, primäres durch eigene Erfahrung. Für das Thema Tod ist wichtig, dass es zwischen beiden Arten des Lernens vielerlei Abstufungen gibt.[8] »Wer noch am Leben ist, hat zwar vom Sterben keine Erfahrung. Jedoch kann er Erfahrung haben von Situationen, in denen er zum Sterben bereit sein mußte.«[9] Solch eine Situation hat Kamlah selbst durchlebt: »Anfang Juli 1943 lag ich im Kriegslazarett von Orel, einer russischen Panzerkaserne, die bis unters Dach mit Verwundeten vollgestopft war. [...] Der Gang draußen war so eng belegt wie die Zimmer, und in der zweiten Nacht brüllte einer dicht vor unserer Tür bis zum Morgengrauen, dann war er still, für immer. Ich selbst wurde täglich in den Operationsraum geschafft, ich wußte, daß ich Gasbrand in der Wunde hatte und daß die Chance des Überlebens nicht groß war. So hatte ich Anlaß genug und auch Zeit genug, an das Sterben zu denken [...].«[10]

Diese Erfahrung und ihre Reflexion führen ihn zu dem Wissen, »daß die [...] Gelöstheit, derer es zum ruhigen Sterben bedarf, in gewisser Weise dieselbe ist wie diejenige, derer es auch zum Leben bedarf, daß sie das ›höchste Gut‹ ist im Leben wie im Sterben (in der Sprache der antiken Philosophie gesprochen)«[11]. Dieses Thema durchzieht dann Kamlahs ge-

---

7 W. KAMLAH, Utopie, Eschatologie, Geschichtsteleologie (s. Anm. 4), S. 29.

8 W. KAMLAH, Philosophische Anthropologie (s. Anm. 6), S. 40 ff.

9 A.a.O., S. 166.

10 WILHELM KAMLAH, Von der Sprache zur Vernunft, Mannheim 1975, S. 174.

11 W. KAMLAH, Philosophische Anthropologie (s. Anm. 6), S. 166. – Von der hier erörterten allgemeinen Thematik des Todes und Sterben-Könnens muss – und

samte Philosophie, von dieser Einheit von Leben-Können und Sterben-Können her konzipiert er seine Anthropologie, deren Gediegenheit sich erst dem zeigt, der sich sorgfältig in sie einarbeitet - je länger, umso mehr.

2. Sterben-Können und Leben-Können

In seiner »Meditatio Mortis«, die Kamlah kurz vor seinem Lebensende verfasst hat, heißt es: »Pure Widerfahrnisse, beglückende wie zerstörende, können wir nur annehmen, hinnehmen. Das Aufbegehren gegen Verfall und Tod ist normal und natürlich und führt doch zur Verzweiflung. Die *Hinnahme* [im Orig. hervorgehoben] kann schwer zu erringen, im Gelingen aber befreiend sein. Und die *ars vitae*, die mit Hilfe philosophischer Besinnung gelingende Kunst zu leben, besteht zu allererst nicht im Handeln-Können, sondern im Loslassen-Können. Die Einübung in die Hinnahme unabänderlicher Verluste durchzieht dann wieder unser ganzes Leben und findet in der einwilligenden Hinnahme des eigenen Todes nur ihre Vollendung. [...] Und wie [...] der Winter einmal früh kommt und ein andermal spät, einmal mit Härte und bitterer Kälte, ein andermal mit Milde, so trifft auch der Tod ohne Sinn und Verstand den einen unzeitig früh, zu früh, den anderen zu guter Zeit, den dritten unzeitig spät. Zu verstehen gibt es da nichts, hinzunehmen umso mehr.«[12]

Doch an dieser Stelle gilt es Missverständnisse zu vermeiden. Das Hinnehmen des Unausweichlichen schließt, wie Kamlah betont, ein »Aufbegehren gegen unerträgliche Umstände und damit veränderndes Handeln nicht aus«. Gegenüber einer verbreiteten quietistischen Tradition stellt er klar: »›[R]uhiges Entbehren‹ ist zwar in Lagen angeraten, die das Gewinnen oder Zurückgewinnen des Entbehrten ausschließen, und verbindet sich doch mit der Einsicht in den Unterschied dessen, das wir als unabänderlich hinzunehmen haben, von dem, das wir durch tatkräftiges Handeln zu ändern vermögen. Diese Unterscheidung richtig zu treffen, gehört zu den wichtigsten täglichen Aufgaben einer philosophisch reflektierten Lebensführung.« Und er zitiert das (fälschlicherweise Friedrich Christoph Oetinger zugeschriebene) Gebet: »Gib mir die Gelassenheit, hinzunehmen, was ich nicht ändern kann; gib mir den Mut, zu ändern, was ich ändern kann; und gib mir die Weisheit, beides voneinander zu unterscheiden!«[13]

---

kann – die spezielle Problematik des »Freitodes« abgelöst werden, mit der Kamlah sich intensiv befasst hat, bevor er diese Möglichkeit für sich selbst wählte.

12 Wilhelm Kamlah, Meditatio Mortis, Stuttgart 1976, S. 12 f.

13 W. Kamlah, Philosophische Anthropologie (s. Anm. 6), S. 168.

Das ist in der Tat eine überaus tröstliche Maxime: Wenn wir uns redlich bemüht haben, uns an der Bewältigung der Aufgaben, die für eine gelingende Zukunft gelöst werden müssen, nach Kräften zu beteiligen, dann dürfen wir die Wirkungen unseres Handelns aus der Hand geben, statt Erfolge erzwingen zu wollen oder durch Misserfolge niedergedrückt zu werden. Selbstverständlich sollten wir unsere Chancen nicht leichtfertig verspielen; doch dass dem einen mehr Wirkungsmöglichkeiten – oder auch mehr Hindernisse – widerfahren als dem anderen, haben wir nicht zu verantworten.

Leben-Können umfasst also beides: Hinnehmen und Handeln – und beide Seiten sollten (wie es oben schon anklang) von der Grundgestimmtheit der »Gelöstheit« getragen sein, einer Gelöstheit, welche die entscheidende Grundlage der »Eudämonie« ist, des wahren Wohls der Seele. KAMLAH, der damit auf einen zentralen Begriff der antiken Philosophie zurückgreift, stellt heraus, dass in unserer profanen Welt sowohl der überlegene Gewinnertyp des »Selbstsicheren« als auch der unterlegene Verlierertyp des chronisch unzufriedenen »Süchtigen« diese Eudämonie verfehlen: »Die Preisgabe der eigenmächtigen Selbstbefangenheit, die sich der Selbstsichere und der Süchtige nur als asketischen Verzicht auf jedes lebenswerte Leben zu denken vermögen, ist umgekehrt geradezu der erste Schritt zu einem wahrhaft gelingenden Leben, zur Eudämonie.«[14]

Einerseits hat sich diese »Eudämonie«, wie gesagt, in der Hinnahme zu bewähren. Hier greift Kamlah wiederholt auf den Stoiker EPIKTET zurück, und zwar auf dessen Gleichnis vom »Ruf des Steuermanns«, in dem es um die Metapher der »Reisefertigkeit« geht: »Wenn der Steuermann ruft (d.h. wenn es zum Sterben kommt), soll der Gerufene einwilligend alle Güter ›loslassen‹, fallen lassen [...], statt widerstrebend vom Tod als schlimmem Widerfahrnis niedergeschlagen zu werden [...]. Doch auch schon im Leben soll er die Güter, die ihm gewährt wurden, gleichsam nur lose in der Hand halten. Er soll wie ein Gast sein [...], der annimmt, was ihm geboten wird, aber die vorübergehenden Schüsseln nicht festhält [...]. Für den Gast bleibt das mit Dankbarkeit Empfangene doch fremdes Gut, das nicht eigentlich Besitz werden kann.«[15]

Andererseits hat sich die Eudämonie im Handeln zu bewähren. »Der Selbstsichere und der Süchtige sind beide ganz und gar ›mit sich selbst beschäftigt‹, d.h. mit der sicher gelingenden oder chronisch mißlingenden

---

14 A.a.O., S. 157 f.

15 A.a.O., S. 170; vgl. ausführlich schon WILHELM KAMLAH, Der Ruf des Steuermanns, Stuttgart 1954.

Befriedigung [...] ihrer Wünsche und Hoffnungen und daher, in dieser ihrer Selbstbefangenheit, unaufgeschlossen für die Bedürftigkeit des Mitmenschen.«[16] Damit aber versagen sie angesichts der »praktischen Grundnorm«, die Kamlah in seiner »Normativen Ethik« entfaltet und die lautet: »Beachte, daß die Anderen bedürftige Menschen sind wie du selbst, und handle demgemäß!«[17] – dass diese nur scheinbar schlichte Norm und die weitreichenden Handlungskonsequenzen, die sich aus ihr ergeben, hier nicht systematisch kommentiert werden können, versteht sich von selbst.[18] Hier tut sich für das Leben-Können, zumal für das Miteinander-leben-Können, ein neues Aufgabenfeld auf, das (neben dem Hinnehmen-Können) für das Erlernen des Sterben-Könnens ebenfalls von eminenter Bedeutung ist. Die Erfahrung lehrt ja, wieviel leichter Menschen sterben, wenn sie ihnen wichtige Anliegen noch haben abschließen können. Wir sind vergängliche Glieder von Familien, Gruppen, Völkern, der Menschheit, der Ökosphäre auf diesem Planeten und damit der Evolution des Lebens. Wenn wir gegenüber unseren Mitmenschen, ja Mitgeschöpfen massiv versagt haben, auch gegenüber zukünftigen Generationen, wenn wir nicht nach allen Fehlern und Krisen doch wenigstens versucht haben, das moralisch Gebotene nach Kräften zu fördern, dann wird der Abschied aus diesem Leben unerträglich schwer werden. Nicht der physische Tod ist das schlimmste Übel, auch nicht der gesellschaftliche Tod durch Erleiden von Vorurteilen, Missachtung usw., sondern die moralische Selbstvernichtung der Person.[19] In seiner Sokrates-Studie erinnert Kamlah daran, dass dies schon für den philosophischen Urvater galt: »In ihrem gehorsamen Bezug auf das Gute bewahrt sich die Seele gleichsam in sich selbst und nicht mehr im Urteil der Gemeinschaft, das der angeklagte Sokrates mit einer gelösten Unbekümmertheit erwartet, ja herausfordert, für die das Herkommen kein Beispiel kennt. Vernichtet würde er nicht durch den Tod wie die Vielen, doch auch nicht durch die Schande wie Achill, sondern allein noch durch den eigenen Ungehorsam gegen das Rechte. [...] So ist sein Gehorsam zugleich ein Vertrauen, mit dem er sich dem Tode anvertraut in ›viel Hoffnung‹, als sei er

---

16 W. Kamlah, Philosophische Anthropologie (s. Anm. 6), S. 157.

17 A.a.O., S. 95.

18 Vgl. a.a.O., S. 96 ff. 103 ff.; auch Peter Kern / Hans-Georg Wittig, Pädagogik im Atomzeitalter, Freiburg i.Br. ²1984; dies., Notwendige Bildung, Frankfurt a.M. 1985, S. 81 ff.

19 Vgl. Peter Kern / Hans-Georg Wittig, Der sokratische Weg aus der Gefahr, in: Detlef Horster / Dieter Krohn (Hg.), Vernunft, Ethik, Politik. Gustav Heckmann zum 85. Geburtstag, Hannover 1983, S. 133-140.

das Leben. Lebend wußte er nichts über den Tod, aber sterbend, nach der Verurteilung, weiß er nun, daß der Tod ihm ein Gutes ist, mag er nun traumlose Ruhe oder gesteigertes Leben sein.«[20]

3. Metaphysische Öffnung

Um die bisherigen, vor allem an KAMLAH anknüpfenden Überlegungen auf die anderen Themen dieser Tagung und auf das zentrale Anliegen des Bundes für Freies Christentum beziehen zu können, muss ich Ihnen wenigstens kurz zwei weitere Schritte zumuten. Kamlah beschränkt sich auf eine, wie er es nennt, »Explikation« menschlicher »Lebenserfahrungen« – die mit der Todesfrage verbundene Gottesfrage taucht in den frühen Schriften als Grenzfrage auf (im Sinne einer »negativen Theologie«[21]), in den späten so gut wie gar nicht[22]. Von »Gott« zu reden, heißt aber, über unser Leben und die Welt, wie wir sie erfahren, hinauszudenken. Ob es nun als zeitgemäß gilt oder nicht, ich halte es mit KARL JASPERS und vor allem KANT für notwendig, die Wirklichkeit, wie sie uns »erscheint«, davon zu unterscheiden, wie sie – »metaphysisch« – »an sich« ist. Ich möchte das mit einer Anekdote erläutern: Vor Jahrzehnten hielt an unserer Hochschule ein Naturwissenschaftler einen Vortrag und sagte, das Gras dort draußen »sei« ja gar nicht grün, sondern es »erscheine« uns nur so, weil bestimmte Lichtwellen von unseren Augen aufgenommen und im Gehirn verarbeitet würden, so dass wir dann die Farbqualität »grün« empfänden; in Wirklichkeit handle es sich also um Lichtwellen. Nach seinem Vortrag sagte ich ihm, dem ersten Teil seiner Aussage könne ich zustimmen, dem zweiten nicht: Das Licht »sei« nicht Welle, sondern es »erscheine« uns so, wenn wir von bestimmten physikalischen Instrumenten Gebrauch machten; selbstverständlich biete die Physik Erkenntnisgewinn mit vielen technischen Anwendungsmöglichkeiten, aber prinzipiell bleibe alle menschliche Erkenntnis der Wirklichkeit an die Art gebunden, wie diese der Struktur unseres Erkenntnisvermögens »erscheine«. Das »dahinter« liegende »Ding an sich«, das eigentlich Wirkliche, das wir bei kausalem Denken als Ursache der Erscheinungen annehmen müssten (die ja kein »Schein« im Sinne von Illusion sind), bleibe uns unerreichbar.

---

[20] W. KAMLAH, Von der Sprache zur Vernunft (s. Anm. 10), S. 62.

[21] Vgl. z.B. WILHELM KAMLAH, Der Mensch in der Profanität, Stuttgart 1949, S. 198.

[22] Höchstens z.B. W. KAMLAH, Philosophische Anthropologie (s. Anm. 6), S. 160 f.

Durch Reflexionen dieser Art werden wir der »Inselhaftigkeit« unserer Erkenntnis inne. In der Vorrede zur 2. Auflage der »Kritik der reinen Vernunft« sagt KANT, er habe das Wissen »aufheben« müssen, um Platz zum Glauben zu bekommen.[23] Einerseits können wir, wenn wir konsequent sind, die Fragen nach einer über die »Erscheinungen für uns« hinausgehenden »Wirklichkeit an sich« nicht unterlassen, und wir können kaum bezweifeln, dass eine solche »transzendente« Wirklichkeit »ist« - diese Reflexion wendet sich gegen einen arroganten Atheismus, der »zuviel wissend« behauptet, dass Gott erwiesenermaßen nicht existiere. Andererseits können wir diese Fragen, die wir doch stellen müssen, theoretisch nicht beantworten, wir können nicht wissen, was es inhaltlich mit dieser transzendenten Wirklichkeit auf sich hat - diese Reflexion wendet sich gegen alle Arten von ebenfalls »zuviel wissendem« Dogmatismus und Fundamentalismus und ist wohl der überzeugendste Schutz gegen jeglichen religiösen Fanatismus. Nur um eine »Öffnung« ins Unbekannte, ja für uns nicht Kennbare handelt es sich also, nicht um inhaltliche Metaphysik - erst diese Offenheit für »Transzendenz«, für ein Überschreiten der Weise, wie uns die Welt erscheint, bietet, wenn ich recht sehe, auch angemessene Verstehensmöglichkeiten für Nahtodeserfahrungen, vor allem für die außerkörperlichen Erfahrungen, über die JÖRGEN BRUHN zu uns sprechen wird.[24]

Kehren wir zu unserem Thema Sterben und Tod zurück, so finden wir, dass KANT auch hier die »Anmaßungen« religiösen Zuvielwissens kritisiert. Freilich ist das nicht sein letztes Wort. Seine Philosophie orientiert sich ja nicht nur an der Leitfrage »Was kann ich wissen?«, sondern auch an der ethischen Frage »Was soll ich tun?« und an der religiösen Frage »Was darf ich hoffen?«. In fast sträflicher Kürze sei hier nur festgehalten, dass sein »kategorischer Imperativ«, der die Achtung der Würde eines jeden Menschen fordert, im Wesentlichen übereinstimmt mit der Goldenen Regel und auch mit KAMLAHS »praktischer Grundnorm«. Wer nun vom Sinn dieses Imperativs wirklich überzeugt ist und ihn in seinem Leben existenziell zu bewähren versucht, darf, so KANT, auf eine über unsere Erscheinungswelt hinausgehende Gerechtigkeit Gottes und damit auf ein Leben nach dem Tode hoffen. In seinen »Reflexionen zur Metaphysik« notiert Kant kurz und bündig: »Der moralische Beweis sagt nicht, daß die Seele künftig leben werde, sondern daß der Rechtschaffene nicht vermeiden könne, dieses an-

[23] Vgl. P. KERN / H.-G. WITTIG, Notwendige Bildung (s. Anm. 18), S. 124.

[24] Vgl. JÖRGEN BRUHN, Blicke hinter den Horizont. Nahtodeserlebnisse: Deutung – Bedeutung, Hamburg 2009; PIM VAN LOMMEL, Endloses Bewusstsein. Neue medizinische Fakten zur Nahtoderfahrung, Düsseldorf [4]2011.

zunehmen oder wenigstens als möglich anzusehen.«[25] In der oft spröden Sprache Kants handelt es sich hier um ein »Postulat«, nicht weniger, aber auch nicht mehr – und das ist gut so, denn, so Kant, da »das moralische Gesetz in uns, ohne uns etwas mit Sicherheit [!] zu verheißen oder zu drohen, von uns uneigennützige Achtung fordert, übrigens aber, wenn diese Achtung tätig und herrschend geworden, allererst alsdann und nur dadurch Aussichten ins Reich des Übersinnlichen, aber auch nur mit schwachen Blicken erlaubt: so kann wahrhafte sittliche, dem Gesetz unmittelbar geweihte Gesinnung stattfinden [...]. Also möchte es auch hier wohl damit seine Richtigkeit haben, was uns das Studium der Natur und des Menschen sonst hinreichend lehrt, daß die unerforschliche Weisheit, durch die wir existieren, nicht minder verehrungswürdig ist in dem, was sie uns versagte, als in dem, was sie uns zuteil werden ließ.«[26]

4. Rezeption für eine zukunftsfähige Kirche

In diesem letzten Schritt wird, so hoffe ich, deutlich, warum der Rückblick auf KANT und damit auf Chancen und Grenzen der Metaphysik nötig war. Die Frage lautet nun: Ist es möglich, die bisherigen Überlegungen für eine zukunftsfähige Theologie und eine zukunftsfähige Kirche fruchtbar werden zu lassen? Dazu bedarf es eines Brückenschlags zwischen Philosophie und Theologie, und diesen hat in exemplarischer Weise ALBERT SCHWEITZER geleistet.[27] Geprägt von Kant, schreibt er in den einleitenden Passagen seines großen Paulus-Buches über das, was er »Denkmystik« nennt: »Ist der Begriff des Universums erreicht und reflektiert das Menschenwesen über sein Verhältnis zur Totalität des Seins und zum Sein an sich, so weitet, vertieft und läutert sich die Mystik. [...] Sie ringt sich zur Unterscheidung von Sein und Erscheinung durch [...]. Die Einheit aller Dinge in Gott,

---

[25] IMMANUEL KANT, Reflexionen zur Metaphysik, in: Kant's Gesammelte Schriften, hg. v. der Preußischen Akademie der Wissenschaften, Bd. XVIII, Berlin / Leipzig 1928, S. 193.

[26] IMMANUEL KANT, Kritik der praktischen Vernunft (1788), in: ders., Werke in sechs Bänden, hg. v. Wilhelm Weischedel, Bd. IV: Schriften zur Ethik und Religionsphilosophie, Darmstadt [5]1983, S. (103-302) 282 f.; vgl. P. KERN / H.-G. WITTIG, Notwendige Bildung (s. Anm. 18), S. 124.

[27] Vgl. HANS-GEORG WITTIG, Albert Schweitzer als Wegbereiter einer zukunftsfähigen Kirche, in: Freies Christentum. Auf der Suche nach neuen Wegen, Jg. 65 (2013), S. 44-54 (auch in: DtPfrBl 112 [2012], S. 332-336); DERS., Humane Religion als Hoffnungsanker zwischen religiösen Verirrungen und wissenschaftsgläubigem Atheismus. Ein Dank an Kant, in: Freies Christentum, Jg. 65 (2013), S. 148-159.

dem Sein an sich, erkennend, tritt sie aus der Unruhe des Werdens und Vergehens in den Frieden des zeitlosen Seins ein [...]. Diese Denkmystik ist Gemeingut der Menschheit. Überall, wo das Denken die letzte Anstrengung macht, das Verhältnis der Persönlichkeit zum Universum zu begreifen, stellt sie sich ein.«[28]

Die große Tradition aufgeklärter Religion, für die neben KANT Denker wie ROUSSEAU, LESSING, GOETHE, JEAN PAUL, HERDER, SCHLEIERMACHER stehen[29], bestimmt SCHWEITZER ebenso zu kritischer Zurückhaltung in seiner theologischen Lehre wie seine rückhaltlos wahrhaftige Beteiligung an der historisch-kritischen Erforschung der Bibel und des Lebens Jesu. Aber dieser Zurückhaltung in der Lehre steht seine existenzielle »Einwilligung« in den Willen Jesu, in das, was er als »Geist Jesu« begreift, gegenüber. So kann er sagen: »Je tiefer die Frömmigkeit ist, desto anspruchsloser ist sie in Hinsicht auf die Erkenntnis des Übersinnlichen.« Und großartig fasst er seine Einstellung zusammen in Sätzen, die auch das Sterben-Lernen betreffen:

»Wer erkannt hat, daß die Idee der Liebe der geistige Lichtstrahl ist, der aus der Unendlichkeit zu uns gelangt, der hört auf, von der Religion zu verlangen, daß sie ihm ein vollständiges Wissen von dem Übersinnlichen biete. Wohl bewegt er die großen Fragen in sich, was das Übel in der Welt bedeute, wie in Gott, dem Urgrund des Seins, der Schöpferwille und der Liebeswille eins seien, in welchem Verhältnis das geistige und das materielle Leben zueinander stehen und in welcher Art unser Dasein vergänglich und dennoch unvergänglich sei. Aber er vermag es, sie dahingestellt sein zu lassen, so schmerzlich ihm der Verzicht auf die Lösung ist. In dem Wissen vom geistigen Sein in Gott durch die Liebe besitzt er das eine, was not tut.«[30]

So schließt sich der Kreis. In seiner Kritik des Zuvielwissens plädiert auch Schweitzer für ein Lassen-Können, für ein Dahingestellt-sein-Lassen. In seiner Auffassung vom Tode, vom Sterben-Können und Leben-Können

---

[28] ALBERT SCHWEITZER, Die Mystik des Apostels Paulus (1930), in: ders., Gesammelte Werke in fünf Bänden, hg. v. Rudolf Grabs, Bd. 4, Zürich 1974, S. 26.

[29] Vgl. auch HANS-GEORG WITTIG, Wiedergeburt als radikaler Gesinnungswandel, Heidelberg 1970; PETER NIEDERSTEIN, Albert Schweitzer, Goethe, Lessing & Co. Reden für Jung und Alt, Augsburg 2011.

[30] ALBERT SCHWEITZER, Aus meinem Leben und Denken (1931), in: ders., Gesammelte Werke in fünf Bänden, hg. v. Rudolf Grabs, Bd. 1, Zürich 1974, S. (19-252) 247 f.; vgl. HANS-GEORG WITTIG, Mitgeschöpflichkeit – grundlegende Beiträge Albert Schweitzers zu Selbstverständnis und Bildung des Menschen, in: Beiträge Pädagogischer Arbeit, Jg. 33 (1990), H. II, S. 44-70.

stimmt er weitgehend mit Kamlah überein - doch dieser Frage genauer nachzugehen, wäre ein neues Thema.

5. Schlussstein: Mitgeschöpflichkeit

Welchen Weg sind wir gegangen? Kamlahs philosophische Reflexion menschlicher Lebenserfahrung kommt dem Christentum nahe, vermeidet es aber, die Gottesfrage ausdrücklich zu stellen. Angesichts von Sterben und Tod drängt sich jedoch die Frage nach Gott und nach der Bedeutung unseres Lebens auf. Nach der radikalen Skepsis der Aufklärung öffnet Kant »metaphysisch« dem Glauben an Gott neue Chancen, indem er zugleich jegliches dogmatische Zuvielwissen philosophischer Kritik unterwirft. Dass die so ermöglichte »kritische Bewahrung« des Christentums nicht in fruchtloser Konfrontation zur Kirche verharrt, sondern in ihr, der protestantischen *ecclesia semper reformanda*, wirksam werden kann, dazu trägt Schweitzer entscheidend bei.

Lassen Sie uns zum Schluss ein einziges Wort betrachten, das nach meiner Überzeugung die hier erörterte und empfohlene Grundeinstellung zu Leben und Tod besonders treffend wiederzugeben vermag: das tiefgründige Wort »Mitgeschöpflichkeit«. Ein erster, aber schon bedeutsamer Zugang ergibt sich über das geläufigere Wort »Mitmenschlichkeit«, das übrigens weniger missverständlich ist als das große, aber vieldeutige Wort »Liebe«. Mitgeschöpflichkeit weitet die Zuwendung auf alle Lebewesen aus - wie es vor allem Schweitzers Ethik der »Ehrfurcht vor dem Leben« fordert[31]. Das Wort »Geschöpf« verweist aber auf Schöpfung und Schöpfer. Schweitzer und sinngemäß auch Kant verwenden diese Metapher, und in der Tat: Sofern die Evolution des Lebens nicht im »Krieg aller gegen alle« enden muss, sondern - neben vielem anderen - ein Lebewesen hervorgebracht hat, das nicht nur zur Liebe fähig, sondern zu seinem Überleben sogar auf sie angewiesen ist, dürfen wir von der »Schöpfung« eines in vielem zwar unbegreiflichen, aber auch guten »Schöpfers« sprechen, und da dieser Urgrund unserer Wirklichkeit Personalität ermöglicht hat, dürfen wir ihn - z.B. im Gebet - personal ansprechen. Alle Geschöpfe sind Glieder der Schöpfung, aber jedes einzelne ist vergänglich. Die zeitliche Begrenzung unseres Lebens bietet auch Chancen: So gewinnt die jeweilige Ge-

---

[31] Vgl. dazu neuerdings Werner Zager, Zwischen Schopenhauer und Nietzsche: Albert Schweitzers Lebensethik, in: Ethische Normen des frühen Christentums. Gut – Leben – Leib – Tugend. Kontexte und Normen neutestamentlicher Ethik, Bd. IV (WUNT 313), hg. v. Friedrich Wilhelm Horn, Ulrich Volp u. Ruben Zimmermann, Tübingen 2013, S. 281-304.

genwart in unserem Leben und die verantwortliche Gestaltung dieser Gegenwart besondere Bedeutung; wenn es aber schlimm kommt, kann der Tod zur Erlösung werden - kein Elend ist endlos. Als Geschöpfe sollten wir uns jedoch nicht zu wichtig nehmen, wir sind nur kleine Funken im unabsehbar großen Feuer der Schöpfung - worauf es letztlich ankommt, sind Schöpfer und Schöpfung. Da wir sterben müssen, können wir nur leben, wenn wir zu sterben lernen. Das heißt, dass wir als Geschöpfe, denen für eine Weile die Anwesenheit in der Schöpfung geschenkt ist, dann auch den Tod anzunehmen lernen, also nach notwendigen Verzichten und nach dem Verlust einzelner Lebensmöglichkeiten am Ende auch das Erlöschen des Ich in der uns bekannten Form hinnehmen können - verbunden mit der Hoffnung auf eine gute Zukunft der Schöpfung als ganzer.

Michael Großmann

Sterben lernen – Philosophie angesichts des Todes (II)

1. Vorbemerkungen

»Weder die Sonne noch den Tod kann man fest anblicken.«[1] So lautet ein berühmter Aphorismus aus den *Maximen und Reflexionen* von François de La Rochefoucauld. Wenn er zutrifft, dürften sich ernsthafte Zweifel dahingehend einstellen, ob eine Philosophie »angesichts« des Todes überhaupt möglich ist. Allerdings ließe sich La Rochefoucauld in dessen eigener Analogie entgegnen, dass wir wenigstens den *Stand* der Sonne bestimmen können, ohne sie anzublicken: nämlich durch Betrachtung der Schatten, die sie wirft. Mit dem Tod dürfte es sich ähnlich verhalten: Die Schatten, die er wirft, zeigen sich im eigenen Sterben.

Bevor wir uns das Sterben-Lernen zum Thema machen, sei hier zunächst eine prinzipielle Frage erlaubt: *Müssen* wir überhaupt sterben lernen? Im Alltag erlernen wir ein Verhalten, weil wir es aus irgendeinem Grund wertvoll finden. Warum sollte man vor diesem Hintergrund sterben lernen? Denn zum einen gilt: Jeder der Lebenden schließt es mit dem gleichen Ergebnis ab. Zum anderen ist zu fragen, ob wir das Sterben nicht im Sterben selbst gleichsam *en passant* erlernen. Wie viele Schilderungen gibt es doch, die davon handeln, wie sehr kranke Menschen im Sterben eine ganz eigene Würde gewinnen. »Wieso weinen die Sterbenden nie?«, lautet eine auf diese Würde deutende Frage, die Max Frisch in seinem Fragebogen stellte.

Dennoch hat die Rede vom »Sterben-Lernen« ihren guten Sinn, wenn wir sie als Aufforderung verstehen, sich auf den Tod vorzubereiten, um sein Leben bewusst und selbstbestimmt zu führen. Kann uns Philosophie

---

[1] François de La Rochefoucauld, Maximen und Reflexionen, Stuttgart 1995, S. 6.

dabei helfen? MICHEL DE MONTAIGNE führt in seinen *Essais* als Grund dafür an, »daß Erkenntnissucht und Kontemplation unsere Seele gleichsam von uns wegziehn und sie außerhalb des Körpers beschäftigen, was eine Art Einübung in den Tod darstellt, ja ihm bereits ähnelt – oder auch, daß alle Weisheit und alles Sinnen der Welt letztlich darauf hinauslaufen, uns die Überwindung der Furcht vorm Sterben zu lehren«[2].

Nach Montaigne können wir also gleich auf zweierlei Art und Weise im Philosophieren sterben lernen: durch die *Tätigkeit* des Denkens selbst und durch den *Inhalt* dieses Denkens.

Werfen wir einen kurzen Blick auf die erste Behauptung, Philosophieren sei als Handlung an sich ein Sterben-Lernen. Dieser Auffassung muss zugestanden werden, dass die Abgeschiedenheit des Philosophierenden von seiner Umwelt sicherlich eine Haltung befördert, die WILHELM WEISCHEDEL in seinem Werk *Skeptische Ethik* als »Abschiedlichkeit«[3] bezeichnete – »Abschiedlichkeit« im Sinne einer Gelassenheit, die sich der Einsicht verdankt, dass wir bereit sein müssen, diese Welt jederzeit zu verlassen.

Andererseits gilt jedoch auch, dass Philosophieren das Streben nach Bildung in sich begreift. Und es muss einem auf seine Lebenserfahrung reflektierenden Menschen als tragisch erscheinen, im besten Fall zu einer schließlich umfassend gebildeten Person zu reifen, nur um kurz darauf in ein Nichts zu fallen. Es könnte also sein, dass Philosophieren zum genauen Gegenteil von Abschiedlichkeit, nämlich zu einer innigen Verbundenheit mit der Welt führt. Aus dieser Perspektive verfängt auch MONTAIGNES Begründung nicht, wir seien im Denken »außerhalb des Körpers« beschäftigt. Denn zum einen stellt es eine geradezu triviale Einsicht dar, dass Denken oft mit durchaus nennenswerter körperlicher Betätigung einhergeht und zugleich durch den Ort beeinflusst wird, an dem es stattfindet. Die Philosophiegeschichte ist voller Belege dafür: Die Stoiker etwa tragen die Säulenhalle, in der sie wandelten, sogar im Namen. Und wer will HEIDEGGERS Philosophie verstehen, wenn er nicht sieht, wie sie aus seinen Wanderungen rund um Todtnauberg erwachsen ist?[4] Zum anderen gilt aber auch,

---

[2] MICHEL DE MONTAIGNE, Essais, übertr. von Hans Stilett, Frankfurt a.M. [8]2011, S. 45.

[3] Vgl. WILHELM WEISCHEDEL, Skeptische Ethik, Frankfurt a.M. 1976, S. 34 ff. u. S. 194 ff.

[4] Nichts kann dies besser verdeutlichen als HEIDEGGERS berühmte Aufsatzsammlung *Holzwege*: Wer bei diesem Titel nur an die Redewendung »auf dem

dass ein Denkender – gleich wo er sich befindet – ganz bei sich selbst ist. Und wenn das so ist, dann erscheint die Rede von »Abschiedlichkeit« zumindest missverständlich, denn ich kann mich von allem verabschieden – außer von mir selbst! Der Versuch, es dennoch zu tun, wäre eine semantische und pragmatische Unmöglichkeit.

Um es kurz zu machen: Es spricht wenig für die Ansicht, dass uns Philosophieren als solches bereits das Sterben lehrt, und daher erscheint es lohnender, sich auf den zweiten Aspekt und damit auf die Frage zu konzentrieren: Welche spezifischen Denkwege können uns dabei helfen, uns ins rechte Verhältnis zum Tod bzw. zur Ungewissheit des Weiterlebens nach dem Tod zu setzen?

An den Ausgangspunkt unserer Ausführungen seien die drei von IMMANUEL KANT formulierten philosophischen Grundfragen gestellt: »Was kann ich wissen?«, »Was soll ich tun?«, »Was darf ich hoffen?«. Diese kreisen um die zentrale Frage: »Was ist der Mensch?«[5] Es ist offenkundig, dass Versuche, auf diese Fragen zu antworten, Sterben und Tod nicht aussparen können:

Was kann ich wissen? – Kant meint mit dieser Frage: »Wie ist Metaphysik möglich?« Doch was ist das überhaupt: »Metaphysik«? Eine angemessene Antwort würde mehr als nur ein Buch erforderlich machen. Es sei an dieser Stelle nur erwähnt, dass das Spektrum der Begriffsverständnisse von einem Verständnis der Metaphysik als bloßer Wissenschaftstheorie bis hin zur klassischen Frage nach den letzten Dingen reicht.

Im wörtlichen, an die Wurzel gehenden Verständnis stellt der Tod den Beginn des *Meta*-Physischen schlechthin dar. Doch hilft uns das weiter? Gibt der Tod deshalb eine metaphysische Antwort?

INGMAR BERGMANS Film *Das siebente Siegel* handelt davon, wie der Tod einen eben von einem Kreuzzug heimgekehrten Ritter holen will. Der Ritter überredet den Tod, sich auf ein Schachspiel einzulassen, mit dem er buchstäblich um sein Leben spielen kann. In einem der sich daraus entspinnenden Dialoge zwischen den beiden bittet der von quälenden Glaubenszweifeln befallene Ritter den Tod, sein Geheimnis preiszugeben. Doch dieser antwortet nur: »Ich bin unwissend.« Der Tod vermag uns also gerade keine Antwort in Bezug auf die letzten Dinge zu geben, aber selbst wenn er unwissend ist, so stellt er doch die einzige Pforte zu einem möglichen hö-

Holzweg sein« denkt und den Zweck von Holzwegen nicht kennt, verfehlt bereits vor der Lektüre die Intention des Autors.

[5] IMMANUEL KANT, Logik (Akademie-Ausgabe, Bd. IX, S. 1-150), Berlin 1922, S. 25.

heren Wissen dar. Denn auch, wenn wir in dieser Welt unendlich lange leben würden, würden wir aufgrund prinzipieller Beschränkungen unseres Erkenntnisapparates nie wissen, »was die Welt im Innersten zusammenhält«. Der Tod also ist die entscheidende Biegung unseres Weges, die uns die Sicht darauf versperrt, ob dieser Weg ins Nichts oder bestenfalls zu einem – wie auch immer sich darstellenden – höheren Wissen[6] führt.

Was soll ich tun? – Dies ist die zentrale Frage von Moral und Ethik. Inwiefern spielt der Tod in diese hinein? Die Intuition eines jeden vernünftigen Menschen dürfte die Gewissheit zum Inhalt haben, dass das Töten eines Menschen zum Schlimmsten gehört, dessen man sich schuldig machen kann, und dass umgekehrt – um mit Albert Schweitzer zu sprechen – die Ehrfurcht vor dem Leben ein zentrales Desiderat darstellt. Der Tod ist ultimativ: Er beendet unser irdisches Leben unwiderruflich, er ist in dieser Welt nicht rückgängig zu machen. Einem Toten kann ich nichts vergelten, was ihm noch nützen würde. Und auch wir selbst können als Tote nichts mehr vergelten. Damit ist aber nur gesagt, dass das Leben zu den höchsten Gütern zählt, nicht jedoch, dass dem Leben bzw. dem Tod irgendeine Begründungsfunktion zukäme.

Was darf ich hoffen? – Diese Frage weist am deutlichsten auf den Tod und über ihn hinaus auf die Möglichkeit eines Weiterlebens. Sie zu klären, erfordert es aber, sich zunächst zu fragen: »Was *will* ich hoffen?« Hier mögen Fragen wie diese aufkommen:

- Würden Sie gern unendlich lang leben?
- Falls nicht: Erscheint es Ihnen besser, jung oder – wie Abraham – »alt und lebenssatt« (Gen 25,8) zu sterben?
- Was möchten Sie in Ihrem Leben vollbracht haben, bevor Sie sterben?
- Worin liegt der Unterschied zwischen Totsein und Gar-nicht-erst-geboren-worden-Sein?

Welche Antworten Sie auch geben, sie sind untrennbar verbunden mit der Aufgabe, sein eigenes Menschsein zu verstehen – womit wir bei der letzten der kantischen Fragen angelangt sind:

Was ist der Mensch? – Jede ernsthafte Anthropologie muss sich aufgrund der aufgeworfenen Fragen mit dem Faktum auseinandersetzen, dass der Tod des Menschen etwas vom Ende pflanzlichen und tierischen Lebens Verschiedenes ist – allein die Tatsache, dass der Mensch sich seines bevor-

---

[6] Dieses höhere Wissen muss nicht notwendig ein *höchstes* Wissen darstellen. Schließlich wäre es ja denkbar, dass eine Auferstehung zu einem ewigen Leben führt, das seinerseits nicht die ultimative Instanz darstellt.

stehenden Todes bewusst, dieser Tod ihm also *frag*würdig ist, genügt, um diese These zu begründen.

Allerdings scheint diese eigentlich selbstverständliche Einsicht von weiten Teilen der gegenwärtigen akademischen Philosophie unterboten zu werden. Dies liegt nicht etwa daran, dass das drohende Ende des Lebens verdrängt werden würde. Das Gegenteil ist der Fall. Vielmehr liegt der Mangel aktueller philosophischer Strömungen oft darin, dass auf der Grundlage eines Biologismus bzw. Naturalismus der spezifische Unterschied zwischen menschlichem und nichtmenschlichem Lebensende abgeschliffen wird.

Exemplarisch sei hier nur der Ansatz des deutschen Bewusstseinsphilosophen THOMAS METZINGER genannt. Metzinger geht davon aus, dass das menschliche Selbstbewusstsein nur ein Modell, eine Art Benutzeroberfläche sei, die sich das Gehirn geschaffen habe, um einen evolutionären Vorteil zu erlangen. Auf dieser Grundlage verwirft er beispielsweise religiöse Erlebnisse und Nahtoderfahrungen als bloßes Neuronentheater. Beim Sterben wird der Vorhang dieses Theaters schließlich zugezogen.

Erstaunlich an diesem Programm ist, dass Metzinger seine Sicht nicht auf den eigenen Ansatz zurückspiegelt. Täte er dies, müsste er zugeben, dass dann auch seine Philosophie eine bloße Kulisse seines Gehirns darstellt – eines Gehirns, das jedoch seltsamerweise genau dann kein Theater vorzuspielen scheint, wenn es um die Erkenntnis eben dieses Gehirns geht.[7] Unser Bewusstsein aber ist stets auch ein Bewusstsein der Wahrheit, und Wahrheit ist keine evolutionäre Kategorie.

---

[7] In seinem Buch: Der Ego-Tunnel, Berlin [5]2012, S. 43, formuliert er die »Grundidee« seines Programms. Sie »besagt, dass der Inhalt des Bewusstseins der Inhalt einer simulierten Wirklichkeit in unserem Gehirn ist und dass das Gefühl des Daseins selbst ein Teil dieser Simulation ist«.

Dies ist eine These, die in einem Bewusstsein entstanden ist, das wiederum – so Metzinger – vom Gehirn als Simulation hervorgebracht wurde. Woher aber hat Metzingers Erkenntnis den unmittelbaren Zugriff auf das Gehirn als solches und nicht nur im Rahmen einer Simulation Vorgestelltes? Unseres Erachtens tappt er in die gleiche Falle, in die vor ihm auch die Verfechter des radikalen Kontruktivismus und der Systemtheorie geraten sind: All diesen Ansätzen ist gemeinsam, dass sie entweder die Frage nach der Beschaffenheit der Außenwelt gar nicht mehr stellen oder die merkwürdige These vertreten, wir seien als erkennende Systeme gezwungen, die Komplexität der Umwelt zu reduzieren, um überhaupt etwas erkennen bzw. verstehen zu können. Das heißt: Wir könnten die Außenwelt *prinzipiell* nicht so erkennen, wie sie wirklich sei. Fragt sich nur: Woher wissen das die Systemtheoretiker? Mehr oder weniger unbewusst nehmen sie einen Beobachterstandpunkt oberhalb der beiden Sphären »personales System« (bzw. »Gehirn«) und »Außenwelt« ein und vergleichen beide miteinander, obwohl auch sie nur personale

So interessant Ansätze wie der genannte sein mögen: Der Tod hat eine tiefere Hermeneutik verdient - daher wird im Folgenden der Versuch unternommen, Wege darzulegen, die dem Anspruch des Sinnverstehens eher genügen. Ihren Ausgang nehmen diese Wege in der Frage, wohin der Tod führen könnte.

Lassen wir die Möglichkeit, das Ende dieses Lebens führe zu einer Wiedergeburt auf einer anderen Stufe innerhalb derselben Welt, einmal beiseite - schließlich wird das eigentliche Problem mit dieser Lösung nur verschoben[8] -, bleiben unabhängig von ihrer Plausibilität folgende Antworten:

- Erste Möglichkeit: Wir sterben zwar, leben aber in einer anderen, höheren Welt als Individuen weiter.
- Zweite Möglichkeit: Wir sterben als Individuen endgültig, gehen aber in irgendeiner Form ins Absolute ein, sind in diesem aufgehoben.
- Dritte Möglichkeit: Der Tod in dieser Welt ist das Ende. Spuren unseres Lebens finden sich nicht in einem Jenseits, sondern allenfalls in dieser Welt in dem Sinne, dass unsere Handlungen Wirkungen über unser Leben hinaus zeitigen. Spuren also, die früher oder später im Lauf der Geschichte verwischt werden.

2. Der Tod als definitives Ende?

Beginnen wir mit einer Betrachtung der letztgenannten Aussicht. Die Auffassung, mit dem Tod sei alles vorbei, ist keineswegs eine neuzeitliche Entdeckung. Neuzeitlich jedoch ist das Erschrecken über die daraus folgende Leere. Einen der ersten und eindrücklichsten Versuche, dieses Entsetzen in Worte zu fassen, stellt die berühmte Passage aus Blaise Pascals Pensées dar: »Ich schaue diese grauenvollen Räume des Universums, die mich einschließen, und ich finde mich an eine Ecke dieses weiten Weltenraumes gefesselt, ohne dass ich wüsste, weshalb ich nun hier und nicht dort bin, noch weshalb ich die wenige Zeit, die mir zum Leben gegeben ist,

---

Systeme bzw. vom Gehirntheater abhängiges Bewusstsein sind. Sie erkennen ihr eigenes Erkennen nicht aus der Innenperspektive (wie es geboten wäre), sondern gleichsam aus der Vogelperspektive – getreu dem Motto: »Wenn ich ein Vöglein wär', flög' ich zu dir. Wenn ich zwei Vöglein wär', flöge ich hinter mir her. Wenn ich drei Vöglein wär', könnte ich mir dabei zusehen, wie ich hinter mir herfliege.«

8 Trotzdem ist die Idee der Reinkarnation nüchtern betrachtet weit weniger abwegig als die einer jenseitigen Auferstehung, da sie – obwohl nicht zu sehen ist, wie sich eine Wiedergeburt philosophisch begründen ließe – auf weniger Zusatzannahmen aufruht. Immerhin ist die Welt, in der wir leben, der einzige uns bekannte Ort, an dem sich Geistig-Seelisches mit Physischem verbindet.

jetzt erhielt und an keinem andern Zeitpunkt der Ewigkeit, die vor mir war oder die nach mir sein wird. Ringsum sehe ich nichts als Unendlichkeiten, die mich wie ein Atom, wie einen Schatten umschließen, der nur einen Augenblick dauert ohne Wiederkehr. Alles, was ich weiß, ist, dass ich bald sterben werde, aber was der Tod selbst ist, den zu vermeiden ich nicht wissen werde, das weiß ich am wenigsten.«[9]

Diese Worte sind Ausdruck einer Krise, die die anbrechende Moderne allmählich und immer stärker erfasste und die nur zu verstehen ist vor dem Hintergrund der Tatsache, dass der christliche Glaube als Instanz der Sinnvermittlung fraglich wird. Die Griechen, so FRIEDRICH NIETZSCHE, hatten keine Theodizee nötig[10], für das Christentum dagegen ist sie von zentraler Bedeutung und jegliche Versuche gerieten spätestens mit dem Erdbeben von Lissabon im buchstäblichen Sinn ins Wanken.

Die vollen Auswirkungen dieser Krise auf die Geistesgeschichte zeigen sich allerdings erst im 19. Jahrhundert. Eine explizit atheistische Philosophie wird salonfähig (hier seien nur NIETZSCHE, FEUERBACH und MARX genannt) und sie führt ein neues Verständnis des Todes im Schlepptau – ein Verständnis, das sich mit dem Titel eines Buches von MARIANNE GRONEMEYER auf den Punkt bringen lässt: *Das Leben als letzte Gelegenheit.* Mit dem Tod, so die nun gängige Meinung, ist alles vorbei. Folglich muss die ganze Aufmerksamkeit auf das Hier und Jetzt gerichtet werden.

Das bleibt nicht ohne Folgen für die Moralphilosophie: Das Leiden der Unterdrückten rückt nun in seiner vollen Härte in den Fokus. Nichts scheint näher zu liegen, als aus der Meinung, nach diesem Leben komme nichts mehr, die Konsequenz zu ziehen, den Leidenden dieser Welt mit aller Kraft beizustehen. Man denke nur an GEORG BÜCHNERS Lenz, dessen Atheismus und Wahnsinn sich gegenseitig bedingen und der in seiner Verzweiflung ausruft: »[A]ber ich, wär' ich allmächtig, sehen Sie, wenn ich so wäre, und ich könnte das Leiden nicht ertragen, ich würde retten, retten!«[11]

---

[9] BLAISE PASCAL, Über die Religion und über einige andere Gegenstände (Pensées), übertr. u. hg. v. Ewald Wasmuth, Gerlingen 1994, S. 102 f.

[10] »Eine Theodicee war kein hellenisches Problem, weil das Erschaffen der Welt nicht die That der Götter war.« (FRIEDRICH NIETZSCHE, Digitale Kritische Gesamtausgabe, Werke und Briefe, Nachgelassene Fragmente 1869, 3[62], unter: http://www.nietzschesource.org/#eKGWB/NF-1869,3[62] [Stand: 30.11.2013])

[11] GEORG BÜCHNER, Lenz, in: ders., Werke und Briefe, hg. v. Karl Pörnbacher, München 1988, S. (135-158) 156.

Doch es ist auch die entgegengesetzte Schlussfolgerung möglich. Sie wurde tatsächlich gezogen und kann aus dem berühmten Diktum Dostojewskijs »Wenn es keinen Gott gibt, ist alles erlaubt« für unser Thema übertragen werden in: »Wenn es nach diesem Leben nur den Tod gibt, ist alles erlaubt.« Allerdings ist einzuschränken, dass es kaum einen Philosophen – und schon gar keinen von Rang – gibt, der diesen Gedanken konsequent zu Ende gedacht hätte. Am ehesten wäre hier Max Stirner zu nennen, der das »Jenseits in Uns« zugunsten eines ausdrücklichen Amoralismus und Egoismus zu beseitigen suchte.

Interessanterweise wagten es weniger die Fachphilosophen als vielmehr die Literaten, mit dieser Option zu spielen. Rüdiger Safranski nennt in seinem lesenswerten Buch »Das Böse« zwei Erfahrungen, die vor allem französische und englische Schriftsteller des 19. Jahrhunderts machten: erstens die der Langeweile und zweitens die der Kontingenz.[12] Kontingenz bedeutet: »Niemand hat uns beabsichtigt. Dass wir hier und jetzt leben, ist Zufall. Wir könnten genauso gut an einem anderen Ort zu einer anderen Zeit, unter anderen Umständen oder auch gar nicht existieren. Wir werden von dieser Erde verschwinden wie auch alles andere von dieser Erde verschwinden wird.« Der dadurch erzeugte Schwindel führt zu einer Atmosphäre der Dekadenz und Melancholie, die schließlich in den Sog der Faszination des Bösen gerät.

Immerhin verdanken wir dieser Sogkraft einige der bedeutendsten Werke der Literatur: Man denke nur an Baudelaires »Blumen des Bösen«. Und auch der Jahrzehnte später zur Wirkung gelangende Existenzialismus etwa eines Albert Camus dürfte ohne diese Entwicklung kaum denkbar sein. Doch ist die radikale Folgerung stichhaltig, dass unsere Nichtigkeit den Freifahrtschein für moralische Zügellosigkeit ausstellt? Es dürfte wohl keinen Menschen geben, dem nicht mindestens einmal geschwindelt hätte bei dem Gedanken an seine und unser aller Vergänglichkeit und die daraus erwachsende Bedeutungslosigkeit unseres Daseins. Doch rechtfertigt das Verzweiflung oder gar einen brutalen Amoralismus? In philosophischer Hinsicht lautet die Antwort eindeutig: nein! Aus Kontingenz und Vergänglichkeit moralischen Libertinismus abzuleiten, stellt nichts anderes dar als einen sogenannten naturalistischen Fehlschluss, also eine unzulässige Deduktion eines Sollens aus einem Sein. Nicht umsonst und in aller wünschenswerten Klarheit hat Immanuel Kant darauf hingewiesen, dass sich der Wert unserer Handlungen nicht aus ihren Wirkungen ablei-

---

12 Rüdiger Safranski, Das Böse oder Das Drama der Freiheit, München 1997, S. 213 ff.

ten lässt, sondern aus dem Willen heraus bemessen werden muss, in dem sie getan wurden.[13] Außerdem sagt uns bereits der gesunde Menschenverstand, dass der Schmerz, den wir einem Menschen zufügen, derselbe bleibt – gleichgültig, ob es einen Gott und / oder ein Leben nach diesem Schmerz gibt.

Abgesehen davon müssen Sterblichkeit und das Fernsein des Göttlichen nicht notwendig in die Verzweiflung führen. Dies zeigt sich bereits in der Philosophie EPIKURS. Sie sei an dieser Stelle genannt, weil sie eine heute weit verbreitete Auffassung vorwegnimmt – eine Auffassung, die bündig mit den Worten WOODY ALLENS zusammengefasst werden kann: »Ich habe keine Angst vor dem Tod. Ich möchte nur nicht dabei sein, wenn's passiert.« Oder in EPIKURS berühmter Formulierung: »Solange wir da sind, ist er nicht da, und wenn er da ist, sind wir nicht mehr.«[14]

Diese epikureische Gelassenheit ist nur verständlich, wenn wir uns bewusst machen, dass sie auf dem sogenannten Atomismus aufruht, der nichts anderes als einen Materialismus darstellt. Im Wesentlichen besagt er, dass es nichts gibt außer den unveränderlichen Atomen, die durch den leeren Raum rieseln und sich zu immer neuen Formen zusammenballen. Der zweite das Problem des Todes betreffende Aspekt seiner Lehre liegt darin, dass es Gutes und Übles nur aufgrund unserer Wahrnehmung gibt, dass sie folglich keine objektive Realität besitzen. Wer diese Einsicht gewonnen hat, gelangt im günstigsten Fall zur Haltung der *ataraxia*, der Unerschütterlichkeit der Seele. Sie zeigt sich vor dem Hintergrund des drohenden Todes darin, dass sie diesen ignoriert. Denn im Tod endet nach Epikur jegliche Empfindung. Was wir für Todesfurcht halten, ist seiner Ansicht nach in der Furcht vor dem Sterben oder in anderen Ängsten begründet.

Was ist von dieser Lösung zu halten, die auf den ersten Blick wie ein Durchschlagen des gordischen Knotens erscheint? Es dürfte unschwer zu erkennen sein, wie nahe sie den bereits erwähnten Thesen der modernen Bewusstseinsphilosophie kommt – was zur Folge hat, dass sie sich den gleichen Einwänden ausgesetzt sieht: vor allem dem, dass ein kruder Materialismus nicht den Geltungsanspruch einlösen kann, mit dem er selbst auftritt. Für eine angemessene Bewertung müssen wir uns zudem klarmachen, dass Epikurs Lehre Ausdruck eines Subjektivismus ist, der in der

---

[13] Vgl. IMMANUEL KANT, Grundlegung zur Metaphysik der Sitten [1785] (Akademie-Ausgabe, Bd. IV, S. 385-464), Berlin 1922, S. 393 ff.

[14] EPIKUR, Philosophie der Freude. Eine Auswahl aus seinen Schriften, übers. v. Johannes Mewaldt, Stuttgart 1973, S. 41.

Epoche der griechischen Klassik keinem Philosophen in den Sinn gekommen wäre.[15] »Subjektivismus« bedeutet: Ausgangs- und Endpunkt des Denkens ist das bestimmte Empfindungen verspürende Individuum. Gutes, Übles und Böses gibt es nicht an sich, sondern nur vor dem Hintergrund dieser Sinnesdaten. Was sprichwörtlich gewendet »aus den Augen, aus dem Sinn« kommt, existiert auch nicht.

Mit diesem Subjektivismus und Materialismus hängt es zusammen, dass uns Epikur nur eine Scheinlösung anbietet, denn man kann es als einen recht schwachen Trost empfinden, seinen Tod nicht mehr zu erleben. Was nach einer Lösung aussieht, ist gerade das Problem. Angesichts des drohenden Endes liegt es doch nahe, auszurufen: »Ich will nicht empfindungslos sein, ich will leben!« Nicht erst seit NIETZSCHES »Zarathustra« wissen wir, dass alle Lust – und damit eben auch alle *Lebens*lust – »Ewigkeit, tiefe, tiefe Ewigkeit« will. Wer sein Leben von Grund auf bejaht, findet sich keineswegs so leicht mit seinem Tod ab. Diese »Lebenslust« darf hierbei nicht als Hedonismus missverstanden werden. Die allermeisten Menschen würden ein Leben mit all seinen Höhen und Tiefen einer virtuellen Existenz vorziehen, die ihnen die schönsten Erlebnisse nur vorgaukelt – siehe das bekannte Gedankenexperiment der »Lustmaschine«[16]. Selbst ein Leben, in dem das Schlechte das Gute überwiegt, lässt sich bejahen – ganz im Sinne WILLIAM FAULKNERS, der einmal sagte: »Wenn ich die Wahl zwischen dem Leiden und dem Nichts hätte, würde ich das Leiden wählen.«

Allerdings gilt auch, dass es praktisch unerträglich leidvolles Leben gibt, dem der Tod als Erlösung erscheinen *muss*. Dennoch ist unserer Ansicht nach zwischen Folgendem zu unterscheiden: Dass wir es akzeptieren bzw. im Extremfall sogar wünschen, dass unser tatsächliches, unter den gegebenen Bedingungen verwirklichtes Leben einmal enden möge, ist zu unterscheiden von der Frage, wie man sich ein prinzipiell unendliches Leben vorzustellen hätte. Es wäre sicherlich deutlich von unseren gegenwärtigen Daseinsbedingungen unterschieden.

---

[15] Vgl. MALTE HOSSENFELDER, Epikur, München 2006, S. 80 ff.

[16] In diesem Gedankenexperiment werden Ihnen zwei Optionen vorgelegt: Sie können Ihr bisheriges Leben mit all seinen Höhen und Tiefen, Erfolgen und Niederlagen, Freuden und Schmerzen weiterführen. Oder Sie lassen Ihr Gehirn an einen Hochleistungsrechner anschließen, der Ihnen ab sofort ein Leben vorgaukelt, das Sie sich zuvor nach eigenen Wünschen zusammengestellt haben. Sie würden die Erlebnisse in dieser virtuellen Welt für die Wirklichkeit halten und könnten auch nicht mehr in Ihr früheres Leben zurückkehren. Für welche Alternative würden Sie sich entscheiden?

Aber lässt sich dem Tod nicht dennoch etwas Gutes abgewinnen? Wer sich diese Frage stellt, kommt an MARTIN HEIDEGGERS Philosophie nicht vorbei. Sie stellt – so VITTORIO HÖSLE in seiner *Kurzen Geschichte der deutschen Philosophie* – »eine der intensivsten Auseinandersetzungen mit der Sterblichkeit seit der Antike«[17] dar und würde jeglichen hier denkbaren Rahmen sprengen, sollte sie ausführlich vorgestellt werden. Für unsere Zwecke genügt es, den Gedanken herauszustreichen, dass unser Sein als ein Vorlaufen in den Tod zu verstehen ist, dass wir im Wissen um das Ende gezwungen sind, unser Dasein zu ergreifen. Somit ist der Tod zwar einerseits der »Schrein des Nichts«[18], andererseits aber zugleich »Gebirg des Seins«[19] – ins Deutsche übersetzt: das, worin das Sein geborgen ist.

Obwohl HEIDEGGERS Ansatz in ethischer Hinsicht unterbelichtet ist, verweist er auf eine gewichtige moralphilosophische Frage: Ist unser stets drohendes Ende die Bedingung zum Ergreifen der Möglichkeiten des Daseins? Eine bejahende Antwort darauf war und ist ein beliebter Topos in der Apologie der Sterblichkeit: Die Endlichkeit unserer Lebenszeit zwinge uns dazu, auszuwählen. In einer Unendlichkeit verlören die Dinge ihren Wert.

Doch dieser Gedankengang vermag nicht recht einzuleuchten. Müssen Gegenstände, Handlungen oder Personen nur deswegen an Wert verlieren, weil sie Glieder in einer unendlichen Kette sind? Denken wir nur an einen geliebten Menschen. Wäre es nicht ein wunderbares Kompliment, diesem Menschen zu sagen: »Selbst wenn mein Leben unendlich wäre: Du würdest Deine Einmaligkeit inmitten dieser Unendlichkeit behalten«? Schon in der Mathematik haben Zahlen ihren Wert, auch wenn die Reihe der Zahlen unendlich ist. Um wie viel mehr muss dies für Menschen und die jeweiligen Begegnungen mit ihnen gelten.

Selbstverständlich dürfte es unter dem Gesichtspunkt der *Motivation* zum Handeln unbestritten sein, dass die meisten Menschen die Verwirklichung ihrer Vorsätze hinausschieben, wenn sie nicht unter Zeitdruck stehen. Und der Tod ist nun einmal die ultimative Instanz der Erzeugung von Zeitdruck. Dennoch muss dieser Aspekt unseres Erachtens vom Geltungsproblem unterschieden werden, an dem er nichts zu ändern vermag: Auch in der Unendlichkeit könnten wir Werte verwirklichen oder verfehlen. Ja,

---

17 VITTORIO HÖSLE, Eine kurze Geschichte der deutschen Philosophie, München 2013, S. 262.

18 MARTIN HEIDEGGER, Vorträge und Aufsätze, Pfullingen 1954, S. 177.

19 Ebd.

mehr noch: Wiegt Schuldigwerden nicht in der Unendlichkeit um vieles schwerer, da ja der Tod als »Schmerzgrenze« ausfällt?

Fassen wir die Betrachtung der ersten Möglichkeit kurz zusammen: Den Tod als das definitive Ende zu sehen, ist natürlich nahe liegend. Unabhängig von ihrer Plausibilität kann uns diese Perspektive in die Versuchung führen, unsere Sterblichkeit regelrecht zu zelebrieren. Doch bei näherem Hinsehen kann eine derartige, scheinbar heroische Haltung die Leere nicht verdecken, die sie erzeugt. Ja, sie ist im Innersten paradox. Suggeriert sie doch, wir könnten an Bedeutung gewinnen durch unsere Nichtigkeit.[20] Demgegenüber fehlt bisher die Antwort auf die Frage: Wie sähe eine Lebensführung aus, die diesen Namen verdient hätte? Die den Tod zwar hinnimmt, ihm aber keine Macht über unser Handeln zugesteht? Hans-Georg Wittig skizziert in seinem Beitrag eine derartige Lösung, sodass an dieser Stelle darauf verwiesen sei.

3. Begründete Aussicht auf Unsterblichkeit

Doch müssen wir im Ende unseres diesseitigen Lebens das absolute Ende sehen? Es könnte schließlich sein, dass der Tod nur der Übergang in ein höheres Dasein ist. Der bedeutendste Verfechter dieser These, der bedeutendste Philosoph überhaupt, war Platon.

Er ging davon aus, dass der Tod die Trennung zwischen einem sterblichen Leib und einer unsterblichen Seele darstellt. Dass die Seele unsterblich ist, leitete er bekanntlich folgendermaßen ab: Um überhaupt etwas über die diesseitige Welt wissen zu können, müssen wir auf Wissensinhalte zurückgreifen, die selbst nicht aus dieser Welt stammen. Diese Inhalte, die sogenannten »Ideen«, sind unveränderlich und somit nicht dem Werden und Vergehen unterworfen. Sie befinden sich in unserem Denken, weil unsere Seele sie vor unserem irdischen Dasein bereits geschaut hat. Dass es neben dieser Präexistenz der Seele auch ein Weiterleben nach dem Tod gibt, begründete Platon mit dem klassischen griechischen Denkmodell, dass es weder eine Schöpfung aus dem Nichts noch ein Zerfließen ins Nichts gibt, dass sich also der Gesamtbestand des Seienden im Kosmos nicht ändert.[21]

---

[20] Vgl. V. Hösle, Eine kurze Geschichte der deutschen Philosophie (s. Anm. 17), S. 266 f.

[21] Vgl. Georg Scherer, Das Problem des Todes in der Philosophie, Darmstadt [2]1988, S. 92 ff.

Auch wenn wir Alfred North Whiteheads berühmten Ausspruch, die ganze Philosophiegeschichte bestehe aus nichts anderem als Fußnoten zu Platon, im Gedächtnis behalten müssen, so gilt doch: Dass es erfahrungsunabhängige Wahrheiten gibt, die wir denkend erfassen können, wird heute niemand mehr mit einer Präexistenz der Seele begründen. Doch allzu schnell sollten wir uns von platonischem Gedankengut nicht verabschieden, denn es macht uns auf ein – wenn nicht sogar *das* – fundamentale Problem der Philosophie aufmerksam: Wie hängt das Geistige mit dem Physischen zusammen? Genauer: Welchen Seinsstatus hat die Sphäre der Theorien und ihrer Wahrheitsgehalte?

Dass dies keine Frage ist, die sich allein philosophische »Hinterweltler« (Nietzsche) stellen, zeigt ein kurzer Seitenblick auf die Mathematik. Auch wenn sich die meisten Mathematiker im Alltag nicht um den ontischen Status ihres Gegenstandes kümmern, war die Frage, ob mathematische Wahrheiten erfunden oder entdeckt werden, schon immer Gegenstand heftiger Kontroversen.[22] Und diese Auseinandersetzung findet sich auch in der Philosophie mit Blick auf den Status der Denkgesetze.[23]

Was aber hat das mit dem Tod zu tun? Nun: Wenn sich zeigen ließe, dass es eine notwendige Übereinstimmung zwischen den Gesetzen unseres Denkens und der Wirklichkeit gibt und dass diese Übereinstimmung auf einen gemeinsamen Ursprung zurückzuführen ist,[24] dann hätten wir als vernunftbegabte Wesen Anteil an diesem Ursprung. Diesen Ursprung müssten wir uns aufgrund seiner Notwendigkeit als zeitlosen und damit ewigen vorstellen.

Auch wenn diese Philosophie hier nicht in der Ausführlichkeit begründet werden kann, die sie verdient hat, sei zumindest auf ihren derzeit prominentesten und vor allem geistreichsten Verfechter verwiesen: den inzwischen amerikanischen Philosophen Vittorio Hösle. Seine Philoso-

---

[22] Gewissermaßen als Antipoden stehen sich gegenüber der Formalismus, der Mathematik als regelgeleitetes Spiel ohne Bezug zu einer äußeren Realität versteht, und der Platonismus, der davon ausgeht, dass mathematische Gegenstände eine von menschlichem Denken unabhängige Existenz besitzen.

[23] Um Missverständnissen vorzubeugen, sei hier deutlich gesagt, dass der eben erfolgte Verweis auf die Mathematik nur im Sinne einer Analogie zu verstehen ist. Dass die Mathematik nicht zu einer philosophischen Letztbegründung oder gar – wie bei Augustinus geschehen – zu einem Gottesbeweis herangezogen werden kann, ist spätestens seit Kurt Gödels einschlägiger Arbeit unbestritten.

[24] Vgl. Vittorio Hösle, Begründungsfragen des objektiven Idealismus, in: Forum für Philosophie Bad Homburg (Hg.), Philosophie und Begründung, Frankfurt a.M. 1987, S. (212-267) 242.

phie näher zu betrachten, ist nicht nur deshalb lohnend, weil ihr Niveau das konkurrierender Denkströmungen um ein Vielfaches übertrifft. Hösle selbst weist zudem ausdrücklich darauf hin, dass sein Programm »stärkste Affinitäten« zum Christentum besitzt.[25] Wenn also überhaupt eine gegenwärtige Position der Philosophie geeignet sein sollte, sich als Anknüpfungspunkt für theologische Erwägungen zum ewigen Leben anzubieten, dann diese.

Mit wenigen Pinselstrichen soll im Folgenden sein Grundgedanke skizziert und einer Bewertung unterzogen werden: Den Ausgangspunkt seiner Überlegungen stellt die These dar, dass es nicht-empirische Aussagen gibt, die selbst diejenigen voraussetzen müssen, die diese Aussagen leugnen – z.B. den Satz »Es gibt Wahrheit« oder »Wir sind zur Wahrhaftigkeit verpflichtet«. Diese Sätze gelten notwendig, d.h. in jeder denkbaren Welt. Sie bilden somit das Fundament unserer Welterkenntnis. Diese Welterkenntnis geht aber zugleich aus dieser Welt hervor, ist also ein notwendiger Teil dieser Welt.[26] Das ist nichts anderes als der Grundgedanke des objektiven Idealismus, wie er sich vor allem bei HEGEL findet: Denknotwendigkeiten sind ontologische Notwendigkeiten. Wir *müssen* die Welt in einer bestimmten Weise denken und die Welt *ist* so, wie wir sie denken.

Was ist zu dieser These zu sagen? Zunächst einmal, dass damit der objektive Idealismus seinen relativistischen Antagonisten in puncto innere Konsistenz um Längen voraus ist. Aber was heißt es genau, wenn ausgesagt wird, wir müssten die Welt in einer bestimmten Weise denken? Das empirisch erfassbare Universum ist raumzeitlich strukturiert. Kann in dieser Struktur eine Notwendigkeit erkannt werden? In welcher Weise prinzipiiert der objektiv idealistische Letztbegründungsbeweis die Aussagen über die raumzeitliche Welt? Darauf eine angemessene Antwort zu finden, dürfte schwierig sein, denn es sprechen einige gewichtige Indizien dafür, dass sich die Welt einem vollständigen rationalen Zugriff entzieht. Allein die Aporien in den Deutungen der Quantentheorie könnten bereits als Beleg genügen, und es existieren zahlreiche nicht aufgelöste Paradoxa, die sich auf Raum und Zeit beziehen.[27] Daraus folgt jedoch noch keineswegs, dass der objektive Idealismus zum Scheitern verurteilt ist. Allerdings steht unseres Erachtens in diesem System bisher eine plausible

---

25 A.a.O., S. 217.

26 Vgl. a.a.O., S. 249.

27 Siehe etwa das sog. *Rennbahn-Paradox* (vgl. RICHARD M. SAINSBURY, Paradoxien, Stuttgart 2001, S. 30 ff.), aber auch ungelöste Fragen der Physik, wie z.B. das EPR-Paradoxon.

Antwort auf die Frage aus, wie sich Metaphysik und Physik zueinander verhalten.[28]

Doch selbst wenn wir von der Annahme ausgehen, ein derartiger objektiver Idealismus sei plausibel, lässt sich vor diesem Hintergrund – wenn überhaupt – höchstens die These ableiten, dass vernunftbegabtes Leben im Universum existieren muss, dass also auch bei einem Aussterben der Menschheit an einem anderen Punkt im All Geist vorhanden sein wird. Über ein individuelles Weiterleben nach dem Tod jedoch sagt nicht einmal eine derartige, in der Gegenwartsphilosophie durchaus als exotisch zu bezeichnende Metaphysik etwas aus. Menschliches Bewusstsein – so ließe sich diesem Ansatz nach vielleicht sagen – ist Ewigkeit in ihrer vergänglichsten Form. Zugang zur Unsterblichkeit gäbe es also nur um den Preis der Sterblichkeit.[29]

Was aber könnte nach unserem Ableben bleiben, wenn es ein Absolutes gibt? Der argentinische Schriftsteller JORGE LUIS BORGES sagte einmal: »Ich habe mir das Paradies immer als eine Art Bibliothek vorgestellt.« Vor dem Hintergrund seiner Biographie sind diese Worte wohl so zu deuten, dass er sich in seinem Paradies als Leser bzw. Bibliothekar gesehen hätte. Doch könnten wir nicht stattdessen auch die Helden der in dieser Bibliothek stehenden Romane sein? Damit wären wir beim durchaus charmanten Gedanken einer objektiven Unsterblichkeit angelangt. Diese Vorstellung bietet uns keine Hoffnung auf ein individuelles Weiterleben nach dem Tod. Doch sie tröstet uns damit, dass wir im Gedächtnis eines Absoluten im dreifachen Sinne aufgehoben sind: als Einzelne zwar nicht mehr existent,

---

[28] In seiner Habilitationsschrift »Hegels System« (Darmstadt 1998, S. V) vertritt Hösle die Ansicht, »daß [...] zwischen Hegels Logik und seiner Realphilosophie kein durchgehendes Entsprechungs- und Prinzipiierungsverhältnis besteht«. Es scheint, als treffe dieser Vorwurf auch Hösle selbst (vgl. MANFRED WETZEL, Zwei Diskrepanzen in Hösles opus magnum und eine Alternative, in: ders. / Bernd Goebel [Hg.], Eine moralische Politik? Vittorio Hösles Politische Ethik in der Diskussion, Würzburg 2001, S. [13-35] 22).

[29] An dieser Stelle wird ersichtlich, dass im hegelianischen Denken immer schon der Keim des Atheismus steckt. Der Kabarettist MATTHIAS BELTZ sagte einmal: »Die einen sagen, dass Gott existiert, die andern, dass Gott nicht existiert. Die Wahrheit wird – wie so oft – in der Mitte liegen.« Dies stellt die denkbar treffsicherste Zusammenfassung der HEGEL'schen Philosophie dar: Wenn das Absolute nur im Vergänglichen zu sich selbst gelangt, zur Vollkommenheit also des Durchgangs durch das Unvollkommene bedarf, stellen sich leicht Zweifel darüber ein, ob wir dann nicht gleich die Vorzeichen umkehren können und das Menschliche zum Göttlichen erheben dürfen – nichts anderes ist ja in der linkshegelianischen Tradition bis hin zu MARX geschehen.

aber dennoch bewahrt und im besten Falle auch erhöht. Eine derartige Metaphysik von Tod und Unsterblichkeit hat unseres Erachtens gute Aussichten, begründbar zu sein. Der Tod eines Menschen wäre sein Aufgehen in einem überindividuellen, alles umgreifenden Absoluten.

In eine ähnliche Richtung deuten - wenn auch erst auf den zweiten Blick - die Überlegungen Robert Spaemanns. Dieser hat ein Argument vorgelegt, mit dessen Hilfe die Rationalität des Gottesglaubens untermauert werden soll. Am Anfang seines Gedankenganges steht die Frage, was aus der Vergangenheit wird, wenn es einmal keine Gegenwart mehr gibt. Die Aussage »Ich werde einmal gewesen sein« ist im Tempus des *Futurum exactum* formuliert und - hierin ist Spaemann zuzustimmen - unvermeidlich. Diese Unvermeidlichkeit impliziert seiner Ansicht nach »die Unvermeidlichkeit, einen ›Ort‹ zu denken, wo alles, was geschieht, für immer aufgehoben ist«[30]. Diesen Ort identifiziert er mit Gott. Dieser Versuch ist zum einen insofern problematisch, als ihm ein ebenso merkwürdiges wie unzureichendes Gottesbild zugrunde liegt: Ist Gott nur der Garant der reinen Faktizität? Ist er lediglich der Buchhalter selbst der banalsten und der schrecklichsten Ereignisse? Zum anderen bieten sich auch in logischer Hinsicht Angriffsflächen. So wäre etwa zu fragen: Ließe sich nicht alternativ zu *einem* göttlichen Bewusstsein eine unendliche Kette einander ablösender Instanzen mit diesem Bewusstsein denken? Ganz zu schweigen von dem möglichen Einwand, dass Tatsachen auch ohne ein sie erinnerndes oder betrachtendes Bewusstsein existieren können.[31]

---

[30] Robert Spaemann, Das unsterbliche Gerücht. Die Frage nach Gott und der Aberglaube der Moderne, Stuttgart 2007, S. 35.

[31] Dennoch machen es sich viele von Spaemanns Kritikern mit der Ablehnung seines Gedankens zu leicht. Spaemann selbst gibt zu, dass es sich bei seiner Beweisführung um ein *argumentum ad hominem* handelt. Das dürfte im Übrigen bei Versuchen, die Rationalität des Glaubens aufzuweisen, auch gar nicht anders möglich sein. Selbst Anselm von Canterbury hatte nie etwas anderes im Sinn, als mit seinem Gottesbeweis den bereits gläubigen Menschen vor Augen zu führen, dass ihr Handeln und Hoffen nicht irrational ist – ein Umstand, der sein Verdienst nicht schmälert, eine der großartigsten geistigen Leistungen der Geschichte vollbracht zu haben.

Zur intellektuellen Satisfaktionsfähigkeit des Spaemann'schen Arguments siehe Lu Jiang, Robert Spaemanns Gottesbeweis und die Wirklichkeit der Wahrheit, unter: http://www.academia.edu/4208676/Spaemanns_Gottesbeweis_Der_ ontologische_Status_der_Vergangenheit_Draft_-_Publication_in_Preparation_ [Stand: 30.11.2013].

Jenen Kritikern, die sich an Spaemanns Nähe zu konservativen Kreisen der römisch-katholischen Kirche stören, sei mit Kant gesagt: »Vernunftwahrheiten gelten anonymisch« (Logik [s. Anm. 5], S. 78).

Doch unter verändertem Blickwinkel wäre eine Weiterentwicklung dieses Gedankens unseres Erachtens sehr fruchtbar: Gelänge es, das Böse als einen Mangel an Sein darzustellen – mit anderen Worten: die sogenannte Privationstheorie des Bösen in Stellung zu bringen –, wäre nur das Gute Wirklichkeit und als solche in einem göttlichen Gedächtnis geborgen. Geborgen wäre somit unsere Lebensgeschichte mit den darin sich zeigenden Haltungen und Handlungen, sofern sie auf das Gute gerichtet waren.

An dieser Stelle brechen die Gedanken eher ab, als dass sie zu einem Ende führen. Doch sollte sich mit Blick auf die kantischen Eingangsfragen folgende Essenz gewinnen lassen:

Wissen können wir nur, dass der Tod sein Angesicht verhüllt, dass er seinen wahren Charakter verbirgt. Eine rein biologisch-materialistische Erklärung greift jedoch zu kurz und auf der anderen Seite ist die metaphysische Begründung der Existenz eines Absoluten nicht so abwegig, wie uns viele ihrer Gegner glauben machen wollen. Allerdings wäre es unredlich, zu verschweigen, dass in der Philosophie der Gegenwart eine metaphysische Theorie, die die christliche Vorstellung einer leiblichen und damit individuellen Auferstehung auf den Begriff brächte, vergeblich gesucht wird.

Hoffen dürfen wir dennoch. Wie darzulegen versucht wurde, lässt sich philosophisch am ehesten die Hoffnung auf unser Eingehen in ein wie auch immer zu verstehendes Absolutes legitimieren. Im Dunkeln bleibt dabei jedoch weitgehend, in welcher Form dann unsere Individualität aufgehoben wäre. Aber bei aller Unsicherheit im Wissen und Hoffen ist eine Erkenntnis unumstößlich:

Handeln müssen wir hier und jetzt. Die Reflexion über die *letzten* Dinge wäre verwerflich, wenn wir darüber vergessen würden, was die *nahe liegenden* Dinge sind und welche Forderungen sie an uns stellen. Nicht nur im Anfang, auch *vor dem Ende* ist die Tat. Sterben lernen heißt also nichts anderes als handeln lernen.

Werner Zager

Vollendung als »unsagbares Geheimnis«

Tod und ewiges Leben in der neueren Theologie

Um ermessen zu können, welche Wandlungen sich im Verständnis von Tod und ewigem Leben in der neueren Theologie vollzogen haben, ist es hilfreich, sich zu vergegenwärtigen, wie die altprotestantische Orthodoxie, d.h. die evangelische Theologie zwischen Reformation und Aufklärung bzw. Pietismus, darüber dachte. Dabei konzentriere ich mich in exemplarischer Weise auf das Luthertum und stütze mich auf das in erster Auflage 1843 erschienene Kompendium »DIE DOGMATIK der evangelisch-lutherischen Kirche« von HEINRICH SCHMID[1]. Davon ausgehend, werden wir uns dann mit verschiedenen neueren Konzeptionen der Eschatologie beschäftigen. Am Schluss soll dann noch ein Resümee gezogen werden.

Doch sei zuvor zum Begriff »Eschatologie« noch Folgendes angemerkt: Dieser geht zurück auf ein Wort aus dem Buch Jesus Sirach, das zu den alttestamentlichen Apokryphen zählt. In Sir 7,36 (bzw. nach der Zählung der Vulgata und der Lutherbibel: 7,40) heißt es: »In allen deinen Worten gedenke der letzten (Dinge), so wirst du in Ewigkeit nicht sündigen.«[2] τὰ ἔσχατα bezeichnen die letzten Dinge; von daher leitet sich der Ausdruck »Eschatologie« ab, die Lehre von den letzten Dingen. Im 17. Jahrhundert führte der lutherische Theologe ABRAHAM CALOV (1612–1686) diesen Begriff für den Schlussteil der Dogmatik ein – eine Sprachregelung, die sich

---

1 HEINRICH SCHMID, DIE DOGMATIK der evangelisch-lutherischen Kirche. Dargestellt und aus den Quellen belegt, neu hg. u. durchges. v. Horst Georg Pöhlmann, Gütersloh [9]1979.

2 Übers. nach: Septuaginta Deutsch. Das griechische Alte Testament in deutscher Übersetzung, hg. v. Wolfgang Kraus u. Martin Karrer, Stuttgart 2009, S. 1101.

in der protestantischen Theologie im 19. Jahrhundert weithin durchsetzte.[3] Gemäß der lateinischen Übersetzung von τὰ ἔσχατα in der Vulgata mit *novissima* wird das letzte Kapitel der Dogmatik – wie bei Schmid – auch mit »De novissimis« überschrieben.

1. Grundzüge lutherisch-orthodoxer Eschatologie

Für die Eschatologie der lutherischen Orthodoxie – wie für die christliche Eschatologie vor der Neuzeit überhaupt – ist kennzeichnend, dass die Rede von menschlichem Tod und ewigem Leben in den größeren Zusammenhang von Weltende und -vollendung eingebunden ist. Freilich geht es dabei stets um das »letzte Ziel« des Menschen und die »letzte Vollendung« der Kirche.[4] Daher untergliedert Schmid in seinem dogmatischen Kompendium das Schlusskapitel in fünf Abschnitte: »1. de morte [über den Tod]; 2. de mortuorum resurrectione [über die Auferstehung der Toten]; 3. de judicio extremo [über das letzte Gericht]; 4. de consummatione mundi [über die Vollendung der Welt]; 5. de damnatione et vita aeterna [über die Verdammnis und das ewige Leben]«[5].

Worin bestehen nun die entscheidenden Lehraussagen der lutherisch-orthodoxen Dogmatik zu unserem Thema »Tod und ewiges Leben?«

Der Tod gilt als Folge des Sündenfalls, hatte doch bereits Paulus in Röm 5,12 erklärt, dass durch den Ungehorsam Adams gegenüber dem Paradiesgebot das Todesverhängnis über alle Menschen gekommen sei. »Mit dem Tode hört wohl das natürliche Leben des Menschen auf, wie dieses durch die eigentümliche Verbindung von Leib und Seele bedingt war; aber seine Seele hört nicht auf, sondern lebt fort mit allen den Eigenschaften und Wirkungen, die zu ihrem Wesen gehören.«[6] Für die Unsterblichkeit der Seele stützt man sich einerseits auf Beweise der Vernunft und andererseits vor allem auf bestimmte Aussagen der Hl. Schrift.[7] Unter Berufung auf die Autorität der Schrift wird weiter erklärt, dass die Seele nach dem Tod gleich selig oder unselig sei – im Widerspruch zu den Lehren von

---

3 Vgl. Rochus Leonhardt, Grundinformation Dogmatik. Ein Lehr- und Arbeitsbuch für das Studium der Theologie (UTB 2214), Göttingen 2001, S. 278.

4 Vgl. H. Schmid, DIE DOGMATIK der evangelisch-lutherischen Kirche (s. Anm. 1), S. 394.

5 Ebd.

6 Ebd.

7 Vgl. ebd.

einem Zwischenzustand, wie sie etwa in der katholischen Tradition begegnen.[8]

Die durch den Tod herbeigeführte Scheidung von Leib und Seele ist jedoch keine endgültige, sondern in der zukünftigen Totenauferstehung wird Gott den Leib wieder auferwecken und mit der ehemals zugehörigen Seele vereinigen.[9] Der Substanz nach wird es zwar derselbe Leib sein, seine Eigenschaften werden aber den neuen Verhältnissen entsprechen.[10] Wie bereits den Seelen nach dem Tod wird auch den auferweckten Leibern entweder ein seliges oder unseliges Los zuteilwerden.[11]

Auf die Totenauferstehung folgt dann das letzte Gericht, dessen Zeitpunkt uns verborgen ist. Allerdings werden vor dem Ende sich die Gewalt Satans und die Gottlosigkeit der Menschen aufs Höchste steigern. Damit ist dann für Gott die Zeit gekommen, das Gericht hereinbrechen zu lassen.[12] Dies entspricht apokalyptischen Vorstellungen, wie sie auch im Neuen Testament begegnen. Christus wird als Weltrichter scheiden zwischen den Frommen, die in das Reich der Herrlichkeit aufgenommen werden, und den Gottlosen, die für das Reich der ewigen Finsternis bestimmt sind.[13]

Nach dem letzten Gericht wird sich die Vernichtung der Welt mit Feuer ereignen. Während die Gottlosen in der Hölle »je nach dem Grad ihrer Gottlosigkeit in leiblichen und geistigen Schmerzen für ihre Sünden in Ewigkeit büßen« müssen, werden die Frommen im Himmel am ewigen Leben teilhaben, »d.h. sie genießen je nach dem Grad ihrer Frömmigkeit die höchste und durch nichts gestörte Seligkeit im Anschauen Gottes«[14].

2. Friedrich Schleiermacher: Der christliche Glaube

Das seit dem 17. Jahrhundert sich durchsetzende von naturwissenschaftlichen Einsichten geprägte Weltbild machte es unmöglich, unkritisch an der überkommenen Eschatologie festzuhalten. Dies möchte ich aufzeigen an

---

8 Vgl. ebd.

9 Vgl. a.a.O., S. 399.

10 Vgl. ebd.

11 Vgl. ebd.

12 Vgl. a.a.O., S. 401.

13 Vgl. ebd.

14 A.a.O., S. 407 f.

Friedrich Schleiermachers (1768–1834) Glaubenslehre[15], die in zweiter Auflage 1830/31 erschien.

Anders als für die altprotestantischen Theologen ist es für Schleiermacher nicht mehr möglich, den Tod auf den Sündenfall zurückzuführen. So unterscheidet der Berliner Theologe zwischen »natürlichem Uebel«, das von menschlicher Tätigkeit unabhängig ist, und »geselligem Uebel«, das »aus menschlicher Tätigkeit hervorgegangen uns Grund zu Lebenshemmungen wird«[16]. Während die geselligen Übel in der Sünde gegründet seien, treffe dies für die natürlichen Übel gerade nicht zu. Tod und Schmerz rechnet Schleiermacher zur »natürlichen Unvollkommenheit«, die nicht aus der Sünde hervorgeht.[17] Hinzu kommt, dass es Schleiermacher zufolge »eine eigentliche Geschichte des ersten Menschen nicht geben kann«[18].

Was nun den Glauben an die Unsterblichkeit der Seele bzw. – so die bevorzugte Redeweise – »an die Fortdauer der Persönlichkeit nach dem Tode« betrifft, hält Schleiermacher die dafür beigebrachten »Vernunftbeweise« für »angreifbar«.[19] Die Glaubenslehre solle sich daher nicht von einer philosophischen Ansicht abhängig machen; vielmehr hänge der Glaube an die Fortdauer der Persönlichkeit mit dem Glauben an den Erlöser zusammen.[20] Dabei bezieht sich Schleiermacher auf die Abschiedsreden im Johannesevangelium, in denen Christus seine »Wiederkunft oder Wiedervereinigung mit den Seinigen« verheißt.[21] Indem dieser sich damit für seine menschliche Person Fortdauer über den Tod hinaus zuschreibt, müsse dies – so Schleiermacher – auch für die Jünger gelten.[22] Die Menschen könnten nur deshalb durch die Vereinigung des göttlichen Wesens mit der menschlichen Natur in Christus erlöst werden, weil auch sie dieselbe Unsterblichkeit an sich trügen.[23]

---

15 Friedrich Schleiermacher, Der christliche Glaube nach den Grundsätzen der evangelischen Kirche im Zusammenhange dargestellt. Zweite Auflage (1830/31). Erster und zweiter Band (de Gruyter Texte), hg. v. Rolf Schäfer, Berlin / New York 2008.

16 A.a.O., Bd. 1, S. 473.

17 Vgl. a.a.O., Bd. 1, S. 477.

18 A.a.O., Bd. 1, S. 478.

19 S. a.a.O., Bd. 2, S. 458-460.

20 Vgl. a.a.O., Bd. 2, S. 460 f.

21 A.a.O., Bd. 2, S. 462.

22 Vgl. ebd.

23 Vgl. a.a.O., Bd. 2, S. 464.

Im Unterschied zur altprotestantischen Orthodoxie sieht Schleiermacher es allerdings als unmöglich an, losgelöst vom leiblichen Leben von einer Unsterblichkeit der Seele zu reden.[24] Schleiermacher wörtlich: »Wie also die Wirksamkeit des Geistes als bestimmte Seele im Tode aufhört zugleich mit dem leiblichen Leben: so kann sie auch nur wiederbeginnen mit dem leiblichen Leben.«[25] Dabei lässt Schleiermacher offen, ob nach dem Tod des Einzelnen ein Zwischenzustand folgt oder bereits das künftige Leben beginnt.[26] Im Blick auf die im letzteren Falle betonte Kontinuität der Persönlichkeit hält er eine »naturwissenschaftliche Bewährung« für wünschenswert. Worin diese bestehen könnte, darüber erfahren wir leider nichts.

An der Vorstellung eines Jüngsten Gerichts sind für Schleiermacher zwei Gesichtspunkte von Bedeutung: Die Vollendung unserer Gemeinschaft mit Christus setzt erstens voraus, dass wir von dem Bösen gänzlich geschieden sind. Zweitens muss derjenige Teil der Menschheit, der nicht von dem Geist Christi durchdrungen wurde, von der vollendeten Kirche ausgeschlossen bleiben.[27]

Gemäß Schleiermachers Sicht lässt sich die ewige Seligkeit entweder als »plözlicher sich immer gleichbleibender Besitz des Höchsten, oder auch als allmählige Steigerung bis zum Höchsten«[28] denken. Beide Verständnisweisen haben jedoch ihre besonderen Schwierigkeiten: Während einem Leben im Besitz des Höchsten es »an allen Gegenständen der Thätigkeit fehlt«, hat eine »sich ins Unendliche hin steigernde Vollkommenheit« ein Bewusstsein von Unvollkommenheit und bei einem freien Wesen wie dem Menschen irgendwie auch ein Schuldbewusstsein zur Folge.[29] Mit der kirchlichen Tradition kann Schleiermacher zwar sagen, »daß das ewige Leben in dem Anschauen Gottes bestehen werde«[30], aber es bleibt ihm ungewiss, »wie der Zustand, welcher die höchste Vollendung der Kirche

---

24 Vgl. a.a.O., Bd. 2, S. 474.

25 Ebd.

26 Vgl. a.a.O., Bd. 2, S. 477-479.

27 Vgl. a.a.O., Bd. 2, S. 485.

28 A.a.O., Bd. 2, S. 486.

29 Vgl. a.a.O., Bd. 2, S. 487 f.

30 A.a.O., Bd. 2, S. 488.

ist, von der als unsterblich erstehenden Persönlichkeit der Einzelnen erworben und unter dieser Form besessen wird«[31].

Nur anhangsweise wird von Schleiermacher die Lehre von der ewigen Verdammnis erörtert, womit zugleich eine Wertung verbunden ist. Seine kritische Beurteilung dieser Lehre bringt er prägnant auf den Punkt mit seiner These, dass die ewige Seligkeit nicht mehr bestehen könne, wenn es eine ewige Verdammnis gebe.[32] Da es sich nach wie vor lohnt, sich mit Schleiermachers Begründung auseinanderzusetzen, möchte ich diese Ihnen nicht vorenthalten:

»Denn wenn auch beide Gebiete äußerlich ganz geschieden sind: so läßt sich schon an sich ein so erhöhter Zustand der Seligen nicht vereinbaren mit einer gänzlichen Unkenntniß von der Unseligkeit der Andern, noch weniger aber, wenn die Scheidung selbst nur die Folge sein soll von einem allgemeinen Gericht, bei welchem beide Theile anwesend waren, d. h. jeder sich auch des andern bewußt. Legen wir nun den Seligen eine Erkenntniß von dem Zustande der Verdammten bei: so kann diese nicht ohne Mitgefühl gedacht werden. Denn dieses muß, wenn die Vervollkommnung unserer Natur nicht rückläufig geworden sein soll, das ganze menschliche Geschlecht umfassen, und Mitgefühl mit den Verdammten muß notwendig die Seligkeit trüben, um so mehr, als es nicht wie jedes ähnliche Gefühl in diesem Leben durch die Hoffnung gemildert wird. Denn wir mögen noch so sehr bedenken, daß, wenn die ewige Verdammniß ist, sie auch gerecht sein muß, und daß in dem Anschauen Gottes auch die Gerechtigkeit Gottes mit eingeschlossen ist: so kann auch dadurch das Mitgefühl nicht aufgehoben werden [...].«[33]

Schleiermacher möchte daher der Auffassung, dass »durch die Kraft der Erlösung dereinst eine allgemeine Wiederherstellung aller menschlichen Seelen erfolgen werde«, die gleiche Berechtigung einräumen wie der Lehre vom doppelten Ausgang des Endgerichts.[34]

---

31 A.a.O., Bd. 2, S. 489.

32 Vgl. a.a.O., Bd. 2, S. 490.

33 A.a.O., Bd. 2, S. 491.

34 S. a.a.O., Bd. 2, S. 492.

3. David Friedrich Strauß: Die christliche Glaubenslehre

Hatte Schleiermacher bei seiner kritischen Durchmusterung der kirchlich-theologischen Tradition in puncto Eschatologie vieles Fragliche herausgestellt, gilt dies noch in viel höherem Maße für DAVID FRIEDRICH STRAUSS (1808–1874). In seinem Werk »Die christliche Glaubenslehre in ihrer geschichtlichen Entwicklung und im Kampfe mit der modernen Wissenschaft«[35] von 1840/41 zeichnet er kritisch die Entwicklung der kirchlichen Eschatologie nach. Dabei kommt er zu folgendem Resultat:

»Den ganzen reichen Hausrath der kirchlichen Eschatologie überlässt das moderne Ich ohne sonderliche Gemüthsbewegung dem kritischen Brande, zufrieden, aus demselben seine nackte Fortdauer nach dem Tode zu retten. Mit Continuität des Bewusstseins, versteht sich; sonst würde es ja nicht als Ich fortbestehen. Dieser Unsterblichkeitsglaube ist die Seele der jetzigen Gefühls- und Verstandesreligiosität: der gebildete Fromme lässt sich eher noch seinen Gott und Christus, als die Hoffnung auf die Fortdauer nach dem Tode nehmen.«[36]

Und in Abwandlung des Paulusworts 1Kor 13,13, »Nun aber bleiben Glaube, Hoffnung, Liebe, diese drei; aber die Liebe ist die größte unter ihnen«, bringt Strauß auf den Punkt, was von der kirchlichen Eschatologie übriggeblieben ist: »Nach der KANTischen Sichtung der Ideenwelt blieben noch Gott, Freiheit und Unsterblichkeit, diese drei: aber die Unsterblichkeit ist die grösseste unter ihnen.«[37]

Der idealistischen Philosophie macht Strauß zum Vorwurf, dass sie noch der kirchlichen Denkweise verfallen sei, wenn sie Unendlichkeit als »endlose gerade Linie der unaufhörlichen Fortdauer«[38] begreife. Damit hänge auch zusammen, dass dem Wiedersehen mit bereits verstorbenen lieben Menschen ein besonderer Stellenwert zukommt.[39] Dagegen vertritt Strauß die Auffassung, Unendlichkeit müsse man ganz anders verstehen, indem die »endlose gerade Linie der Fortdauer nach dem Tode zum in sich

---

[35] DAVID FRIEDRICH STRAUSS, Die christliche Glaubenslehre in ihrer geschichtlichen Entwicklung und im Kampfe mit der modernen Wissenschaft [Nachdr. der Ausg. Tübingen / Stuttgart 1840/41]. Mit einer Einleitung von Werner Zager, 2 Bde., Darmstadt 2009.

[36] A.a.O., Bd. 2, S. 697.

[37] Ebd.

[38] A.a.O., Bd. 2, S. 699.

[39] Vgl. ebd.

geschlossenen Kreise« umgebogen werde.[40] Als vortrefflich gilt ihm hier die folgende Äußerung SCHLEIERMACHERS aus seinen »Reden über die Religion«: »Mitten in der Endlichkeit Eins werden mit dem Unendlichen und ewig sein in einem Augenblick, das ist die Unsterblichkeit der Religion.«[41]

Mit den in den 30er Jahren des 19. Jahrhunderts erschienenen Schriften von FRIEDRICH RICHTER (1807–1848 [?])[42] und LUDWIG FEUERBACH (1804 –1872) [43] sieht STRAUSS die Vorstellung eines unsterblichen menschlichen Ich als erledigt an.[44] Vorausgegangen war bereits die Bestreitung des metaphysischen Seelenbegriffs einerseits durch DAVID HUME (1711–1776) vom empiristischen und durch IMMANUEL KANT (1724–1804) vom transzendentalphilosophischen Standpunkt aus.[45] So beurteilt STRAUSS sämtliche Unsterblichkeitsbeweise als hinfällig.

Den Beweis aus der Notwendigkeit einer sittlichen Vergeltung stellt Strauß in Frage, indem er unter Berufung auf BARUCH DE SPINOZA (1632–1677) erklärt, dass sittliches Handeln »in moralischer Hinsicht Selbstzweck« sei und die »Glückseligkeit als immanentes Moment« in sich schließe.[46] Mag man bis dahin STRAUSS folgen, wenn er ethisches Handeln dadurch charakterisiert sieht, dass es nicht nach einem Lohn fragt. Schwieriger aber wird es, wenn er – um die Gerechtigkeit des »Systems Natur« zu verteidigen – behauptet, unter den freudigen Mienen der Verbrecher verberge sich ihr zerrissenes Herz oder die müßigen Reichen peinige Langeweile und Ekel.[47] Und so muss man die berechtigte Frage stellen, ob Strauß hier nicht unter einem sehr begrenzten bürgerlichen Blickwinkel urteilt.

---

40 S. a.a.O., Bd. 2, S. 703.

41 FRIEDRICH SCHLEIERMACHER, Über die Religion. Reden an die Gebildeten unter ihren Verächtern (PhB 255), Nachdr. Hamburg 1970 (Berlin 1799), S. 74.

42 FRIEDRICH RICHTER, Die Lehre von den letzten Dingen. Eine wissenschaftliche Kritik aus dem Standpunkt der Religion unternommen, Bd. 1, Breslau 1833[; Bd. 2, Berlin 1844].

43 [LUDWIG FEUERBACH,] Gedanken über Tod und Unsterblichkeit aus den Papieren eines Denkers, nebst einem Anhang theologisch-satyrischer Xenien, hg. v. einem seiner Freunde, Nürnberg 1830.

44 Vgl. D. F. STRAUSS, Die christliche Glaubenslehre (s. Anm. 35), Bd. 2, S. 703.

45 Vgl. KIRSTEN HUXEL, Unsterblichkeit der Seele versus Ganztodthese? – Ein Grundproblem christlicher Eschatologie in ökumenischer Perspektive, in: NZSTh 48 (2006), S. (341-366) 345-347.

46 Siehe D. F. STRAUSS, Die christliche Glaubenslehre (s. Anm. 35), Bd. 2, S. 714.

47 Vgl. a.a.O., Bd. 2, S. 710 f.

Dem teleologischen Unsterblichkeitsbeweis liegt die Annahme zugrunde, dass alles, was geschieht, eine äußere oder innere Zweckursache hat (griech. τέλος = Zweck, Ziel). Dieser Beweis argumentiert dann mit der »Bestimmung des persönlichen Individuums«, seine gesamte Anlage zu verwirklichen und sich auszuleben.[48] Da dies bei keinem Menschen in diesem Leben geschehe, müsse noch ein weiteres Leben folgen, in dem er solches realisieren könne. Aber auch den teleologischen Beweis lehnt Strauß ab – und zwar mit dem Argument, nur die Anlage der Gattung sei unendlich und unerschöpflich, während die des Einzelwesens nur endlich sein könne.[49] Auch bei einer unendlichen Fortdauer wäre der einzelne Mensch nicht in der Lage, das Sittengesetz voll zu verwirklichen und damit mehr als in seinem endlichen Leben zu erreichen.[50]

Schließlich überzeugt Strauß der metaphysische Unsterblichkeitsbeweis ebenfalls nicht, der auf der Voraussetzung eines Dualismus zwischen Leib und Seele beruht, da solcher Dualismus von der neueren Philosophie überwunden sei.[51] Vielmehr bildeten Leib und Seele den ganzen Menschen; so könne »von einer Trennung beider, bei welcher doch die Seele bliebe, so wenig die Rede sein, als nach der Auflösung des Umkreises ein Mittelpunkt übrig bleibt«[52].

Über die klassischen Unsterblichkeitsbeweise hinaus lehnt Strauß auch SCHLEIERMACHERS Versuch ab, »aus der persönlichen Fortdauer, welche Christus [in den Abschiedsreden des Johannesevangeliums; W.Z.] sich zuschreibt, mittelst der Selbigkeit der menschlichen Natur in ihm und in uns auch die aller Menschen abzuleiten«[53]. Hält STRAUSS doch die »Fortdauer eines von seinen geschichtlichen Bedingungen gelösten [...] Individuums« für undenkbar.[54]

Stattdessen plädiert er dafür, mit GEORG WILHELM FRIEDRICH HEGEL (1770–1831) die Unsterblichkeit »nicht als etwas erst Zukünftiges, sondern als gegenwärtige Qualität des Geistes« aufzufassen, »als seine innere Allgemeinheit, seine Kraft, sich über alles Endliche hinweg zur Idee zu erheben«. Entsprechend wandelt STRAUSS das bereits zitierte Wort SCHLEI-

---

48 Vgl. ebd.

49 Vgl. a.a.O., Bd. 2, S. 713 f. 718.

50 Vgl. a.a.O., Bd. 2, S. 720.

51 Vgl. a.a.O., Bd. 2, S. 725.

52 A.a.O., Bd. 2, S. 726.

53 A.a.O., Bd. 2, S. 736.

54 S. ebd.

ERMACHERS aus den »Reden über die Religion« wie folgt ab: »mitten in der Endlichkeit Eins zu werden mit dem Unendlichen, und ewig zu sein in jedem Augenblick, ist Alles, was die moderne Wissenschaft über Unsterblichkeit zu sagen weiss«[55].

Aus seiner Sicht hatte STRAUSS damit die Unmöglichkeit der herkömmlichen christlichen Eschatologie erwiesen. Wenn wir uns nun mit den eschatologischen Entwürfen des 20. und 21. Jahrhunderts beschäftigen, so gilt es zu prüfen, inwieweit sie den kritischen Anfragen eines David Friedrich Strauß standhalten.

4. Ernst Troeltsch: Glaubenslehre

Wenn es auch bis in unsere Tage – man denke an WOLFHART PANNENBERG (geb. 1928)[56] – immer wieder Versuche gegeben hat, die Vorstellung vom physischen Tod als Folge der Sünde zu erneuern, hat dies eine intellektueller Wahrhaftigkeit und historischer Kritik verpflichtete, d.h. liberale Theologie stets zurückgewiesen. So hat nach SCHLEIERMACHER mit besonderem Nachdruck ALBRECHT RITSCHL (1822–1889) die »Auffassung des natürlich-leiblichen T[od]es als Sündenstrafe bestritten« und ihn stattdessen als »Mittel der Befreiung aus dem Irdischen« für die »mit Gott Versöhnten« zu verstehen gelehrt.[57]

Auch ERNST TROELTSCH (1865–1923), einst Schüler von Ritschl in Göttingen, hat in seiner Glaubenslehre, der in Heidelberg gehaltene Vorlesungen aus den Jahren 1911 und 1912 zugrunde liegen, die »Metaphysik des Sündenfalls« verworfen, da der »Mythos von den beiden Urmenschen« bereits »mit diesen selbst aus dem Bereich der Geschichte zu verweisen« sei[58].

---

55 A.a.O., Bd. 2, S. 738 f.

56 Vgl. WOLFHART PANNENBERG, Tod und Auferstehung in der Sicht christlicher Dogmatik (1974), in: ders., Grundfragen systematischer Theologie. GAufs., Bd. 2, Göttingen 1980, S. (146-159) 151-154; DERS., Systematische Theologie, Bd. III, Göttingen 1993, S. 602-604. – Pannenberg unterscheidet zwischen der Endlichkeit, die zur Geschöpflichkeit gehört, und der Sterblichkeit. Den Tod beurteilt er als Folge der Sünde, die die Endlichkeit nicht annimmt, bzw. mit Paulus als »der Sünde Sold« (Röm 6,23).

57 Siehe KARL BETH, Art. Tod IV. Dogmatisch, in: RGG^2 5, Tübingen 1931, Sp. (1198-1202) 1199.

58 Siehe ERNST TROELTSCH, Glaubenslehre. Nach Heidelberger Vorlesungen aus den Jahren 1911 und 1912. Mit einem Vorwort von Marta Troeltsch, München / Leipzig 1925, S. 305.

Als religionsgeschichtlich arbeitender Theologe stellt Troeltsch heraus, dass sich nur in von ethischen und Erlösungsgedanken bestimmten Religionen »religiöse Ideen der Vollendung oder Eschatologie« ausbilden[59]. Dabei unterscheidet er zwischen einer innerirdischen und einer jenseitigen Eschatologie. Im Laufe der Geschichte der christlichen Religion nimmt er eine Entwicklung der Eschatologie wahr, in der das innerirdische Moment der Vollendungshoffnung immer weiter zurücktrete zugunsten der jenseitigen Entscheidung über die Zugehörigkeit zu Himmel als Seligkeits- oder Hölle als Strafort.[60] Darüber hinaus werde mit der Option des sogenannten Fegefeuers für die Mehrzahl der Gläubigen ein »Ort der Reinigung und Weiterentwicklung« eröffnet.[61]

Weiterhin weist Troeltsch auf die Buntheit der eschatologischen Gedankenwelt hin, in der »jüdische, spätgriechische, platonische und ganz freie, poetische Reflexionsmomente vereinigt« seien und auch noch die Mystik hinzukomme, »welche in ihrer Seligkeit und Gottinnigkeit die Endvollendung vorausnimmt«[62]. Schließlich müsse beachtet werden, welch große Rolle Phantasie und Anthropomorphismus – also allzu menschliche Vorstellungsweisen von Gott – bei der Ausbildung des Zukunftsbildes gespielt haben.[63]

Daraus folgt für Troeltsch: Eine vor der Moderne zu verantwortende christliche Lehre von der Vollendung muss sich zum einen »ihrer Bildlichkeit und Inadäquatheit bewußt sein«[64]. Zum anderen wird der Vollendungsgedanke von dem ethisch-religiösen Erlösungsgedanken bestimmt sein, demzufolge Erlösung durch »die wahre Erkenntnis des sündenvergebenden und heiligenden Gotteswillens« geschieht.[65] »[A]us der Unvollendbarkeit der Erlösung in den irdischen Lebensverhältnissen« ergibt sich dann »das *Postulat der Vollendung* in einem überirdischen Leben«[66].

»Das Wesen der Endvollendung« definiert Troeltsch als »die endgültige Vereinigung mit Gott«, »die im irdischen Leben angebahnt und im Leben

59 Vgl. a.a.O., S. 378 f.

60 A.a.O., S. 379.

61 S. ebd.

62 Ebd.

63 Vgl. a.a.O., S. 379 f.

64 S. a.a.O., S. 380.

65 S. ebd.

66 Ebd.

nach dem Tode vollendet wird«[67]. Die Vollendung bildet also den Abschluss eines sittlich-religiösen Prozesses, in dem sich die »Erlösung von der Natur und Kreatürlichkeit, von dem damit gesetzten Kampf mit der Sünde und von der mit diesem Kampf gesetzten Macht der Sünde« vollzieht.[68] Troeltsch hat also nur die Vollendung des Einzelnen im Blick, nicht auch die der Welt, wie dies noch für die altprotestantische Orthodoxie selbstverständlich war.

Es bleibt zu beachten, dass Troeltsch nicht die von Strauss problematisierte unendliche Fortdauer eines individuellen Ich postuliert. Vielmehr kommt die Vereinigung mit Gott so zustande, dass die kreatürliche Persönlichkeit in dem göttlichen Leben aufgeht: »Die *Mystik der Liebe*, die den Eigenwillen im Allwillen untergehen läßt, ist das letzte Wort. [...] Das Endziel eines Lebens nach dem Tode selbst kann aber nicht ein ewiges sein, das heißt ein Sein, das schlechthin Unendlichkeit, nie aufhörendes Sein bei Gott ist, sondern es kann nur die *endgültige Rückkehr des gereinigten und geheiligten kreatürlichen Wesens in die Gottheit* sein.«[69]

Troeltsch behauptet jedoch weder die »Wiederbringung aller Dinge« – d.h. die Rückkehr alles Zeitlichen zum Ewigen, aus dem es kommt – noch die Universalität der Gnade. Was mit denjenigen geschieht, die das Ziel der Erlösung nicht erreichen, müsse offenbleiben.[70]

5. Paul Tillich: Systematische Theologie

Mit Blick auf die beiden Weltkriege und die drohende Gefahr der Selbstvernichtung des Menschen seit der Mitte des 20. Jahrhunderts besteht Paul Tillich (1886–1965) im dritten Band seiner »Systematischen Theologie« – in englischer Sprache erstmals 1963 erschienen – darauf, dass »das Problem der ewigen Bestimmung des Individuums« nur in der »Auseinandersetzung mit dem Problem des Endes und Ziels der Geschichte und des Universums« eine Antwort finden könne.[71] Für Tillich realisiert sich Reich Gottes in der Geschichte, indem sich »das qualitativ Neue« auf »das unbedingt Neue« zubewegt. Da aber das unbedingt Neue niemals innerhalb der

---

[67] A.a.O., S. 381.

[68] S. ebd.

[69] A.a.O., S. 382.

[70] Vgl. a.a.O., S. 382-384.

[71] Siehe Paul Tillich, Systematische Theologie, Bd. III: Das Leben und der Geist. Die Geschichte und das Reich Gottes, Stuttgart 1966, S. 448.

Geschichte erreicht werden kann, liege die Erfüllung der Geschichte in deren »immer gegenwärtigen Ende und Ziel«, d.h. im ewigen Leben als der »transzendenten Seite des Reiches Gottes«[72].

Welche Bedeutung misst nun aber Tillich der Geschichte für das ewige Leben zu? Entscheidend ist, dass er die populäre Vorstellung ablehnt, in der Geschichte gehe es darum, sich für das transzendente Gottesreich zu qualifizieren, das als solches vom geschichtlichen Handeln unberührt bleibe.[73] Vielmehr lautet seine »Grundthese«, »daß das immer gegenwärtige Ende und Ziel der Geschichte den positiven Inhalt der Geschichte in die Ewigkeit erhebt, während es zugleich das Negative von der Teilnahme an ihr ausschließt«[74]. Darin vollzieht sich zugleich das Jüngste Gericht, das Tillich als Symbol für folgendes Geschehen begreift: »hier und jetzt, in dem dauernden Übergang vom Zeitlichen zum Ewigen wird das Negative vernichtet mit seinem Anspruch, ein Positives zu sein, einem Anspruch, den es geltend macht, indem es sich des Positiven bedient und sich auf zweideutige Weise mit ihm mischt«[75]. Anders als in der traditionellen Eschatologie ist das Jüngste Gericht kein Ereignis, das das Ende der Menschheitsgeschichte zur Voraussetzung hat. Ist doch nach Tillich der »Übergang vom Zeitlichen zum Ewigen« kein Ereignis in der Zeit.[76]

Was heißt das nun für den einzelnen Menschen? Als ein Wesen, das um seine Ausrichtung auf das Ewige weiß, hat der Mensch zugleich die Freiheit, sich dagegen zu stellen. So lässt er in schuldhafter Weise immer wieder die ihm gegebenen Möglichkeiten zum Guten verkommen.[77] Zwar hält Tillich den Tod für das natürliche Schicksal des Menschen, aber einen Zusammenhang zwischen Sünde und Tod sieht er durchaus in folgender Hinsicht: »Sofern der Mensch von dem Grund des Seins entfremdet ist, verfällt er der Herrschaft der Endlichkeit. Er kommt vom Nichts und wird von der Angst gejagt, sterben zu müssen. [...] Die Sünde schafft nicht den Tod, sondern gibt ihm Macht, die nur durch das Teilhaben am Ewigen besiegt werden kann.«[78]

---

72 S. ebd.

73 Vgl. a.a.O., S. 449.

74 A.a.O., S. 449 f.

75 A.a.O., S. 451.

76 S. a.a.O., S. 452.

77 Vgl. a.a.O., S. 459.

78 PAUL TILLICH, Systematische Theologie, Bd. II, Stuttgart 1958, S. 76 f.

Das Symbol des Jüngsten Gerichts verbindet Tillich zufolge die »Enthüllung des Negativen« im Leben eines Menschen und die »Erhebung des Positiven innerhalb einer Existenz [...] in die Ewigkeit«.[79] Dagegen lehnt Tillich die »Lehre von dem zweifachen ewigen Schicksal« ab, da der Mensch nie vollständig gut oder böse sei.[80]

Für die Teilhabe des Menschen am ewigen Leben zieht Tillich sowohl das Symbol der Unsterblichkeit als auch das der Auferstehung in Betracht. Dabei versteht er aber Unsterblichkeit nicht als eine »natürliche Eigenschaft der menschlichen Seele«, sondern vielmehr als einen »schöpferische[n] Akt Gottes, der bewirkt, daß sich das Zeitliche vom Ewigen trennt und zu ihm zurückkehrt«[81]. Der hoch symbolische Ausdruck »Auferstehung des Leibes« steht im Sinne Tillichs dafür, dass der ganze Mensch in seinem psychischen, geistigen und sozialen Sein an der Ewigkeit bzw. am göttlichen Leben teilhat.[82] Damit ist nicht ein »Zustand unveränderlicher Vollkommenheit« gemeint; denn das göttliche Leben manifestiert sich in der »ewige[n] Überwindung des Negativen«[83].

6. Hans Küng: Ewiges Leben?

In seinem in klarer Sprache geschriebenen Buch »Ewiges Leben?«, dem eine 1981 in Tübingen gehaltene Vorlesung zugrunde liegt, sucht HANS KÜNG (geb. 1928) eine Antwort auf die Frage nach dem ewigen Leben zu geben – und zwar »[b]ei aller notwendigen Besinnung auf die religiösen Traditionen der Menschheit« sehr bewusst im Horizont der Moderne[84].

D.h., er stellt »die Frage nach dem ewigen Leben in einer Zeit, in der ein völlig neues wissenschaftliches *Weltbild* sich durchgesetzt hat: die blaue Außenwand des Himmelssaales als der Stätte des ewigen Lebens begann sich buchstäblich in Luft aufzulösen;

in der das Postulat der *Aufklärung* durchgedrungen ist: es gibt seither keine ewige Wahrheit am kritischen Urteil der Vernunft vorbei nur etwa auf die Autorität der Bibel, Tradition oder Kirche hin: der Glaube an die

---

79 Siehe P. TILLICH, Systematische Theologie, Bd. III (s. Anm. 71), S. 460.

80 S. a.a.O., S. 461 f.

81 A.a.O., S. 463.

82 Vgl. a.a.O., S. 466.

83 S. a.a.O., S. 458.

84 Siehe HANS KÜNG, Ewiges Leben?, München / Zürich 1982, S. 18.

Ewigkeit kann seither keine bloß autoritative Setzung oder weltanschauliche Selbstverständlichkeit mehr sein;

in der die *Ideologiekritik* den gesellschaftlichen Mißbrauch des Ewigkeitsglaubens aufgedeckt hat: zur Vertröstung auf ein Jenseits oder zur Stabilisierung ungerechter, unmenschlicher Verhältnisse wird er nie mehr dienen dürfen;

in der die politisch-kulturelle *Vorherrschaft des Christentums* aufgehört hat: die Leugnung eines ewigen Lebens ist seither nicht mehr lebensgefährlich, und der allumfassende Säkularisierungsprozeß hat eine Bewußtseinsverschiebung vom Jenseits aufs Diesseits, vom Leben nach dem Tod auf das Leben vor dem Tod, von der Sehnsucht nach dem Himmel zur Treue zur Erde hervorgebracht ...«[85]

Mit einer solchen Bestimmung des Fragehorizonts geht einher, dass Küng weit über den innertheologischen Diskurs hinaus auch das Gespräch mit der Religionswissenschaft, der Philosophie, der Medizin und der Naturwissenschaft führt. So bemüht er sich beispielsweise um eine differenzierte Definition des Todes, wenn er den klinischen vom biologischen Tod unterscheidet[86]. Auch stellt er klar, dass Todesnäheerlebnisse keine Todeserlebnisse sind und solche Sterbeerlebnisse nichts für ein Leben nach dem Tod beweisen.[87]

In der Zeit der Moderne hält Küng es für nicht akzeptabel, wenn jüdische, christliche oder islamische Theologen meinen, sie könnten die Frage nach dem ewigen Leben allein unter Berufung auf Gottes Offenbarung bzw. ihre heiligen Schriften gültig beantworten.[88] Vielmehr müsse sich die Theologie der Aufgabe stellen, den Ewigkeitsglauben argumentativ vor dem Forum der Vernunft zu bewahrheiten.[89] Küng wörtlich: »Glaube gerade hinsichtlich der ›letzten Dinge‹ muß kommunizierbar bleiben, dialogfähig, soll das Gespräch über Tod, Weiterleben oder neues Leben mit jedem Menschen - sei er Christ oder Nichtchrist - geführt werden. Die Erfahrungen des jeweiligen Gesprächspartners sind dabei einzubeziehen. Eine verantwortete Glaubensentscheidung setzt also nicht einen blinden, sondern einen verantworteten Glauben an ein ewiges Leben voraus: damit der

---

85 A.a.O., S. 19.

86 Vgl. a.a.O., S. 35 f.

87 Vgl. a.a.O., S. 99.

88 Vgl. ebd.

89 Vgl. a.a.O., S. 100.

Mensch nicht geistig vergewaltigt, sondern mit Gründen überzeugt werde.«[90]

In seiner Auseinandersetzung mit der Bestreitung eines ewigen Lebens durch Feuerbach und Sigmund Freud (1856–1939) kommt Küng zu dem Ergebnis, dass weder ein Ja noch ein Nein zum ewigen Leben widerlegt werden könne.[91] Für den Glauben an ein ewiges Leben macht Küng folgende menschliche Erfahrungen geltend: »Es ist die Wirklichkeit dieses Lebens, es sind die negativen und positiven Erfahrungen des Menschen in dieser Welt, die Glückserfahrungen, deren Dauer man ersehnt, aber es ist auch all das Unabgegoltene, Unaufgelöste und vorläufig Bleibende, das genügend Anlaß gibt, um ein vertrauendes Ja zu einem Leben nach diesem Tod zu wagen, ohne welches vielen Menschen dieses Leben letztlich ziellos, sinnlos und haltlos vorkommen muß.«[92]

Ewiges Leben ist für Küng eine Sache des Vertrauens, welches zwar nicht zwingend beweisbar sei, wofür es aber vernünftige Gründe gebe.[93] Dies geschieht bei Küng nun so, dass er die Entwicklungsphasen des Auferstehungsglaubens in den jüdisch-christlichen Schriften erörtert sowie nach der Entstehung des christlichen Osterglaubens zurückfragt. Dabei ergibt sich folgender Zusammenhang: Wie die Jünger Jesu Erscheinungen nach der Kreuzigung im Horizont der jüdischen Hoffnung auf eine allgemeine Auferstehung gedeutet haben, so begründet Jesu Auferweckung den Glauben an ein ewiges Leben für alle, »die sich vertrauend auf ihn einlassen«[94].

»Im Tod« – so Küng – »wird dem Menschen, und zwar dem ganzen, ungeteilten Menschen, eine neue, ewige Zukunft angeboten«[95]. Der letzte Weg des Menschen bedeutet, wie Küng ausführt, »eine Einkehr gleichsam hinein in den innersten Urgrund und Ursinn von Welt und Mensch, in das *unaussprechliche Geheimnis unserer Wirklichkeit* – aus dem Tod ins Leben, aus dem Sichtbaren ins Unsichtbare, aus dem sterblichen Dunkel in Gottes ewiges Licht. Kein willkürliches Eingreifen gegen die Gesetze der Natur,

---

[90] Ebd.

[91] Vgl. a.a.O., S. 104.

[92] A.a.O., S. 104 f.

[93] Vgl. a.a.O., S. 105.

[94] S. a.a.O., S. 142.

[95] A.a.O., S. 148.

sondern ein Auffangen dort, wo die Natur aufgrund ihrer eigenen Gesetze an ein Ende gekommen ist.«[96]

Küng stimmt mit der Medizin überein, wenn er sagt, dass der Mensch als ganzer, mit Leib und Seele stirbt. Aber damit meint er keine totale Vernichtung; denn – so Küng – »der Mensch stirbt nicht ins Nichts, sondern in Gott und so in jene Ewigkeit des göttlichen Jetzt hinein, die für den Verstorbenen die zeitliche Distanz dieser Welt zwischen persönlichem Tod und Endgericht irrelevant werden läßt«[97]. Und so kann Küng, die römisch-katholische Lehre vom Purgatorium, d.h. dem Reinigungs- bzw. Läuterungsort, neu interpretierend, Gott selbst das Purgatorium des Menschen nennen: »Die purificatio ist die Begegnung mit Gott, sofern sie den Menschen richtet und läutert, aber auch befreit und erleuchtet, heilt und vollendet.«[98]

Konsequent weiter gedacht, bedarf es dann einer ewigen Höllenstrafe nicht mehr. Allerdings geht Küng nicht so weit, um die Souveränität Gottes zu wahren. Küng schreibt: »Ein vordergründiger Universalismus [...], der alle Menschen als von vornherein gerettet ansieht, würde dem Ernst des Lebens, würde der Bedeutung der sittlichen Entscheidungen und der Schwere der Verantwortlichkeit des Einzelnen nicht gerecht. Ob die Höllenstrafe ewig ist oder nicht: der Mensch ist *voll verantwortlich*, nicht nur vor seinem Gewissen, das die Stimme seiner praktischen Vernunft ist, sondern auch vor der allerletzten Instanz, vor der auch seine Vernunft verantwortlich ist. Und es wäre zweifellos vermessen, wollte der Mensch das Urteil dieser allerletzten Instanz über sein Leben vorausnehmen.«[99]

Welche Konsequenzen der Glaube an ein ewiges Leben hat, zeigt Küng u.a. bei folgenden nach wie vor aktuellen Problemen auf: moderne Medizin und Menschlichkeit, passive und aktive Sterbehilfe, Sinnfrage, Weltende und Weltvollendung. Damit verdeutlicht er, dass der Ewigkeitsglaube nicht nur eine individuelle, sondern auch eine gesellschaftliche und kosmologische Dimension hat.

---

96 A.a.O., S. 149.

97 A.a.O., S. 178.

98 A.a.O., S. 179.

99 A.a.O., S. 181 f.

7. Wilfried Härle: Dogmatik

In seiner 2012 in vierter, überarbeiteter Auflage publizierten Dogmatik – die erste Auflage erschien 1995 – betrachtet der Heidelberger Systematiker WILFRIED HÄRLE (geb. 1941) in Übereinstimmung mit vielen Vertretern der neueren evangelischen Theologie den kreatürlichen Tod nicht als Folge der Sünde, sondern als einen Bestandteil der geschaffenen Welt[100]. Gleichwohl hält er im Anschluss an die biblische Tradition an einem Zusammenhang von Sünde und Tod fest. Indem der sündige Mensch sich von Gott als dem »Grund und Ursprung seines Lebens« lossage, bestreite er die Bedingungen seines eigenen Daseins und wähle damit den Tod.[101] Wie bereits TILLICH, aber auch KARL BARTH (1886–1968), unterscheidet HÄRLE damit zwischen dem natürlichen Tod und dem Gerichtstod.

Was das Verständnis des menschlichen Todes betrifft, so greift Härle Gedanken EBERHARD JÜNGELS (geb. 1934) auf und führt diese kritisch-konstruktiv weiter. Definierte Jüngel den Tod als »Verhältnislosigkeit«[102], unterscheidet HÄRLE zwischen Beziehungen einerseits, die von einer Person auf andere ausgehen und die durch den Tod beendet werden, und Beziehungen andererseits, die von anderen ausgehen und auch durch den Tod nicht abgebrochen werden.[103] Tod bedeutet dann das »definitive Ende aller aktiven Möglichkeiten«[104].

Aber auch im Tod halte Gott seine schöpferische Beziehung zum Menschen durch – und zwar durch Teilgabe an seinem Geist.[105] Für diese Hoff-

---

[100] Vgl. WILFRIED HÄRLE, Dogmatik, Berlin / Boston ^{4}2012, S. 648. – S. auch PAUL ALTHAUS, Art. Tod IV. Dogmatisch, in: RGG^{3} 6, Tübingen 1962, Sp. (914-919) 915: »Der T[od] kommt dem Menschen von Gott dem Schöpfer ursprünglich zu. Gott hat ihm einen ursprünglichen Sinn eingestiftet. Im Schicksal des T[od]es besiegelt der Schöpfer die Kreatürlichkeit des Menschen in doppeltem Sinne: den *Abstand* und die *Abhängigkeit* des Seins als das Gesetz menschlichen Lebens.«

[101] Vgl. W. HÄRLE, Dogmatik (s. Anm. 100), S. 332.

[102] Vgl. EBERHARD JÜNGEL, Tod (ThTh 8), Stuttgart / Berlin ^{3}1973, S. 99-101. 145 f. 171.

[103] Vgl. W. HÄRLE, Dogmatik (s. Anm. 100), S. 652.

[104] Ebd.

[105] Vgl. a.a.O., S. 654. – Vgl. jetzt auch EBERHARD JÜNGEL, Art. Tod VII. Dogmengeschichtlich und dogmatisch, in: RGG^{4} 8, Tübingen 2005, Sp. (439-441) 441: »Nicht jedoch endet im T[od] Gottes Verhältnis zu dem im T[od] beendeten Leben. Kraft der sich im T[od] und in der Auferstehung Jesu Christi durchsetzenden und offenbarenden Liebe, die Gott selber ist, schafft dieses konstante Verhältnis Gottes zum

nung beruft sich Härle auf Röm 8,11. Paulus schreibt hier: »Wenn nun der Geist dessen, der Jesus von den Toten auferweckt hat, in euch wohnt, so wird er, der Christus von den Toten auferweckt hat, auch eure sterblichen Leiber lebendig machen durch seinen Geist, der in euch wohnt.« Während allerdings die Aussage des Paulus nur den Christen gilt, die in der Taufe und im Glauben den heiligen Geist empfangen haben, spricht Härle nun offenbar allen Menschen die innerliche Präsenz des Gottesgeistes zu.

Härle lässt offen, ob das Jüngste Gericht »als ein *universaler* Gerichtsakt am Ende der Zeiten gedacht werden muß oder als ein je *individuelles* Geschehen, das sich im Leben, im Sterben oder beim Eintritt des Todes vollzieht«[106]. Dem Gericht misst er die Funktion zu, die Wahrheit des irdisch-geschichtlichen Lebens aufzudecken, nicht jedoch Strafen zu verhängen, was seiner Auffassung nach dem Geist des Evangeliums widerspricht.[107] Insofern die »Erkenntnis der Wahrheit die Voraussetzung dafür ist, daß verfehltes Leben zurechtkommen kann«, vermag Härle das Gericht auch als »Wohltat« zu verstehen.[108] Ja, im Gericht werde vor allem das offenbar, was im Leben dank Gottes Gnade gelungen sei.[109] Härle vertritt damit die Lehre von der ἀποκατάστασις πάντων, d.h. der Allversöhnung. Ob es ihm jedoch gelungen ist, den sich gegen diese Lehre erhebenden Einwand auszuräumen, dass damit »das irdisch-geschichtliche Leben vergleichgültigt und das Leiden sowie das beschädigte oder zerstörte Leben der Opfer vergessen werde«, erscheint mir zumindest als fraglich.

Gerade weil Härle die Eschatologie in seinem dogmatischen Lehrbuch unter der Überschrift »Die vollendete Welt« behandelt, fällt um so mehr auf, dass er sich ganz auf den Menschen konzentriert und nur auf eineinhalb Seiten etwas zur kosmischen Dimension des ewigen Lebens sagt, wobei er sich auf Röm 8,18-25 stützt - Verse, die die Hoffnung auf Erlösung der gesamten Schöpfung zur Sprache bringen. Er begründet dies mit der »Behutsamkeit, die der Eschatologie insgesamt angemessen« sei.[110]

---

im T[od] endenden menschlichen Leben jene neuen Beziehungen, in denen sich des Menschen ewiges Leben vollzieht.«

[106] W. HÄRLE, Dogmatik (s. Anm. 100), S. 659.

[107] Vgl. a.a.O., S. 660.

[108] S. a.a.O., S. 661. – Ähnlich auch EBERHARD JÜNGEL, Das jüngste Gericht als Akt der Gnade, in: ders., Anfänger. Herkunft und Zukunft christlicher Existenz. Zwei Texte, Stuttgart 2003, S. 37-73.

[109] Vgl. W. HÄRLE, Dogmatik (s. Anm. 100), S. 661.

[110] S. a.a.O., S. 666.

Resümee

Nach diesem Überblick über das Verständnis von Tod und ewigem Leben in der neueren Theologie anhand ausgewählter Positionen möchte ich in Form eines Resümees einige Entwicklungslinien aufzeigen und sich aufdrängende Fragen benennen.

1. Vom Lehrgebäude der altprotestantischen Orthodoxie bleibt in der neueren – speziell evangelischen – Theologie kaum ein Stein auf dem anderen. Der Tod gilt nicht mehr länger als Folge des Sündenfalls. Von der Vorstellung einer unsterblichen Seele hat man sich verabschiedet. Ein Jüngstes Gericht am Ende der Weltgeschichte ist fraglich geworden; man bringt es dagegen meist mit Sterben und Tod des einzelnen Menschen in Verbindung. Probleme bereitet den Theologen in der Moderne insbesondere ein doppelter Ausgang des Gerichts, weshalb sie eher zur Lehre von der Allversöhnung tendieren. Und auf dogmatische Aussagen über Weltende und Weltvollendung wird in der Regel verzichtet.

2. All diese Umbrüche erklären sich weithin als Reaktionen auf das durch Naturwissenschaft und Technik revolutionierte Weltbild, in dem kein Platz für jenseitige Seligkeits- und Straforte ist.

3. Die überkommene dualistische Anthropologie wird durch eine ganzheitliche Sicht des Menschen abgelöst. Sofern eine Vollendung nach dem Tod erhofft wird, gilt diese dem ganzen Menschen in seiner geistigen, seelischen und leiblichen Dimension.

4. Wenn das Jüngste Gericht als ein Ereignis außerhalb der Zeit auf den jeweiligen Tod eines Menschen folgt, welche Bedeutung kommt dann der Menschheitsgeschichte zu?

5. Von apokalyptischen Schilderungen des Weltendes, die mit als irrig sich erwiesener Naherwartung zusammenhängen, hat sich die neuere Theologie zu Recht distanziert. Jedoch wird damit häufig auch die Frage einer Weltvollendung ausgeblendet. Müsste hier nicht vonseiten der Theologie das Gespräch mit der Naturwissenschaft gesucht werden? Oder sind deren Ergebnisse und Theorien für den christlichen Glauben nicht relevant?

6. Die mit dem Evangelium begründeten Vorbehalte der neueren Theologie gegenüber der Vorstellung einer ewigen Höllenstrafe sind zwar nachvollziehbar. Jedoch statt eine Allversöhnung zu lehren, ist es da nicht dem biblischen Gerichtsgedanken angemessener anzunehmen, dass Menschen

sich durch ihr Verhalten selbst vom ewigen Leben ausschließen und damit dem Vergessen anheimfallen?

7. All unser Reden vom ewigen Leben ist letztlich inadäquat und bestenfalls symbolisch. Um mit KARL RAHNER (1904–1984) zu sprechen, die absolute Vollendung bleibt das Geheimnis, »das wir schweigend, und aus allen Bildern gleichsam ins Unsagbare hinaustretend, zu verehren haben«[111].

---

[111] KARL RAHNER, Grundkurs des Glaubens. Einführung in den Begriff des Christentums, Freiburg i.Br. / Basel / Wien [10]1978, S. 417.

Jörgen Bruhn

Nahtoderfahrungen: Blicke hinter den Horizont

Ein Weg zur Spiritualität?

1. Einleitung

Es ist noch alles andere als selbstverständlich, dass eine Tagung über »Tod und ewiges Leben« sich auch mit der Thematik der »Nahtoderfahrungen« auseinandersetzt. Zu sehr haftet diesen Erlebnissen noch das Stigma an, sie gehörten in den Bereich der Esoterik, des Nebulösen und Traumhaften. Es ist noch weitgehend ein Tabuthema, und das wird es nach Auskunft des Leiters einer Berliner Spezialklinik für Tumorerkrankungen wohl noch einige Jahrzehnte bleiben.

Nach einem von mir im »Rotary Club Ammersee« gehaltenen Vortrag über die Nahtoderfahrungen bekundete mir eine Onkologin, meine Ausführungen müssten eigentlich vor allem Mediziner zur Kenntnis nehmen, aber kaum einer ist dazu bereit. Sie fragte mich, ob ich meine Ausführungen vor der Bayerischen Ärztekammer wiederholen könnte. Ich sagte zu und warte nun schon einige Jahre auf eine entsprechende Einladung.

Ich möchte zunächst eine Phänomenologie der Nahtoderfahrungen darstellen, wobei ich nicht alle Einzelheiten dieser Erlebnisse berücksichtigen kann. Dann werde ich über ihren Sinn, ihren Wert, ihre Bedeutung nachdenken und mich zum Schluss verschiedenen kritischen Anmerkungen zuwenden.

1. Begriffsbestimmung

Was verbirgt sich hinter diesen eigenartigen, ästhetisch oft als »ungeschickt« empfundenen Begriffen »Nahtod(es)erfahrung« oder auch »Nahtod(es)erlebnis«, die bei vielen Menschen aus Unkenntnis heraus sogar noch Angstgefühle hervorrufen? Diese Wörter umschreiben Vorkommnisse, die, soweit wir sie in die Vergangenheit zurückverfolgen können, uralt sind. Herzschlag und Atem setzen meistens aus, und es beginnt oft eine Abfolge von Erlebnissen und damit verbundenen Erkenntnissen, die für die weitere Lebensführung nach geglückter Wiederbelebung von entscheidender Bedeutung sind. Vor der Entwicklung medizinischer Reanimationsmöglichkeiten handelte es sich bei den Erlebenden um wenige Einzelfälle, »Scheintote« nannte man sie früher. Heute bezeichnet man diesen Zustand als »klinisch tot«. Es leben allein in Deutschland etwa 3,5 Millionen Menschen, die über ein eigenes Nahtoderlebnis berichten könnten. Sie schweigen aber meistens aus recht unterschiedlichen Gründen: Sie haben Angst, von ihren Mitmenschen als verrückt oder mindestens sehr sonderbar angesehen und dadurch geächtet zu werden. Aber auch das Gefühl, etwas sehr Persönliches erlebt zu haben, das keinen anderen etwas angeht, kann eine Ursache für ihr Schweigen sein. Mancher hat auch Schwierigkeiten, alles erst einmal geistig selbst zu erfassen und in das eigene Leben zu integrieren. Auch sprachliche Probleme müssen hier genannt werden. Viele Erlebnismomente entziehen sich der uns geläufigen Verbalisierung, da so manches wohl aus einer anderen als der uns bekannten Wirklichkeit herrührt. Das sind vermutlich die Hauptgründe für das vielfältige Schweigen.

2. Mosaiksteine einer Nahtoderfahrung

Von den einzelnen Elementen einer Nahtoderfahrung, die ich gern »Mosaiksteine« nenne, sollen nun die wichtigsten kurz vorgestellt werden. Dabei kann aus uns bisher unbekannten Gründen deren Reihenfolge und auch Anzahl durchaus variieren. Viele Sterbende haben den Bereich der Nahtoderfahrungen trotz eines klinischen Todes übrigens noch gar nicht erleben können. Auch hierfür sind die Gründe uns noch weitgehend unbekannt.

Der Patient hört vom medizinischen Team zunächst, man habe ihn »verloren«, er sei tot. Doch es stellt sich bei den meisten dieser Patienten, die sich als sehr lebendig empfinden, ein Gefühl übergroßer Glückseligkeit, der Freiheit von Schmerzen und allen Sorgen ein, wie sie es im bisherigen Leben niemals erlebt haben. Mit den Worten »Alles war gut« umschreibt ein Nahtoderfahrener diesen Zustand. Während Mediziner, Pflegepersonal, Angehörige oder sonstige Anwesende am Ort des Geschehens das »Sterben von außen betrachtet« wahrnehmen, erfährt der an der Schwelle des Todes stehende Mensch das »Sterben von innen betrachtet«, von dessen Existenz uns so gut wie nie etwas mitgeteilt wird.

Mit diesen Erkenntnissen soll auf gar keinen Fall der Schmerz, der für Außenstehende fast jedem Abschied innewohnt, kleingeredet werden. Es soll nur gezeigt werden, dass das Verlassen dieser Erde nicht nur eine Seite hat. Auch die zweite Seite des Sterbens soll ernst genommen werden, und das nicht nur, weil sie ohne Zweifel existiert, sondern weil sie hilfreich für Trauernde und Menschen in Todesgefahr sein kann und auch oft ist.

Der nächste Mosaikstein ist gerade für den Skeptiker wichtig. Hatten ELISABETH KÜBLER-ROSS und der Psychiater RAYMOND A. MOODY, beide Pioniere der Sterbeforschung, nur Protokolle der Gespräche mit Nahtoderfahrenen und einige wenige Deutungen veröffentlicht, wies der überaus skeptische Kardiologe MICHAEL SABOM mit Recht auf eine methodische Lücke hin. Das in diesen Gesprächen Nachprüfbare war nicht mit der von ihm geforderten Sorgfalt auf seine Richtigkeit hin untersucht worden. Das wollte er nun nachholen in der festen Überzeugung, dass das Berichtete nicht der Wirklichkeit entsprechen könne und damit die Nahtodforschung erledigt sei. »Wie kann ein klinisch Toter«, so fragte er sich, »überhaupt etwas in Erfahrung bringen, was dann sogar noch stimmt?« Das war nach seinen Kenntnissen, die dem Bereich der Schulmedizin zuzuordnen waren, unmöglich.

Im Sterbegeschehen hat aber der Patient oft das Gefühl, seinen Körper verlasse etwas, das wir in unserem Kulturkreis gewohnt sind, »Seele« zu nennen. Nahtoderfahrene selbst sprechen in diesem Zusammenhang auch von dem »eigentlichen Ich«, dem »wirklichen Selbst« oder Ähnlichem. Und diese »Seele« hat erstaunliche Fähigkeiten. Sie kann den Raum des Geschehens verlassen, sich an gewünschte, auch sehr weit entfernte Orte begeben und das dortige Geschehen wahrnehmen und später davon berichten. Auch Gedanken können manchmal erkannt werden. Hier sind nun Überprüfungen möglich; denn was das geistige, außerkörperliche Ich wahrzunehmen in der Lage war, konnte nach der Reanimation protokolliert und auf seine Richtigkeit hin untersucht werden.

Sabom stellte in seiner Klinik nach Reanimationen den Patienten die Frage, ob sie sich an irgendetwas, vor allem aber an ein außerkörperliches Erlebnis erinnern könnten. War dies der Fall, fragte er mit großer Akribie nach Einzelheiten des Erlebten. Er notierte sich alles und untersuchte es wie geplant, immer in der Hoffnung, auf Fehler zu stoßen, die seine Vermutung, die gesamte Nahtodforschung sei nur Humbug, hätten unterstützen können. Das Ergebnis seiner Recherchen schilderte er vor vielen Jahren in der vom ZDF ausgestrahlten Sendung »Bilder aus der Wissenschaft« mit den Worten, er sei wie mit einer Keule vor den Kopf geschlagen worden; denn so gut wie alles, was berichtet worden war, erwies sich als richtig.

Nun war Sabom der Gefangene seiner eigenen Methode. Er wollte die Nahtoderfahrungen insgesamt als Hirngespinste abtun. Jetzt fragte er sich, welches Recht er dazu noch habe, wo sich das Nachprüfbare so gut wie stets als richtig erwiesen hatte. Gar keins! Das war die einzig ehrliche Antwort. Und so wurde aus einem vehementen Gegner dieser neuen Wissenschaft ein engagierter Befürworter.

Auch andere Mosaiksteine lassen sich verifizieren und stellen sich dann ebenfalls als richtig heraus. Viele Beispiele sind für Interessierte in der Literatur, u.a. auch in meinem Buch »Blicke hinter den Horizont«[1], aufgeführt und auch in meinem Vortrag auf der Tagung berichtet worden.

Ein besonders beeindruckendes Beispiel veröffentlichte Sabom in der medizinischen Zeitschrift »The Lancet«: Einer Frau sollte in einer 14-stündigen Operation ein Aneurysma aus dem Gehirn entfernt werden. Ihr Körper war dazu auf 15,5 °C heruntergekühlt worden. Hirnaktivitäten waren nicht mehr nachweisbar. Während der Operation hatte sie eine Nahtoderfahrung, konnte dem Neurochirurgen genau ein Instrument beschreiben sowie das, was er damit in ihrem Kopf durchgeführt hatte. Alles stimmte.

Dass auch Blinde während des Zustands der Außerkörperlichkeit für kurze Zeit wieder haben sehen können, sei hier nur am Rande erwähnt.

Ein weiterer, oft erwähnter Mosaikstein ist darin zu sehen, dass man in der Schleuse zwischen unserer Welt und einer möglichen anderen Wirklichkeit von bereits verstorbenen Verwandten, Freunden oder auch bisher unbekannten Wesen, die Sympathie für den Sterbenden zeigen, »abgeholt« wird, wie es KÜBLER-ROSS nennt. Man heißt die Ankommenden willkommen, sagt ihnen aber gleichzeitig, dass ein endgültiger Verbleib in dieser Sphäre noch nicht möglich sei, da sie im Erdenleben noch manches zu erfüllen hätten. Das wird dann mit einiger Traurigkeit zur Kenntnis genommen.

Eine kleine, zum Schmunzeln anregende Episode sei hier kurz eingefügt. Ich hatte vor einem Publikum zu sprechen, das nur aus über 50-jährigen Singles bestand. Und als nun das »Abgeholt-Werden« von mir referiert wurde, stöhnte eine Frau laut in den Saal hinein: »Bloß das nicht! Wenn ich dann mit meinem geschiedenen Mann wieder zusammentreffe, der zu meinem Glück seit drei Jahren tot ist ... Nicht auszudenken ...« Mit einigen kleinen Bemerkungen wie die, dass ihr Mann sie gar nicht abholen

---

[1] JÖRGEN BRUHN, Blicke hinter den Horizont. Nahtodeserlebnisse: Deutung – Bedeutung, Hamburg 2009.

werde, weil sie es nicht wolle, und einigen weiteren Argumenten war sie dann zu beruhigen.

Ist eine gewisse Sterbetiefe erreicht, erleben die Nahtoderfahrenen den wohl gewaltigsten Mosaikstein: Sie schweben auf ein überirdisches Licht zu, das sich ihnen wie eine unendlich liebende Person zeigt. Denken die Patienten nach ihrer Reanimation über dieses Licht nach, betreten sie gedanklich so gut wie immer den Bereich des Religiösen. Sie sind dem »Heiligen« begegnet, das jeder allerdings in der Begrifflichkeit seines eigenen kulturellen Hintergrundes zu beschreiben versucht. Ein eventuell vorher vorhanden gewesener Atheismus schmilzt dahin wie der Schnee in der Frühlingssonne.

Es schließt sich bei der Begegnung mit der Lichtgestalt eine Fülle weiterer Ereignisse an. In einem auf telepathische Weise geführten Gespräch wird man gefragt, ob man sein Leben auf sinnvolle Weise zugebracht habe, eine der wohl wichtigsten Fragen, die es überhaupt gibt. Man wird jetzt über die Kriterien eines gelingenden Lebens belehrt. Und das Ergebnis, das wiederum nachprüfbar ist und auch einer solchen Prüfung unterzogen wurde: Immer wieder wird klargestellt, dass es nur auf zwei Dinge ankommt: Der Mensch solle Liebe verwirklichen, in welcher Form auch immer, und sich um Wissen oder eine Form von Lebensweisheit bemühen. Noch nie wurde, soweit ich sehe, etwas Drittes genannt, um das Lebensziel zu beschreiben. Beruf, Geld und dergleichen dienen nicht diesem Ziel des Lebens, sondern sie sorgen lediglich dafür, dass das Leben das Attribut »menschenwürdig« verdient. Dazu gehören dann das »Dach über dem Kopf«, Nahrung, Befriedigung kultureller Bedürfnisse, medizinische Versorgung, Bekleidung usw.

Um zu erfahren, ob man den beiden Lebenszielen hat gerecht werden können, wird einem das Leben in einer Art Film vorgeführt, wo man gleichzeitig Betrachter und Akteur ist. Nun ist man in der Lage, seine Existenzweise zu beurteilen. Hat man übrigens Mitmenschen Freude oder Leid zugefügt, erlebt man das als eigene Freude und eigenes Leid. Nie ist allerdings hier von Strafe die Rede. Dieses Wort kommt in den Nahtoderfahrungs-Berichten nicht vor. Immer geht es nur um notwendige Erkenntnisse.

Nichts verwandelt einen Menschen mehr als eine Nahtoderfahrung. Angst vor dem Tod schwindet. Gewalt kann nicht einmal mehr in Bildern ertragen werden. Materielle Werte verlieren ihre bisherige Bedeutung. Interesse für und Toleranz gegenüber Religionen entsteht. In der Terminologie Erich Fromms (»Haben *oder* Sein«) wird man sagen können: Der Nahtoderfahrene verlässt den Lebensmodus des Habens und wendet sich dem des Seins zu.

Die Rückkehr in unsere Wirklichkeit wird oft als schmerzhaft empfunden. Einige Menschen benötigen eine lange Zeit, um sich wieder in der Enge unseres Daseins wohlzufühlen.

Auch in sozialen Bereichen können sich bisher nicht vorhandene Probleme einstellen. Partner sind sich plötzlich fremd geworden, für Eltern und Kinder gilt manchmal Gleiches u.a.m. Auch deswegen ist es wichtig, dass sich Seelsorger, Therapeuten, Eltern, Pädagogen usw. um diese Erlebnisse kümmern und ein für die Erfüllung ihrer Aufgaben notwendiges Wissen aneignen.

Die meisten der Wiederbelebten wollten gar nicht die ihnen jetzt bekannte neue Wirklichkeit verlassen. Eine Sehnsucht nach der Weite dieser Wirklichkeit bleibt bei vielen ein Leben lang erhalten. Man könnte ihnen die Worte Fausts in den Mund legen: »Die Träne quillt, die Erde hat mich wieder.«

Eine Neigung zum Suizid bildet sich nach solchen Erfahrungen allerdings kaum. Das Gegenteil ist der Fall. Man weiß, dass der Suizid nicht die rechte Art und Weise ist, unsere Welt zu verlassen.

Einige wenige Nahtoderfahrungen beginnen mit Desorientierung oder anderen als negativ erlebten Zuständen. Im Verlauf des Erlebnisprozesses wandelt sich aber auch eine solche Nahtoderfahrung ins Positive.

3. Welchen Sinn oder auch Wert haben nun diese Nahtoderfahrungen?

Zur Beantwortung dieser Frage ist bei der Darstellung der Phänomene schon einiges gesagt worden. Sie erschließen uns den Sinn des Lebens und nehmen uns die Angst vor dem Ende des Erdendaseins. Zu diesem letzten Punkt möchte ich noch einige Gedanken hinzufügen. Angst darf nämlich nicht nur als etwas Negatives angesehen werden. Sie hat in der Evolution eine wichtige arterhaltende Rolle gespielt. Bis heute besitzt sie eine Schutzfunktion. Ohne Angst vor den Folgen unseres Denkens und Handelns würde mit großer Wahrscheinlichkeit vom Menschen noch viel mehr Irrsinniges angestellt werden, als es ohnehin schon der Fall ist.

Die Angst vor dem Ende des Erdenlebens ist in den letzten beiden Jahrhunderten aber übermächtig geworden, möglicherweise auch oft aus dem Bewusstsein verdrängt worden. Ursache dafür ist mit einer großen Wahrscheinlichkeit wohl die aus der Philosophie des Materialismus herrührende Ansicht, es gäbe nur diese eine uns bekannte Welt und die Wirklichkeit ende dort, wo wir mit unseren Sinnen und ihren technischen Verlängerungsarmen nichts mehr wahrnehmen könnten. Damit war die Seele als selbstständige Entität erledigt. Hoffnung auf ein über unsere jetzige

Existenzform hinausgehendes Sein war nur eine Ausrede der Machthaber, besonders im wirtschaftlichen Bereich, um die Mitmenschen auszubeuten. Im »Himmel« würden sie dafür ihren Lohn erhalten. Mir ist bewusst, dass diese Darstellung sehr verkürzt ist, und mancher wird sie als viel zu schlicht empfinden. Aber um den Zweck, Sinn und Wert der Nahtoderfahrungen zu entdecken, mag sie ausreichen. Die Philosophie von FEUERBACH, MARX, ENGELS und deren Gefolgsleuten hat dem Menschen nämlich nicht nur manches ermöglicht, sondern auch etwas ganz Entscheidendes genommen: die Ahnung oder vielleicht auch schon das Wissen um seine spirituelle Seite. Und das hat viel zusätzliches Unglück in die Welt gebracht. Ich möchte gerade diesen Gedanken etwas drastisch formulieren: Man hat ihm »die Seele aus dem Leib«, mindestens aber aus seinem Bewusstsein gerissen.

Die Nahtoderlebnisse vermögen, die Schmerzen dieser Verwundung zu lindern, vielleicht sogar zu heilen. Diese Erfahrungen sind ein Saatkorn, das verloren gegangene Spiritualität wieder durch Erfahrungen, die in unserer Zeit gemacht werden, wachsen lassen kann. Und das ist segensreich für viele Lebensbereiche. Oft habe ich Fortbildungsveranstaltungen im Rahmen der Hospizbewegung durchgeführt und dabei mitgeteilt bekommen, dass für die Helfer, die Angehörigen der todkranken Patienten und für die Sterbenden selbst Kenntnisse über die Nahtoderfahrung als sehr tröstlich empfunden werden. Für Pflegende in Kliniken gilt gleiches. Von der Notwendigkeit, dass sich auch Mediziner dieser Thematik anzunehmen hätten, war am Beginn des Vortrags schon gesprochen worden.

Eltern müssen Kenntnisse über diesen Lebensbereich haben. Es geht nicht an, dass Kinder, die bei medizinischen Maßnahmen oder Unfällen ein Nahtoderlebnis hatten, von Bezugspersonen, denen sie das Erlebte anvertraut haben, aus Unkenntnis nur gesagt bekommen, sie seien wohl »durchgedreht«.

Groß war mein Erstaunen, als ich von Jugendlichen, aber auch von Kindern im Religions- und Philosophieunterricht nach Problemen der Eschatologie gefragt wurde und merkte, dass man mir die Berichte von Nahtoderfahrungen oft geradezu aus der Hand gerissen hat. Niemals habe ich im Unterricht einen größeren Aufmerksamkeitsgrad erlebt als bei diesen Themen.

Den Bereich kindlicher Religiosität haben Jugendliche verlassen und dabei nicht selten jegliches Interesse an religiösem Gedankengut verloren. Sie sind oft stolze Atheisten. Im Unterricht kann durch Erzählungen von Nahtoderfahrungen die Sensibilität für eine Wirklichkeit wachsen, die unsere Realität zu übersteigen vermag. Auf derbe Art kommentierte einmal ein Jugendlicher diesen Unterricht mit den Worten: »Dann ist die Religion mit ihren Aussagen über die Seele und ein mögliches Weiterleben nach dem Tod doch nicht so ein dummes Zeug, wie ich dachte.« Der Wert dieser Erlebnisse für die Bildung ist von vielen Pädagogen bei weitem noch nicht erkannt.

4. Zur Kritik dieser Erfahrungen

In einer Rezension meines Buches in »Publik-Forum« (Nr. 21, 2010) prophezeite mir Peter Rosien, der frühere Herausgeber, ich hätte mich auf große Widerstände bei Naturwissenschaftlern und Theologen einzustellen. Das hat sich teilweise bewahrheitet. Die wichtigsten dieser Kritikpunkte möchte ich kurz darstellen.

Von naturwissenschaftlicher Seite wird mir oft vorgeworfen, die Nahtoderfahrungen ließen sich in ihrem Wirklichkeitsanspruch nicht »beweisen«. Man möchte gern durch die naturwissenschaftlich bewährte Methode des Experimentes mit für jedermann nachvollziehbaren Ergebnissen herausbekommen, *wie* sich diese Phänomene hirnorganisch erklären lassen. Verschiedene Hypothesen sind dazu ins Feld geführt worden. Nahtoderfahrungen seien die Folge von Sauerstoffmangel im Gehirn. Der führt dann zu verschiedenen krankhaften Folgen, zu denen auch die Nahtoderfahrungen gezählt werden. Hier handele es sich um Halluzinationen oder andere psychotische Zustände.

Auch eine im Stresszustand einsetzende vermehrte Ausschüttung von morphinähnlichen Substanzen im Gehirn wird oft als Ursache dieser zumeist euphorischen Erlebnisse angesehen. Von Medikamenten induzierte Zustände sind auch als mögliche Ursache untersucht worden.

Nichts hat sich allerdings bei genauerem Hinsehen als überzeugend erwiesen. Sauerstoffmangel ist nachweisbar bei einer Nahtoderfahrung oft gar nicht vorhanden gewesen. Endorphine haben eine lange Wirkungszeit im Körper. Wird aber eine Nahtoderfahrung schon nach wenigen Minuten beendet, hören auch die angeblich von den langwirkenden Endorphinen induzierten Phänomene sofort auf. Medikamente, die ähnliche Symptome wie bei einer Nahtoderfahrung hervorrufen könnten, werden bei einem schweren Unfall meistens nicht schon am Ort des Geschehens dem Patienten verabreicht, sondern oft erst in der Klinik, wenn der klinische Tod bereits überstanden ist. Sie können also nicht die Ursache dieser Erfahrung sein.

Es ist das Verdienst von MICHAEL SCHRÖTER-KUNHARDT, die Grenzerfahrungen in Todesnähe »entpathologisiert« zu haben.[2] Die mir mehrfach in Diskussionen mitgeteilte Praxis von Ärzten, sie wollten nach Berichten über Nahtoderfahrung diese Patienten in die Psychiatrie einweisen, zeigt nur das Unverständnis dieser Mediziner und geht völlig in die falsche Richtung. Sie sind häufig an diesem Phänomen auch gar nicht weiter interessiert und lassen in Veröffentlichungen das, was nicht in ihr materialistisch reduziertes Weltbild passt, einfach weg.

Auch die Versuche psychoanalytischer Begründungen und Erklärungen werden von Schröter-Kunhardt als unwahrscheinlich angesehen.

Auf ein ganz grundsätzliches Problem ist hier ebenfalls noch hinzuweisen: Ist die naturwissenschaftliche Methode, die ja stets bei den Erklärungsversuchen aller Art der »*Wie-Frage*« nachgeht, überhaupt geeignet, einem Phänomen wie dem der Nahtoderfahrung gerecht zu werden? Ist es der Sache nicht viel angemessener, hier der Frage nach dem *Wozu* nachzugehen und bei deren Beantwortung vor allem die Patienten selbst zu Wort kommen zu lassen, die ihre eigenen Erlebnisse mitteilen können? Naturwissenschaftlich korrekt ist das zwar nicht, aber kann es nicht auch Sachverhalte im Leben geben, die sich auf anderen als den gewohnten Wegen angemessen erschließen?

Manchem Theologen sind die Nahtoderfahrungen ebenfalls suspekt. So vermutet PETER ROSIEN in der schon erwähnten Rezension, dass dieser Gruppe dogmatisch zu viel auf dem Spiel steht. Dabei finden sich in den Erlebnissen elementare Gedanken Jesu wieder. Manches von dem, was in einer zweitausendjährigen dogmengeschichtlichen Entwicklung hinzugewachsen ist, fehlt allerdings. Vom »Absolutheitsanspruch« der christlichen Religion finden wir nichts. Ebenso fehlen frühchristliche christologische Aussagen, die man nach alter Tradition hat glauben müssen, um als rechter Christ gelten zu können. Auch Auskünfte, wie sie die alten Glaubensbekenntnisse uns anbieten, fehlen teilweise. Bei diesen alten Texten handelt es sich, wie HANS KÜNG es einmal formulierte, um kluge Antworten auf Fragen, die allerdings heute kaum noch einer stellt. Wem sie auch in unserer Zeit noch hilfreich sind, mag an ihnen festhalten. »Gott ist Liebe, und wer in der Liebe bleibt, der bleibt in Gott und Gott in ihm.« (1Joh 4,16) Das mag für sehr viele Menschen genug sein und ist es dann auch.

---

2 MICHAEL SCHRÖTER-KUNHARDT, Nah-Todeserfahrungen aus psychiatrisch-neurologischer Sicht, in: Hubert Knoblauch / Hans-Georg Soeffner (Hg.), Todesnähe. Wissenschaftliche Zugänge zu einem außergewöhnlichen Phänomen (Passagen & Transzendenzen, Bd. 8), Konstanz 1999, S. 65-99.

Von allem Sakramentalen ist in den Berichten über Nahtoderfahrungen nichts zu vernehmen. Das bedeutet nicht, dass Sakramente für uns keine Bedeutung mehr haben können. Aber sie sind eben nicht von zentraler Wichtigkeit. Gleiches gilt auch für die traditionelle Interpretation von Jesu Tod als stellvertretendes Opfer, gleichsam als Strafe, für unsere Sünden. Diese »opferkritische« Position findet in der evangelischen Theologie heute übrigens immer mehr Anhänger. Von manchem in der Theologie kann getrost Abschied genommen werden, ohne das Wesentliche zu verfehlen.

Zentrum der Lehre Jesu ist und bleibt die Verkündigung von Gottes vorbehaltloser Liebe. Und dieser wahrhaft evangelische Gedanke durchzieht die Nahtoderfahrungen wie ein roter Faden. Allerdings ist er nicht nur an die Lehre Jesu gebunden, sondern kann auch in anderen Lebensbereichen dieser Welt gefunden werden. Nahtoderfahrungen sind eine gute Grundlage nicht allein für interkonfessionelle ökumenische Gespräche. Sie können die Grundlage für einen weltumspannenden Religionsfrieden sein. Der Besucher eines meiner Seminare sagte meines Erachtens sehr richtig: »Was Sie darstellen, ist der kostbare Diamant, der allen Religionen zutiefst zugrunde liegt.«

Martin Proescholdt

Sterben und Tod in medizinischer Sicht

1. Einleitung

Die Definition des Todes sowie seine klinische Feststellung beinhalten wesentliche Herausforderungen, der sich die medizinische Wissenschaft und Praxis seit geraumer Zeit stellen muss.[1] Ziel dieses Beitrages ist es, die medizinische Todesdefinition mit Bezug auf das Konzept der Vitalfunktionen sowie dessen Limitationen zu beleuchten. Darüber hinaus wird auf den Paradigmenwechsel durch die Einführung des Hirntodkonzeptes eingegangen, schließlich wird die Interpretation der häufigsten Nahtoderfahrungen aus medizinisch-wissenschaftlicher Sicht dargestellt. Dieser Artikel versteht sich als Reflexion der wichtigsten Konzepte, die in dieser Diskussion eine Rolle spielen. Eine vollständige Darstellung aller klinischen und wissenschaftlichen Aspekte hierzu würde den vorgegebenen Rahmen sprengen.

2. Das Konzept der Vitalfunktionen

Der Tod ist definiert als der Stillstand aller Funktionen, die erforderlich sind, um einen Organismus am Leben zu erhalten.[2] Die Versorgung der Zellen mit Sauerstoff sowie die Eliminierung von Kohlendioxyd werden gewährleistet durch die Atmung, alle hierbei beteiligten Regulationen und Funktionen sind lebensnotwendig. Eine schwerwiegende Störung der Atmung ist mit dem Leben nicht vereinbar und führt zum Tod durch Ersti-

---

[1] James L. Bernat, Contemporary controversies on the definition of death, in: Progress in Brain Research 2009; 177: 21-31.

[2] Wolfgang Öchsner, Störung von Vitalfunktionen, in: Burkhard Dirks (Hg.), Die Notfallmedizin, Heidelberg 2007, S. 9-14.

cken (Asphyxie).[3] Die ausreichende Funktion der Atmung ist zwar notwendig, jedoch nicht hinreichend für die Funktion der zellulären und metabolischen Prozesse, die zum Erhalt des Lebens unabdingbar sind. Da der Transport von Sauerstoff durch die Herz- und Kreislauftätigkeit gewährleistet ist, gehört auch diese zu den Vitalfunktionen des Körpers[4]. Die zentralnervöse Steuerung von Atmung und Kreislauf sowie die Aufrechterhaltung von Schutzreflexen bilden die dritte Vitalfunktion, die in diesem Zusammenhang zu nennen ist.[5] Bei einem Patienten, der aufgrund eines Schlaganfalls, einer Opiatvergiftung oder auch infolge einer schweren Hirnverletzung tief bewusstlos ist, besteht durch Aspiration von Mageninhalt, zentralnervös bedingtem Atemstillstand oder auch durch Dysregulation des Herz-Kreislaufsystems akute Lebensgefahr. Diese drei Vitalfunktionen stehen in engem Zusammenhang, so ist durch einen Atemstillstand, unabhängig von der Ursache, die Sauerstoffversorgung des Gehirns gefährdet, was in kurzer Zeit zu neuronalem Untergang führt. Ebenso wird das Gehirn beim Kreislaufstillstand nicht mehr mit Blut versorgt, was ebenfalls nach kurzer Zeit zu irreversiblen Schäden führen wird. Aus dem Konzept der Vitalfunktionen folgt die Grundregel bei der Akutversorgung von kritisch kranken Patienten, den Erhalt der Vitalfunktionen Atmung, Herz-Kreislauf und Bewusstsein zum Ziel initialer Maßnahmen zu machen.

3. Definition und Feststellung des klinischen Todes

Basierend auf dem Konzept der Vitalfunktionen ist auch der klinische Tod definiert, nämlich als der *irreversible* Verlust der Vitalfunktionen Atmung, Kreislauf und Bewusstsein.[6] So simpel wie diese Definition zu sein scheint, so schwierig hat sich die sichere Feststellung dieses Zustandes gestaltet, ein Umstand, der sich in der Medizingeschichte durch zum Teil heute skurril wirkende Maßnahmen reflektiert. Die Sorge, einen Patienten im

---

3 B. BRINKMANN / K. PUSCHEL / H. W. BAUSE / M. DOEHN, Death by obstructive asphyxia: the pathophysiology of respiration and hemodynamics (author's transl.), in: Zeitschrift für Rechtsmedizin 1981; 87 (1-2): 103-116.

4 SONNY DHANANI / LAURA HORNBY / ROXANNE WARD / SAM SHEMIE, Variability in the determination of death after cardiac arrest: a review of guidelines and statements, in: Journal of Intensive care Medicine 2012; 27 (4): 238-252.

5 I. GOMONOVA, On the problem of unexpected death resulting from a disease of the central nervous system, in: Forensic Medical Examination 2013; 56 (2): 52-55.

6 HEINZ ANGSTWURM, Definition of death and references on brain death, partial brain death and heart death, in: Der Internist (Berlin) 1999; 40 (3): 283-285.

Zustand der »vita minima« vorschnell zu begraben, ist die Ursache einer weit verbreiteten Angst, die zur Anwendung einer Reihe von Methoden geführt hat, um den Scheintod zu erkennen. So wurde dem fraglich Verstorbenen ein Spiegel vor Mund und Nase gehalten, um beim Beschlagen desselben eine minimale Atemtätigkeit wahrzunehmen. Ein Stich in das Herz mit einem speziellen Herzstich-Stilett war eine weitere, oft verwendete Möglichkeit, die natürlich auch, falls der Patient noch am Leben war, entsprechende Gefährdungsmomente beinhaltete. Schließlich kamen »Wiederbelebungsmaßnahmen« zum Einsatz wie Tabak-Einlauf oder Pfefferinhalationen, um Abwehrreaktionen des potenziell Scheintoten zu evozieren.[7] So kurios sich diese Vorgehensweisen aus aktueller Sicht präsentieren, so bestehen auch heute noch Herausforderungen bei der sicheren Feststellung des klinischen Todes.[8] Neben der klinischen Untersuchung der Vitalfunktionen Atmung (Atemexkursion des Thorax, Auskultation des Atemgeräusches, Ausatemstoß), Kreislauf (Carotispuls) und Bewusstsein (Ansprache, externer Stimulus) verfügt die moderne Notfallmedizin über verschiedene apparative Optionen. So kann die Atmungsfunktion durch Pulsoxymetrie und Kapnometrie nicht-invasiv und kontinuierlich untersucht und überwacht werden. Für die Kreislauffunktion stehen zum einen die Blutdruckmessung und, als letztlich essenzielle Modalität, das Elektrokardiogramm (EKG) zur Anwendung.[9] Die Limitationen des EKG müssen jedoch im Zusammenhang mit der Todesfeststellung berücksichtigt werden. So kann eine elektromechanische Entkoppelung zu einem Zustand der Pulslosigkeit mit erhaltener EKG-Aktivität führen. Ein Kammerflimmern als unkoordinierte Erregung der Herzkammern geht ebenfalls mit Pulslosigkeit einher und kann in den klinischen Tod als Diagnose münden. Auch eine fehlende EKG-Aktivität im Sinne einer Null-Linie ist vorsichtig zu interpretieren, da auch nach signifikanten Zeitverläufen von bis zu 220 Minuten eine spontane Wiederkehr der EKG-Aktivität beobachtet wurde,

---

[7] Wolfgang Regal / Michael Nanut, Das Stilett gegen den Scheintod, in: Ärztewoche 2007; 44.

[8] James L. Bernat, Controversies in defining and determining death in critical care, in: Nature Reviews Neurology 2013; 9 (3): 164-173.

[9] Thorsten Finteis / Jörg Oberkinkhaus, Taktisches Vorgehen am Notfallort – Medizinisch-technische Diagnostik, in: Klaus Ellinger / Harald Genzwürker (Hg.), Kursbuch Notfallmedizin, Köln 2011, S. 111-134.

ein Umstand, der als »Lazarus-Phänomen« klassifiziert wurde.[10] Ein kürzlich in den Medien berichteter Fall, bei dem eine Patientin nach einem Verkehrsunfall als klinisch tot bezeichnet wurde und in der rechtsmedizinischen Abteilung eine Spontanatmung entwickelte, kann durchaus durch dieses pathophysiologisch schlecht geklärte Phänomen verursacht worden sein.[11]

4. Sichere Todeszeichen – die ärztliche Leichenschau

Um diesen Unsicherheiten bei der Feststellung des klinischen Todes Rechnung zu tragen, wurden sogenannte sichere Todeszeichen definiert, die die Grundlage der ärztlichen Leichenschau bilden.[12] Als sichere Todeszeichen sind drei Hauptbeobachtungen festgelegt worden, und zwar: a. Die Totenflecken, die nach 20–60 Minuten auftreten und zwischen 2–6 Stunden durch Umlagerung in ihrer Lage beeinflusst werden können. b. Die Totenstarre, welche nach 2–4 Stunden im Bereich des Unterkiefergelenks auftritt und nach ca. 6–12 Stunden vollständig ausgeprägt ist. c. Die Fäulnis, welche sehr stark von den äußeren Umständen beeinflusst ist (Temperatur, Luftfeuchte, Sonneneinstrahlung). Sie tritt in der Regel nach 10–24 Stunden auf und kann sich als Mumifzierung, Fettwachsbildung oder echte Fäulnis äußern. Diese Kriterien werden im Rahmen der endgültigen ärztlichen Leichenschau dokumentiert und bilden eine weitgehend sichere Grundlage zur Todesbestimmung.

5. Die Dissoziation der Vitalfunktionen

Im Jahr 1952 sah sich der Narkosearzt Bjørn Ibsen während der schweren Poliomyelitis-Epidemie in Dänemark einer großen Herausforderung gegenüber: 2272 Patienten erkrankten innerhalb von 6 Monaten in Dänemark an Poliomyelitis, davon entwickelten 316 Patienten eine Atemlähmung.[13] Die

---

[10] C. H. Wiese / U. E. Bartels / S. Orso / B. M. Graf, Lazarus phenomenon. Spontaneous return of circulation after cardiac arrest and cessation of resuscitation attempts, in: Der Anaesthesist 2010; 59 (4): 333-341.

[11] N24 Nachrichten, Totgeglaubte Frau erliegt ihren Verletzungen, in: N24 Gesellschaft für Nachrichten und Zeitgeschehen mbH, Berlin 2013.

[12] R. Nowak, Medikolegale Aspekte der Leichenschau, in: B. Dirks (Hg.), Die Notfallmedizin (s. Anm. 2), S. 506-510.

[13] Ronald V. Trubuhovich, In the beginning. The 1952-1953 Danish epidemic of poliomyelitis and Bjørn Ibsen, in: Critical Care and Resuscitation 2003; 5: 227-230.

damals verwendeten, als »eiserne Lungen« bezeichneten Unterdruck-Beatmungsmaschinen reichten bei Weitem nicht aus, diesen enormen Anfall an vital gefährdeten Patienten zu bewältigen. Darüber hinaus konnte mit diesen Geräten das Eindringen von Sekret in die Lunge der Patienten nicht verhindert werden. Ibsen fand eine Lösung, indem er einen Schlauch (Tubus) direkt in die Luftröhre der Patienten einführte, um darüber zum einen Sekret abzusaugen und zum anderen mittels Überdruck Luft in die Lunge einzubringen. Dies war die Geburtsstunde der noch heute verwendeten Beatmungstechnik und letztlich auch der modernen Intensivmedizin.[14] So hilfreich diese Erfindung zweifellos war, so hat sie doch zu einem Paradigmenwechsel in der Medizin geführt, der sich auch auf die Todesdefinition auswirken sollte. Es entstand zum ersten Mal eine Dissoziation der funktionellen Verknüpfung von Vitalfunktionen: Es war nämlich möglich geworden, trotz einer erloschenen Vitalfunktion, der Atmung, den Patienten am Leben zu erhalten, und zwar prinzipiell für eine indefinite Zeitspanne.

6. Der Hirntod

Bereits 1959 berichtete der französische Neurologe PIERRE MOLLARET von Patienten, die sich aufgrund verschiedener Umstände in einer tiefen Bewusstlosigkeit befanden, welche mit einem Verlust der Spontanatmung einherging und daher mittels der von IBSEN erfundenen Beatmungstherapie behandelt wurden. MOLLARET beobachtete, dass Patienten tief bewusstlos, ohne Atmungstätigkeit, jedoch mit schlagendem Herzen auf der Intensivstation lagen und nicht mehr erwachten.[15] Diese Beobachtung, welche in der Folge von vielen Ärzten weltweit bestätigt wurde, führte zu der Frage, inwieweit die damalig geltenden Kriterien zur Feststellung des Todes noch aufrecht zu erhalten wären. Abgesehen von der enormen psychischen Belastung von Angehörigen und Therapeuten stellte sich die Frage, ob die dauerhafte Aufrechterhaltung eines solchen Zustandes dem angenommenen Willen des Patienten überhaupt entspricht.[16] Diese Überlegungen haben dann 1968 zur Formulierung eines vollkommen neuen Konsensus

---

14 LOUISE REISNER-SENELAR, The birth of intensive care medicine: Bjørn Ibsen's records, in: Intensive Care Medicine 2011; 37 (7): 1084-1086.

15 PIERRE MOLLARET / MAURICE GOULON, The depassed coma (preliminary memoir), in: Revue Neurologique (Paris) 1959; 101 (7): 3-15.

16 J. L. BERNAT, Contemporary controversies on the definition of death (s. Anm. 1).

über die Todesdefinition in der Medizin geführt, bei welchem der *irreversible* Verlust der Hirnfunktion im Vordergrund stand: der Hirntod[17]. Grundlage dieses Konzeptes ist, dass ein Mensch, bei dem nachweislich und unumkehrbar die Hirnfunktionen erloschen sind, als tot bezeichnet werden kann. Die klinischen Zeichen, die den Hirntod erkennbar machen, sind tiefe Bewusstlosigkeit (»Koma«), Verlust der Hirnstammreflexe (Corneal-, Okulozephal-, Pharyngeal-/Trachealreflex, Lichtreaktion der Pupille) sowie der Verlust der spontanen Atemtätigkeit, festgestellt durch einen Apnoetest. Diese Untersuchungen werden im Rahmen eines Protokolls durchgeführt und dokumentiert, was nach 12–72 Stunden, je nach Art und Form der Hirnschädigung wiederholt wird. Der Zeitpunkt des zweiten Protokolls, welches die klinischen Zeichen des Hirntodes bestätigt, wird dann als der Todeszeitpunkt des Patienten festgelegt. Zusätzlich zu diesen klinischen Parametern können fakultativ apparative Untersuchungen durchgeführt werden, und zwar zur Feststellung des zerebralen Kreislaufstillstands (Single Photon Emission Computed Tomography [SPECT], Angiografie, Ultraschall-Doppler) sowie der elektrischen Stille des Gehirns (sogenanntes Null-Linien EEG, evozierte Potentiale). Es bestehen dabei Besonderheiten bei der Feststellung des Hirntodes bei Kindern; darauf soll hier nicht weiter eingegangen werden.[18] Zweifellos ist dieses Konzept nicht nur medizinisch, sondern auch ethisch-religiös eine massive Herausforderung, welche sich in der noch immer andauernden Kontroverse hierzu widerspiegelt.[19] Dies besonders, da ein weiterer Aspekt untrennbar mit dem Konzept des Hirntods verbunden ist: die Möglichkeit von einem hirntoten Patienten Organe für terminal kranke Menschen zu erhalten, deren einzige Chance eine Transplantation ist. Als der Herzchirurg Christiaan Barnard 1967 das Herz von Denise Darvall entnahm, um die erste erfolgreiche Herztransplantation weltweit durchzuführen, war die Patientin, welche bei einem Verkehrsunfall schwer verletzt wurde, vorher für hirntot erklärt worden. Jedoch sind die Umstände, unter denen diese Hirntodfeststellung

---

17 A Definition of Irreversible Coma. Report of the Ad Hoc Committee of the Harvard Medical School to Examine the Definition of Brain Death, in: Journal of the American Medical Association 1968; 205 (6): 337-340.

18 Wissenschaftlicher Beirat der Bundesärztekammer, Richtlinien zur Feststellung des Hirntodes. Dritte Fortschreibung 1997 mit Ergänzungen gemäß Transplantationsgesetz (TPG), in: Deutsches Ärzteblatt 1998; 95 (30): 1861-1868.

19 D. Alan Shewmon, Constructing the death elephant: A synthetic paradigm shift for the definition, criteria, and tests for death, in: Journal of Medicine and Philosophy 2010; 35 (3): 256-298; Steven Laureys, Death, unconsciousness and the brain, in: Nature Reviews Neuroscience 2005; 6 (11): 899-909.

erfolgte, bis heute umstritten.[20] Der dringende Bedarf an Spenderorganen war seither als Faktor erkannt worden, der einen ethisch adäquaten Umgang mit dem Hirntod potenziell gefährden kann. Aber auch die Definition des Hirntodes selbst ist komplex, hier ist der Begriff »unumkehrbar« als Kernaspekt relevant. Eine Blutung im Hirnstamm, verursacht durch eine Gefäßmissbildung (ein sogenanntes Cavernom), kann alle Zeichen des Hirntodes für eine längere Zeitdauer verursachen, um sich dann unter entsprechender Therapie zurückzubilden.[21] Darüber hinaus testen die klinischen Untersuchungen während des Hirntodprotokolls vorwiegend Hirnstammfunktionen, die Funktion anderer Hirnareale bleibt teilweise unberücksichtigt. So konnte bei einer Anzahl von Patienten, die die klinischen Kriterien des Hirntodes erfüllten, ein erhaltener Gehirnkreislauf nachgewiesen werden,[22] was darauf hinweist, dass Funktionsverlust nicht untrennbar mit dem tatsächlichen »Tod« des Gehirns verbunden ist. Zusammenfassend wird weltweit das Konzept »Hirntod« für adäquat gehalten, den Herausforderungen der modernen Intensivmedizin Rechnung zu tragen. Jedoch hängt in der klinischen Praxis die Sicherheit hinsichtlich Irreversibilität und Gesamtorgan-Tod des Gehirnes von der Erfahrung des beteiligten ärztlichen Teams ab, was eine kontinuierliche Fortbildung und Unterstützung der in diesem Bereich tätigen Ärzte und Ärztinnen erforderlich macht.

7. Die Nahtoderfahrung aus medizinischer Sicht

Im Jahr 1975 publizierte der US-amerikanische Psychologe und Arzt Raymond Moody sein Buch »Life after Life«, in dem er Interviews mit Patienten, die sogenannte Nahtod-Erfahrungen (Near-death experience – NDE) gemacht hatten, veröffentlichte. Diese rein qualitative Studie beinhaltet Berichte, welche eine Anzahl von Erfahrungen reflektiert, die von den befragten Patienten gemacht wurden: a. Wohlgefühl und Frieden, b. den Eindruck, den Körper zu verlassen und außerhalb des Körpers zu existieren (»Out-of-body experience« – OBE), c. das Gefühl, durch die Dunkelheit

---

20 Donald McRae, Every Second Counts: The Race to Transplant the First Human Heart, New York 2006, S. 192-199.

21 D. Alan Shewmon, Chronic »brain death«: Meta-analysis and conceptual consequences, in: Neurology 1998; 51 (6): 1538-1545.

22 Lionel S. Zuckier / Johanna Kolano, Radionuclide studies in the determination of brain death: criteria, concepts, and controversies, in: Seminars in Nuclear Medicine 2008; 38 (4): 262-273.

zu einer Lichtquelle zu fliegen, wie in einem Tunnel, d. die Wahrnehmung eines goldenen Lichtes, e. die Wahrnehmung, mit diesem Licht eins zu werden, f. die Wahrnehmung einer wunderschönen, völlig neuen Welt. Dieses Buch, das bis heute ca. 13 Millionen mal verkauft und in mehr als 12 Sprachen übersetzt worden ist, stellt den Beginn der Diskussion eines erfahrbaren Lebens nach dem Tod dar.[23] Die medizinische Wissenschaft hat sich seither intensiv mit diesen Beobachtungen befasst, die bei 9-18% aller Patienten, welche erfolgreich wiederbelebt wurden, auftritt.[24] Quantitativ treten die Erfahrungen in folgender Häufigkeit auf:

Phänotyp	Häufigkeit insgesamt (%)
Friede, Wohlgefühl	60
OBE	37
Dunkler Raum	22
Helles Licht am Ende eines Tunnels	16
Durch das Licht in neue Realität	10

Tabelle 1: Phänotyp und Häufigkeit von NDE (Mehrfachnennung möglich)

Dies führte zur Definition einer Nahtod-Erfahrungsskala durch BRUCE GREYSON und dessen Mitarbeiter im Jahr 1983. Es handelt sich um einen Fragebogen mit 16 Domänen, welche jeweils mit einem Punktwert von 0-2 bewertet werden. Der Mittelwert der Skalenergebnisse ist 15 mit einer Standardabweichung von 7,84. Daher wurde ein Score von 7 oder mehr als Schwellenwert für das Vorliegen einer Nahtoderfahrung festgelegt.[25] Eine prospektive Studie aus den Niederlanden bei 344 Patienten, die nach einem Herzstillstand wiederbelebt wurden, hat eine Häufigkeit der NDE von 18% festgestellt.[26] Die Patienten, die eine NDE erlebten, waren signifikant jünger und hatten häufiger Gedächtnisstörungen nach dem Geschehen. Eine weitere, multizentrische Untersuchung aus Großbritannien, die soge-

---

[23] RAYMOND A. MOODY, Life after Life: The investigation of a phenomenon-survival of bodily death, New York 1975.

[24] KENNETH RING, Life at death: A scientific investigation of the near-death experience, New York 1980.

[25] BRUCE GREYSON, The near-death experience scale. Construction, reliability, and validity, in: The Journal of Nervous and Mental Disease 1983; 171 (6): 369-375.

[26] PIM VAN LOMMEL / RUUD VAN WEES / VINCENT MEYERS / INGRID ELFFERICH, Near-death experience in survivors of cardiac arrest: a prospective study in the Netherlands, in: The Lancet 2001; 358 (9298): 2039-2045.

nannte AWARE-Studie, geht sogar einen Schritt weiter, indem Bilder in Deckenhöhe im Notfall-Behandlungsraum der beteiligten Kliniken aufgestellt wurden, um eine OBE mit Visualisation der Realität von oben objektivieren zu können. Die Studie rekrutiert seit 2008, die Ergebnisse der ersten Phase werden Ende 2014 erwartet.

Neben diesen deskriptiv-klinischen Studien liegen mehrere Hypothesen vor, die den Phänotyp der NDE erklären sollen. 1. Erwartung: Es ist auffällig, dass alle Zeichen der NDE auch bei Menschen auftreten können, die weder gestorben sind, noch in der Gefahr waren zu sterben, jedoch ihre Situation als akut lebensbedrohlich wahrgenommen haben. In einer Studie von kritisch kranken Patienten, wiesen ebenso viele Patienten eine NDE auf, die keineswegs dem Tod nahe waren, wie solche, die eine Wiederbelebung erhielten.[27] Auffällig in diesem Zusammenhang ist auch, dass die Art der NDE vom religiösen Hintergrund und den Vorstellungen der Betroffenen mitbestimmt werden kann,[28] was nahelegt, dass der Erwartungshorizont der Betroffenen für das Auftreten und die Art der NDE relevant ist. 2. Medikation / Endorphine: Die Umstände einer intensiv- oder notfallmedizinischen Behandlung können durch exogene Einflüsse wie Opiate oder Narkotika, welche regelhaft unter solchen Bedingungen verabreicht werden, die Wahrnehmung in Richtung NDE verändern.[29] Darüber hinaus sind die Spiegel von endogenen Faktoren wie Endorphinen und Neurotransmittern bei akut erkrankten Patienten massiv verändert, was ebenfalls zu glücklichen und friedlichen Wahrnehmungen beitragen kann.[30] 3. Sauerstoffmangel / Kohlendioxydvermehrung: Im Rahmen der Störung von Vitalfunktionen kommt es nahezu regelhaft zur Reduktion von Hirndurchblutung, Sauerstoffschuld und Kohlendioxydakkumulation. Da Neurone ausgesprochen empfindlich mit initial vermehrter Aktivierung auf Sauerstoffreduktion reagieren, ist es denkbar, dass die NDE von hypoxisch bedingter neuronaler Aktivierung verursacht wird.[31] Dieser Umstand ist in

---

[27] J. E. OWENS / E. W. COOK / I. STEVENSON, Features of »near-death experience« in relation to whether or not patients were near death, in: The Lancet 1990; 336 (8724): 1175-1177.

[28] KARLIS OSIS / ERLENDUR HARALDSSON, At the hour of death, New York 1977.

[29] I. R. JUDSON / E. WILTSHAW, A near-death experience, in: The Lancet 1983; 2 (8349): 561-562.

[30] DANIEL CARR, Endorphins at the approach of death, in: The Lancet 1981; 1 (8216): 390.

[31] SUSAN BLACKMORE, Experiences of anoxia: Do reflex anoxic seizures resemble near-death experiences?, in: Journal of Near Death-Studies 1998; 17 (2): 111-120.

einem kürzlich publizierten Tiermodell illustriert worden, welches die spezifische neuronale Aktivierung im Rahmen eines Herzstillstandes nachgewiesen hat.[32] Auf dieser Basis kann auch das Auftreten von OBE bei spezifischen neurologischen Erkrankungen wie epileptischen Anfällen,[33] akuter Migräne sowie Hirntumoren in spezifischer Lokalisation erklärt werden,[34] die keineswegs eine Verbindung zum Tod des Menschen aufweisen. 4. Temporale Stimulation: Die eben genannten Erkenntnisse werden dadurch erhärtet, dass eine spezifische Region des Gehirns als solche identifiziert wurde, die OBE generieren kann: der Übergang zwischen Schläfen- (temporal) und Scheitellappen (parietal).[35] Die therapeutische Beeinflussung eines unstillbaren Ohrgeräusches (»Tinnitus«) durch neuronale Stimulation an dieser Region hat bei dem betroffenen Patienten reproduzierbar zu exakt den OBE's geführt, wie sie bei der Nahtod-Situation auftreten.[36]

Zusammenfassend kann der Komplex NDE/OBE medizinisch zwar durch entsprechende klinische Untersuchung bei einer Minderheit von Patienten nach Wiederbelebung dokumentiert werden. Diese Phänomene sind jedoch nicht unbedingt mit dem Tod des Menschen verbunden, da sie auch unter anderen Umständen, die mit dem Tod nichts zu tun haben, auftreten können. Verschiedene Modelle aus Physiologie und Neurobiologie sind geeignet, den Phänotyp dieser Ereignisse zu erklären. Aus medizinischer Sicht sollte daher das Auftreten von NDE/OBE als Hinweis für ein Leben nach dem Tod mit entsprechender Vorsicht betrachtet werden.

---

[32] JIMO BORJIGIN / UNCHEOL LEE / TIECHENG LIU / DINESH PAL / SEAN HUFF / DANIEL KLARR / JENNIFER SLOBODA / JASON HERNANDEZ / MICHAEL M. WANG / GEORGE A. MASHOUR, Surge of neurophysiological coherence and connectivity in the dying brain, in: Proceedings of the National Academy of Sciences of the United States of America 2013; 110 (35): 14432-14437.

[33] O. DEVINSKY / E. FELDMANN / K. BURROWES / E. BROMFIELD, Autoscopic phenomena with seizures, in: Archives of Neurology 1989; 46 (10): 1080-1088.

[34] OLAF BLANKE / THEODOR LANDIS / LAURENT SPINELLI / MARGITTA SEECK, Out-of-body experience and autoscopy of neurological origin, in: Brain 2004; 127 (2): 243-258.

[35] OLAF BLANKE / STEPHANIE ORTIGUE / THEODOR LANDIS / MARGITTA SEECK, Stimulating illusory own-body perceptions, in: Nature 2002; 419 (6904): 269-270.

[36] DIRK DE RIDDER / KOEN VAN LAERE / PATRICK DUPONT / TOMAS MENOVSKY / PAUL VAN DE HEYNING, Visualizing out-of-body experience in the brain, in: The New England Journal of Medicine 2007; 357 (18): 1829-1833.

Wolfgang Pfüller

Tod und ewiges Leben in der Musik

Richard Wagner und Johannes Brahms

Richard Wagner (1813–1883) und Johannes Brahms (1833–1897) gelten weithin als die bedeutendsten deutschen, ja europäischen Komponisten des 19. Jahrhunderts - wenn man einmal von Ludwig van Beethoven (1770–1827) absieht, der ja nur zum Teil dem (frühen) 19. Jahrhundert angehört. Wagner und Brahms gelten ebenso weithin als unversöhnliche Antipoden, deren Gegnerschaft freilich mehr von den sogenannten Wagnerianern und Brahmsianern als von den beiden Antipoden selbst gepflegt wurde.[1]

Ich möchte im Folgenden zeigen, dass Wagner und Brahms einerseits in mancherlei Hinsicht sehr wohl als Antipoden betrachtet werden können, dass ihre Musik aber andererseits gerade im Blick auf die Frage nach Tod und ewigem Leben bzw. Erlösung zuinnerst verwandt ist.

1. Wagner und Brahms als Antipoden

1.1 Charakter

Natürlich leben Charakterisierungen von Künstlern nicht zuletzt von Anekdoten, zumal bei ausgeprägten Charakteren wie denen von Wagner und Brahms. Demzufolge erscheint Wagner zunächst als redseliger

---

[1] Von Wagner sind eher abschätzige Äußerungen über Brahms' Musik überliefert – wie er ja ohnehin niemand neben sich gelten ließ; zumindest dürfte ihm dessen Musik fremd geblieben sein. Brahms wiederum schätzte die Musik Wagners z.T. durchaus und wollte sie keineswegs mit der sogenannten Neudeutschen (bes. Liszt) identifiziert wissen. Gleichwohl betrachtete er sie nicht als vorbildlich für sich und nahm sie eher am Rande zur Kenntnis.

Selbstdarsteller, während Brahms als wortkarger Verschweiger figuriert. Bezeichnend ist die Erinnerung des Musiktheoretikers und -kritikers Eduard Hanslick (1825–1904) in seiner Autobiographie von 1894 an seinen Besuch bei Schumann und Wagner in Dresden. Schumann auf die Frage, ob er mit Wagner verkehre: »Nein, für mich ist Wagner unmöglich; er ist gewiß ein geistreicher Mensch, aber er redet in einem fort. Man kann doch nicht immer reden.« Wagner hingegen zur Frage nach seinem Verhältnis zu Schumann: »Wir stehen äußerlich gut miteinander; aber mit Schumann kann man nicht verkehren: Er ist ein unmöglicher Mensch; er redet gar nichts.«[2] – Bekanntlich verkehrten Schumann und Brahms ohne viele Worte sehr freundschaftlich miteinander ... So eindrücklich wie exemplarisch dürfte auch die Schilderung des zeitweilig zum Umkreis Wagners gehörenden Komponisten Peter Cornelius sein: »Neulich sind wir bei Frau von Bülow! Wagner nimmt alsbald den Firdusi von Schack zur Hand und liest eine Anzahl Gesänge von Rostem und Suhrab vor. Unterdes wird Bülow mit seiner Stunde fertig – es dauert keine 12 Minuten, so sind wir tief in Tristan und Isolde drin – der erste Akt wird ganz gesungen. Unterdes wird der Tee serviert – wir haben kaum eine halbe Tasse getrunken, so ist Wagner tief im Erzählen seines Parzival drin – und das geht den ganzen Abend, bis wir uns trennen. [...] Aber so geht's nicht *einmal*, sondern fast immer. Von *sich* sprechen, lesen, singen, muß unser großer Freund, sonst ist ihm nicht wohl.«[3] – Interessant im gegebenen Zusammenhang schließlich der Hinweis Martin Gecks auf das schauspielerische Talent Wagners sowie die Bedeutung des Theaters für seine menschliche und künstlerische Entwicklung. Demnach kann man sogar sagen, dass das Theater Wagner speziell in seinen jungen Jahren »im weitesten Sinne des Wortes [...] das Leben gerettet« hat. »Die ›Anarchie‹ seines Milieus korrespondiert nämlich von Anfang an mit dessen Neigung nicht nur zur Theatralik und Selbstinszenierung, sondern auch ganz konkret zur Bühne.« Man merke wohl: Vier der sechs älteren Geschwister Wagners schlagen eine Bühnenlaufbahn ein, und besonders seine Schwester Rosalie, damals eine namhafte Schauspielerin, hat großen Einfluss auf den jungen Wagner. Der früh verstorbene Vater war Mitglied eines Liebhabertheaters; und gar Ersatzvater Ludwig Geyer »ist Bohemien par excellence; und der kleine Richard kann im Detail verfolgen, wie dieser erfolgreiche Bühnenautor, Schauspieler und Porträtmaler die älteren Geschwister routiniert auf ihre

---

2 Eduard Hanslick, Musikkritiken, Leipzig 1972, S. 34 f.

3 Zit. nach: Martin Gregor-Dellin, Richard Wagner. Sein Leben. Sein Werk. Sein Jahrhundert, Berlin 1984, S. 489 f.

Künstlerkarrieren vorbereitet.«[4] Dazu passt dann ohne weiteres, dass Wagner mit 14 Jahren ein umfängliches Theaterstück von ca. sechs Stunden Aufführungsdauer schreibt, auf das ich noch zu sprechen kommen werde.

Gegenüber dem extrovertierten, redseligen, theatralischen Habitus Wagners entspricht BRAHMS ganz dem Bild des introvertierten, wortkargen, verschwiegenen Norddeutschen. Oftmals scheint er in sich hinein zu brüten, wirkt schroff und so gar nicht umgänglich, spricht wenig, zumal über sich selbst und seine Musik. Wenn er dann mehr oder weniger abrupt eine gesellige Runde verlässt, weil es ihm dort vermutlich nicht mehr »behaglich«[5] (genug) ist, verabschiedet er sich mit den Worten: Sollte ich jemand *nicht* beleidigt haben, so bitte ich um Entschuldigung. In seinen Briefen entschuldigt er deren Kürze oft mit seiner mangelnden Geduld zum Schreiben und verweist auf die ihm angenehmere Möglichkeit, gelegentlich zu plaudern. Freilich, ob diese Gelegenheit je kommt? Jedenfalls verwundert es nicht, dass selbst CLARA SCHUMANN als der mit BRAHMS sicher vertrauteste Mensch sich nach langjähriger Freundschaft darüber beklagt, dass dieser nicht aus sich herausgehe und sie ihn so wenig kenne. Dementsprechend schreibt Brahms bereits am 24. Februar 1858 an die »herzliebe Clara«: »Wundere Dich nie [...], daß ich nicht von meinem Arbeiten schreibe. Ich mag und kann das nicht. - Ihr, besonders Du, denkt Euch mich, wie ich glaube, immer anders als ich bin. Ich bin nie, oder ganz selten nur etwas zufrieden mit mir. Wohl nie behaglich, sondern wechselnd vergnügt oder finster gestimmt. Ich habe aber so wenig Lust und Anlage, über meinen Mangel an Genie und Geschick zu andern zu lamentieren, daß ich ganz von selbst immer anders aussehe.«[6] Dabei war Brahms durchaus gern gesellig, plauderte gern, trug mit humorigen Bemerkungen zur Unterhaltung bei, pflegte nicht wenige freundschaftliche Beziehungen über lange Jahre hinweg; jedoch blieb stets der Eindruck der Reserviertheit, gar der Verschlossenheit. Vielleicht konnte er ja auch nur im Plattdeutschen ganz aus sich herausgehen - was ihn u.a. so sehr mit seinem Landsmann und Freund, dem Dichter CLAUS GROTH, verband. Aber auch dies dürfte nicht völlig zutreffen, denn wirklich aus sich herausgehen konnte Brahms wohl nur in seiner Musik.

---

4 MARTIN GECK, Wagner. Biographie, München 2012, S. 19.

5 »Behaglich« bzw. »Behaglichkeit« gehören zu Brahms' Lieblingswörtern; sie sagen viel über seinen Charakter.

6 JOHANNES BRAHMS, Briefe, hg. v. Mathias Hansen, Leipzig 1983, S. 87.

WAGNER, klein gewachsen, erscheint als stark geltungsbedürftig und schwärmerisch. So soll er schon einmal während des Dresdener Aufstandes im Mai 1849, vor dem SCHUMANN übrigens das Weite gesucht hatte, auf den Barrikaden gesichtet worden sein und angesichts des wohlmeinenden Hinweises auf die Gefährlichkeit seines Verhaltens ausgerufen haben: Ich bin unsterblich! Und nach seiner abenteuerlichen Flucht von Riga über England nach Paris überliefert der mit WAGNER befreundete rebellische Schriftsteller HEINRICH LAUBE folgende bezeichnende Episode: »Ich war nicht wenig erstaunt, ihn plötzlich in mein Zimmer treten zu sehen. Das war doch die Verwegenheit eines Künstlers! Mit einer Frau, mit anderthalb Opern, mit kleiner Börse und einem furchtbar großen und furchtbar viel fressenden neufundländischen Hunde durch Meer und Sturm von der Düne stracks bis an die Seine fahren, um in Paris berühmt zu werden! In Paris, wo halb Europa um den lärmenden Ruhm konkurriert, wo alles erkauft, wenigstens bezahlt werden muß, auch das Verdienstvollste, wenn es auf den Markt und dadurch zur Geltung kommen will. Heine, der sonst so sorglose, faltete andächtig die Hände, ob dieser Zuversicht eines Deutschen ...«.[7] Dass Wagner die von ihm erstrebte Berühmtheit schließlich weniger im erbarmungslosen Konkurrenzkampf innerhalb der ihm so verhassten kapitalistischen Verhältnisse als vielmehr durch die Großzügigkeit eines ebenso wie er schwärmerischen, königlichen Mäzens erlangte, passt in dieses Bild. Berühmt jedenfalls wollte und musste er in Anbetracht seines Sendungsbewusstseins werden. So sieht es auch der zeitgenössische Komponist PETER TSCHAIKOWSKI, der Wagners Musik z.T. durchaus schätzte, jedenfalls mehr als Wagners Charakter. Er bemerkt im Blick auf Wagner: »Wenn wir voraussetzen (und wir haben allen Grund dazu), daß er um jeden Preis nach Berühmtheit und der führenden Stellung trachtete, dann ist sein Ziel erreicht! Er hat leidenschaftliche Verehrer, hat wütende Gegner, er steht im Blickpunkt, jedes Wort aus seinem Munde wird begierig aufgegriffen – kurz, auf ihn schaut mit Liebe, mit Haß oder einfach aus Neugierde das Publikum der alten wie der neuen Welt.«[8]

---

[7] Zit. nach: Richard Wagner. Sein Leben in Bildern (Textteil: RICHARD PETZOLDT, kommentierter Bildteil: EDUARD CRASS), Leipzig 1963, S. 12.

[8] PETER I. TSCHAIKOWSKI, Erinnerungen und Musikkritiken, hg. v. Richard Petzoldt, Leipzig [2]1974, S. 169. – Bemerkenswert an dieser Stelle auch die Charakteristik zweier »deutlich entgegengesetzter Typen« von Wissenschaftlern und Künstlern, die Tschaikowski in dem Zusammenhang gibt: »Die einen folgen, ihrem inneren Triebe gehorchend, beharrlich dem Wege, den ihnen ihre Lebensaufgabe auf Grund ihrer individuellen Besonderheiten weist. Sie wählen sich als Devise nicht irgendeine Modeidee, sie bahnen sich ihren Weg nicht durch den Sturz von

Dazu stimmt wiederum die Beobachtung des zugegebenermaßen scharfen Kritikers von Wagners Musik wie Person, EDUARD HANSLICK. Er bescheinigt diesem, dem Ironie durchaus nicht abgeht, einen auffälligen Mangel an Humor: »Humor, Leichtigkeit und unbefangener Frohsinn fehlen aber Wagner vollständig, er ist immer pathetisch wie sein italienisches Gegenbild Verdi.«[9]

Demgegenüber steht die humorvolle Bescheidenheit von BRAHMS. Diese dokumentiert sich vielfach und nicht zuletzt in seinen Briefen. So schreibt er an CLARA SCHUMANN (April 1872): »Ich habe den Winter über ganz energisch kontrapunktische Studien gemacht! Wozu? Meine schönen Sachen mir besser heruntermachen zu können, dazu war's nicht nötig. Professor an der Hochschule werden, auch nicht. Aber etwas tragisch ist es doch, wenn man gar schließlich klüger wird, als man's brauchen kann.«[10] Um noch ein weiteres Beispiel anzuführen: An den Freund FELIX OTTO DESSOFF schreibt er (Juni 1878): »Ich nehme eine frisch geschnittene Feder um eine Entschuldigung weniger zu haben - zunächst um Dir zu sagen, daß ich leidenschaftlich gern Briefe von vernünftigen guten und lieben Menschen (also auch von Dir) lese, daß ich sogar eine geheime Leidenschaft für das *Briefschreiben* habe, sie ist aber *sehr* geheim und hört vor dem Papier durchaus auf.« Und er beschließt den durchaus nicht langen Brief mit »ungemeiner Hochachtung vor mir und meiner Ausdauer«[11]. Solcher Humor, der nicht zuletzt sich selbst auf die Schippe nehmen kann, paart sich mit notorischer Bescheidenheit. Dass diese vom Brahms-Freund HANSLICK betont wird, mag naheliegen, wird aber gerade im Vergleich zu Wagner eindrücklich beschrieben: »So verschieden wie ihre Musik, so

---

Autoritäten, sie geben sich nicht als Werkzeuge der Vorsehung aus, die der verblendeten Menschheit die Augen öffnen müssen [...]. Zu diesem Typ des unermüdlich schaffenden Künstlers gehören Bach, Haydn, Mozart, Beethoven, Mendelssohn, Schumann, Glinka. Andere, von maßlosem Ehrgeiz verzehrt, drängen sich, um schneller einen angesehenen Platz einzunehmen, mit Lärm durch die Menge, wobei sie mit Geschrei alle vertreiben, die ihren Weg kreuzen. Sie bemühen sich, durch etwas Besonderes die allgemeine Aufmerksamkeit auf sich zu lenken. Solche Künstler tragen das Banner irgendeiner neuen, obwohl häufig auch falschen Idee mit sich [...] und ziehen die Aufmerksamkeit weniger durch ihre Werke als durch ihre nicht alltägliche Persönlichkeit und ihre extravagante Lebensart auf sich.« Zu diesem Typ rechnet Tschaikowski an vorderster Stelle Wagner (s. a.a.O., S. 169 f.).

9 E. HANSLICK, Musikkritiken (s. Anm. 2), S. 185.

10 J. BRAHMS, Briefe (s. Anm. 6), S. 162.

11 A.a.O., S. 190 f. – Ein köstliches Beispiel für Brahms' Humor und Selbstironie zugleich ist der Brief an Emma Engelmann vom 7.7.1881. Dieser Brief müsste indes im Ganzen zitiert werden, was hier zu weit führen würde; vgl. a.a.O., S. 200 f.

ganz anders war auch das persönliche Auftreten der beiden Männer. Mit fast linkischer Bescheidenheit näherte sich Brahms dem Klavier oder dem Dirigentenpult; nur ungern und zaghaft folgte er dem stürmischen Hervorrufen und konnte gar nicht schnell genug wieder verschwinden, während Wagner jeden Anlaß benutzte zu seinen berühmten Anreden an das Publikum.«[12] Aber auch PETER TSCHAIKOWSKI, der BRAHMS Anfang 1888 in Leipzig getroffen hatte und seine Musik durchaus nicht schätzte, rühmt Brahms' »edle Bescheidenheit«[13] und schätzt den Menschen Brahms umso mehr. In seinen 1888 niedergeschriebenen »Erinnerungen« bemerkt er zu dessen Charakter: »Brahms gibt sich ganz einfach, ohne eine Spur von Arroganz; er ist von heiterem Wesen, und die Stunden, die ich in seiner Gesellschaft verbringen durfte, sind mir in sehr angenehmer Erinnerung geblieben.«[14] Bezeichnend in dem Zusammenhang auch die von Tschaikowski berichtete Reaktion von BRAHMS, als man ihm einen besonders gehässigen Ausfall Wagners gegen ihn hinterbrachte. So soll er gesagt haben: »Mein Gott, Wagner schreitet ja stolz auf der breiten Straße des Sieges einher. Wodurch kann ich ihm wohl hinderlich sein oder ihn ärgern, wenn ich meinen bescheidenen, kleinen Fußpfad gehe, und warum kann er mich nicht in Ruhe lassen, da ich gewiß niemals seinen Weg kreuzen werde?«[15] Schließlich sei hier noch auf die ausgeprägte Nüchternheit

---

12 E. HANSLICK, Musikkritiken (s. Anm. 2), S. 40.

13 P. I. TSCHAIKOWSKI, Erinnerungen und Musikkritiken (s. Anm. 8), S. 47.

14 A.a.O., S. 45.

15 A.a.O., S. 48. – Überaus interessant hier auch die Gründe für die zweimalige Weigerung Brahms', nach England zu reisen, um dort den Ehrendoktor der Universität Cambridge in Empfang zu nehmen. In einem Brief vom August 1880 schreibt er lapidar: »Von Parlaments wegen muß man in solchem Fall sich dort persönlich einige Feierlichkeit antun lassen – ich war lieber unhöflich, und so unterblieb's.« (J. Brahms, Briefe [s. Anm. 6], S. 195) In einem anderen Brief schreibt er ausführlicher, aber nicht weniger ironisch von der mit der Verleihung des Dr. h.c. verbundenen »hohen Ehre«, um dann fortzufahren: »Aber bedenken Sie vor allem freundlich: ich kann nicht nach Cambridge gehen, ohne auch London zu besuchen, in London aber wie vieles zu besuchen und mitzumachen – das alles aber im schönen Sommer, wo es auch Ihnen gewiß sympathischer wäre, mit mir an einem schönen italienischen See zu spazieren.« (zit. nach: HANS A. NEUNZIG, Brahms, Hamburg 1984, S. 75 f.) – Mehrfach bringt Brahms übrigens gegenüber Clara Schumanns Konzertreisen nach England sein Unverständnis zum Ausdruck, und zwar nicht nur wegen der unbehaglichen, anstrengenden weiten Reise, sondern auch wegen des dortigen grässlichen Wetters. Wenn Brahms weit reiste, dann mit Vorliebe nach Italien; das englische »Schmuddelwetter« kannte er hinlänglich aus seiner Heimatstadt Hamburg.

von Brahms hingewiesen. Schwärmerei und Leidenschaften waren ihm zutiefst zuwider. Nach Überwindung seiner schwärmerischen Jugendzeit (Stichwort »Kreisler jun.«) sowie seiner leidenschaftlichen Liebe zu Clara Schumann schreibt er an dieselbe (11.10.1857): »Du mußt Dich ernstlich ändern, meine liebste Clara. Nimm Dir jeden Morgen von neuem ganz ernstlich und einfach vor, den Tag und alle Zeit gleichmütiger (gleichmäßiger) und froher zu sein. Leidenschaften gehören nicht zum Menschen als etwas Natürliches. Sie sind immer Ausnahme oder Auswüchse. [...] Ruhig in der Freude und ruhig im Schmerz und Kummer ist der schöne, wahrhafte Mensch. Leidenschaften müssen bald vergehen, oder man muß sie vertreiben.«[16] »Brahms haßt das Exzentrische, Anmaßende, denn von frühester Jugend an hat er sich in Selbstdisziplin geübt.« Sicher bleibt das bürgerliche Image trügerisch, mit dem ihn die Nachwelt versah. »In ihm glüht es, rumort es. Aber er vermag seine Schaffenszwänge zu kanalisieren. [...] Brahms verkörpert Kraft – die Kraft des Ausbruchs und der Bändigung zugleich.«[17]

1.2 Lebensstil

Dass sich der jeweilige Charakter im Lebensstil niederschlägt, versteht sich. Auch in Bezug darauf erscheinen Wagner und Brahms als Antipoden. Wagners Lebensstil kann man als mondän und aristokratisch bezeichnen. Dabei lebt er zunächst beständig über die eigenen Verhältnisse, macht dementsprechend Schulden, ist auf der Flucht vor Gläubigern, und hat gleichwohl den Anspruch, auf großem Fuß zu leben – ich erinnere hier nochmals an seine Ankunft in Paris nach seiner Flucht aus Riga. Wagner lässt sich gern mit Samtbarett und Hermelinmantel abbilden, liebt die weichen Stoffe (»Das ewig Weichliche zieht uns hinan!«), kurz: gebärdet sich als Fürst. Und als ihm schließlich sein königlicher Gönner den ihm zustehenden Lebensstil finanziell garantiert, zieht er in die Villa »Wahnfried« in Bayreuth ein, wo sein »Wähnen Frieden« fand. Zu diesem Stil gehört schließlich das von ihm konzipierte Festspielhaus, an dem ausschließlich seine Werke im Rahmen der wiederkehrenden Festspiele aufgeführt werden.

Demgegenüber ist Brahms' Lebensstil ausgesprochen bescheiden. Seine Wohnung in der Wiener Karlsgasse, die er sich schließlich einrichtet, ist schlicht und anspruchslos. Er lebt solide, nicht über seine Verhältnisse,

---

16 J. Brahms, Briefe (s. Anm. 6), S. 81 f.

17 Johannes Forner, Brahms. Ein Sommerkomponist, Leipzig ^{2}2007, S. 152.

hat keine Schulden, im Gegenteil zumindest in späterer Zeit eine Menge Geld übrig, mit dem er nicht nur seine Familie, sondern auch CLARA SCHUMANN großzügig unterstützt. Sehr eindrücklich zeigt sich sein entspanntes Verhältnis zum Geld in Briefen an seinen Verleger SIMROCK. So schreibt er (25.6.1882): »Ich erteile Ihnen lieber gleich vollständige Decharge über Ihre letzte Abrechnung [...] - was soll ich erst einen Prozeß anfangen, der paar Nullen wegen, die nicht stimmten?!«[18] Und an CLARA SCHUMANN schreibt er (24.7.1888), dass er im Geld schwimme, »ohne dies irgend zu merken und ohne irgend Pläsier davon zu haben«, um ihr dann von seinem »sehr überflüssigen Mammon« etwa 10 000 Mark als Beitrag zu ihren Ausgaben für die Enkel anzubieten.[19]

Sicher, WAGNER hatte Familie und dementsprechend natürlich ganz andere Aufwendungen als BRAHMS, der Junggeselle blieb und allein lebte. Aber WAGNER wohnte eben nicht nur, er residierte, brauchte seinen Hofstaat, und seine zweite Frau Cosima spielte als Verehrerin des »Meisters«, als Mutter seiner Kinder sowie schließlich als Managerin von Bayreuth ihre besondere Rolle. BRAHMS hingegen legte großen Wert auf seine Unabhängigkeit,[20] hatte eine gewisse Scheu vor (vermeintlich) zu engen Bindungen, taugte in keiner Weise zu repräsentativen Zwecken, hörte zwar gern das Lob seiner Musik aus berufenen Mündern, zog sich aber besonders vor Verehrerinnen in sein, öfter durch Schroffheit geschütztes Gehäuse zurück. Gegenüber Wagner wirkt Brahms eher bieder, allzu solide, bürgerlich: keine Affären, keine künstlerischen Extravaganzen, keine genialen Eskapaden, nichts Abgehobenes.[21]

---

[18] J. BRAHMS, Briefe (s. Anm. 6), S. 207.

[19] A.a.O., S. 232. – Bezeichnend auch seine Reaktion auf Claras Anerbieten, ihm einen Koffer für seine Reisen zu kaufen. Er bedankt sich und schreibt dann (April 1881): »Eigentlich hätte ich hieran genug; ich bin wirklich ein so wenig verwöhnter und raffinierter Mensch, als daß nicht so was Besonderes Verschwendung bei mir wäre. Zudem bedenke die Umstände, die Dir das Ding macht.« (a.a.O., S. 197)

[20] Vgl. dazu die in seinen jungen Jahren zusammen mit Joseph Joachim musikalisch formulierte Lebensmaxime f-a-e (frei, aber einsam), die auch umgekehrt lauten konnte: einsam, aber frei. Von dieser Maxime schreibt der spätere Brahms, dass er sie im Rückblick auf sein Leben »wohl segnen« dürfe (Brief an Joachim vom 5.3.1888, in: a.a.O., S. 230).

[21] MARTIN GREGOR-DELLIN betitelt seinen Essay zu Brahms nicht von ungefähr *Brahms und die Normalität* (in: DERS., Was ist Größe?, München 1985, S. 197-216). Vgl. auch Brahms' Vorwurf an Clara Schumann, sie sei im Blick auf die Kunst »viel zu aristokratisch«. Die Kunst sei jedoch »eine Republik«. »Weise nicht einem Künstler einen höhern Rang an und verlange nicht von Kleinern, sie sollen ihn als

1.3 Musik

Auch was ihre musikalischen Konzepte betrifft, so erscheinen WAGNER und BRAHMS als Antipoden. Freilich, beide sehen sich als Erben BEETHOVENS, indes in durchaus sehr unterschiedlicher Weise. WAGNER zunächst versteht sich geradezu als Beethoven redivivus, vor allem aber als Erfüller der Beethoven'schen Verheißungen - wobei er besonders an Beethovens 9. Sinfonie anschließt. Und wie es dessen Ureigenes war, den Riesenbau der »absoluten« Sinfonik zu errichten, so »war es wiederum Wagners Eigenes, Beethovens Idee im musikalischen Drama weiterzuführen«[22]. Mehr noch, Wagner konnte gar sein musikalisches Drama als Ziel der Musikgeschichte überhaupt betrachten.[23] Dieses Ziel zu erreichen, dienten ihm schließlich auch die politischen Umwälzungen seiner Zeit. »Also weil Wagner ein neues Theater und ein neues Publikum für seine Kunst haben wollte, ersehnte und begrüßte er die Revolution als das dafür radikalste Mittel. So war er dann seit Ausbruch der Aufstände im Februar 1848 ›ganz Politik‹, wie Hanslick notierte. Er hoffte, daß nun endlich für seine künstlerischen Ideen die Stunde schlagen würde.«[24] Dementsprechend sah Wagner Politik offenbar vor allem als Mittel für seine künstlerischen Zwecke und scheute am Ende »vor keinem geistig anrüchigen Zweckbündnis zurück, wenn es ihm nur half, seine Kunstwerke öffentlich durchzusetzen«[25]. Folglich verbündete er sich schließlich statt mit der Revolution mit den hochfliegenden Ideen eines schwärmerischen bayrischen Königs, um seine monumentalen Bühnenwerke adäquat umsetzen zu können. An dieser Stelle ein paar Worte zu Wagners auffälligem Hang zur großen, monumentalen Form. Dass er

---

Höhern, als Konsul ansehen. Durch sein Können wird er ein geliebter und geachteter Bürger der besagten Republik, aber kein Konsul oder Imperator.« (J. BRAHMS, Briefe [s. Anm. 6], S. 88 f.)

22 M. GECK, Wagner (s. Anm. 4), S. 146.

23 ESTHER DRUSCHE, Vorwort, in: Richard Wagner, Ausgewählte Schriften, Leipzig 1982, S. (5-42) 22. – Gregor-Dellin vergleicht Wagners Ansprüche mit denen von Hegel für die Philosophie und Marx für die Ökonomie – und sieht diesen wie jene scheitern (vgl. M. GREGOR-DELLIN, Richard Wagner [s. Anm. 3], S. 311). Übrigens wollte Wagner durch seine Kunst wie Hegel durch seine Philosophie und Marx durch seine Ökonomie auch die Religion beerben. Darauf komme ich zurück.

24 FRANK SCHNEIDER, Wie schafft man das Unheil aus der Welt? Richard Wagner, in: ders., Welt, was frag ich nach dir? Politische Porträts großer Komponisten, Leipzig 1988, S. (181-197) 189.

25 A.a.O., S. 192.

sich darin als Erbe des Sinfonikers Beethoven[26] und nicht zuletzt von dessen monumentaler 9. Sinfonie versteht, sagte ich bereits. Dass der körperlich kleine Mann einen geradezu unwiderstehlichen Drang zum Großen, Gewaltigen, Bedeutenden hatte, sagte ich ebenfalls. Ein weiterer Aspekt aber sollte noch einmal unterstrichen werden, und das ist Wagners Sendungsbewusstsein. Wagner sah sich als eine Art Messias der Musik-, ja Menschheitsgeschichte. Demzufolge konnten seine Werke nur groß und bedeutend sein, um die Menschen ganz in ihren Bann ziehen zu können.[27]

Demgegenüber steht nun wiederum der völlig andere Ansatz von Brahms. Freilich, auch er sieht sich als Erbe Beethovens. Aber er blickt gleichsam ständig ehrfürchtig zu diesem Riesen auf. Er wagt sich erst spät mit eigenen Sinfonien hervor, da er den Schritt dieses Riesen immer hinter sich spürt - wie er es einmal mit einem anderen Bild ausdrückt. Im Gefolge Beethovens ist ihm auch die Inspiration, die »höhere Eingebung«, nicht so wichtig wie die Komposition, die Ausarbeitung der musikalischen Gedanken. Hierher gehört auch der hohe Anspruch, den Brahms an seine Werke stellt und der ihn beispielsweise veranlasst, viele seiner frühen Werke zu vernichten. »Schon der junge Brahms entwickelt hohe Wertvorstellungen. Indessen fehlt ihm das Selbstgefühl eines Richard Wagner, der sich wie selbstverständlich darauf verlässt, dass sich sein Genie beim bloßen Draufloskomponieren schon rechtzeitig entpuppen werde. [...] Da gleicht Brahms einem alttestamentarischen Propheten, der zwar beständig an *sich* zweifelt, *nicht* jedoch an seiner Berufung; die begründet er nämlich nicht mit seinem Genie, sondern mit der geradezu geschichtsphilosophischen Verpflichtung, den ›dauerhaften‹ Gesetzen von Kunst und Natur und damit den Gesetzen der ›reinen Musik‹ auch weiterhin Geltung zu ver-

---

[26] Tschaikowski, der Wagners musikalische Dramen ebenso wenig schätzte wie Wagners Charakter, hielt diesen übrigens für ein irregeleitetes Genie. Er wäre s.E. zweifellos ein großer Sinfoniker geworden – hätte er nur nicht Opern komponieren wollen. »Wagner könnte kraft seiner reichen, eigenständigen Begabung an der Spitze der Sinfoniker unserer Zeit stehen, wenn ihn seine theoretischen Vorstellungen und ein falsch gerichteter Ehrgeiz nicht von jenem Wege abgelenkt hätten, den ihm seine innere Berufung gewiesen hatte.« (P. I. Tschaikowski, Erinnerungen und Musikkritiken [s. Anm. 8], S. 173 f.) Für Tschaikowski war Wagner ein großer Sinfoniker, aber kein Opernkomponist, und was von seiner Musik begeistert, gehört zur Sinfonik wie etwa die Ouvertüre zu *Dr. Faust*, das Vorspiel zu *Lohengrin*, der Walkürenritt, der Trauermarsch Siegfrieds, die Einleitung zu *Rheingold* (vgl. a.a.O., S. 175 f.).

[27] In diesen Zusammenhang gehört auch die Festspielidee, wonach sich Menschen nicht nur über viele Stunden, sondern über Tage hinweg ausschließlich mit Wagners Werken befassen sollen.

schaffen.«[28] Von daher ist auch der hohe Stellenwert, den die Kammermusik für Brahms innehatte, nicht nur als weiteres Zeichen seiner Bescheidenheit zu sehen, vielmehr als Ausdruck der von ihm übernommenen Verpflichtung, das klassische Erbe fortzuführen. »Mit der Kammermusik will er eine Gattung zu neuen Ehren bringen, die sich in der ersten Hälfte des 19. Jahrhunderts – bis hin zu Robert Schumann und Felix Mendelssohn Bartholdy – großer Wertschätzung erfreut hat, jedoch im Zeichen ›neudeutscher Ästhetik‹ rapide an Ansehen verliert.«[29] Vielleicht kann man bei Brahms sogar eine gewisse Scheu vor der großen Form feststellen. Er beginnt jedenfalls mit Klavier- und Kammermusik, tut sich außerordentlich schwer mit dem, was schließlich sein erstes Klavierkonzert wird, kommt zur Chorsinfonik (*Ein deutsches Requiem*), zu seinen vier Sinfonien, zum Violinkonzert sowie zum zweiten Klavierkonzert, zum Doppelkonzert für Violine und Violoncello, komponiert daneben aber immer Kammermusik, um endlich mit Klavier-, Orgel- und Kammermusik sein Werk zu beschließen (Klavier- und Klarinettenstücke, Lieder, Orgelchoräle). Das alles ist in keiner Weise spektakulär – und soll es auch nicht sein. Das drängt in keiner Beziehung zum Monumentalen; selbst die Sinfonien von Brahms sind vergleichsweise kurz, und seine abschätzigen Bemerkungen über die BRUCKNER'schen »sinfonischen Riesenschlangen« sind bekannt. Das alles ist vor allem grundsolide, und berührt dennoch über weite Strecken zutiefst. Ob man es als genial bezeichnen will, hängt in erster Linie davon ab, was man darunter versteht.

2. Wagner und Brahms als Sehnsuchtsmusiker

Bekannt sind FRIEDRICH NIETZSCHES abschätzige Bemerkungen zu BRAHMS' Musik in seinem Pamphlet *Der Fall Wagner*. Danach hat Brahms »die Melancholie des Unvermögens; er schafft *nicht* aus der Fülle, er *dürstet* nach der Fülle. Rechnet man ab, was er nachmacht, was er großen alten oder exotisch-modernen Stilformen entlehnt [...], so bleibt als sein Eigenstes die *Sehnsucht*.«[30] Vielleicht hätte Brahms solche Kritik gar als Wertschätzung verstanden. Denn er maßte sich in der Tat nicht an, aus der Fülle zu schaffen, sondern schuf aus dem Mangel, und Sehnsucht war für ihn sicher ein entscheidender Beweggrund seiner Kompositionen. Sehnsucht kann er gar als eines der wonnigsten Gefühle bezeichnen, und zwar gerade in Anbe-

---

28 MARTIN GECK, Johannes Brahms, Hamburg 2013, S. 22 f.

29 A.a.O., S. 47.

30 Zit. nach: M. GECK, a.a.O., S. 118.

tracht dessen, dass Erfüllung nicht möglich ist: »Das ist eines der wonnigsten Gefühle für mich, die Sehnsucht, das durchschauert so süß, daß einem ganz, ganz wohl wird.«[31]

Und hier ist nun WAGNER sehr nahe mit Brahms verwandt. Zwar mag er den Eindruck erwecken, aus der Fülle seiner göttlichen Eingebungen zu schaffen; zwar mag er sein künstlerisches Werk als Erfüllung der BEETHOVEN'schen Verheißungen und gar der Musikgeschichte sehen: Er bleibt gleichwohl durchdrungen von einer tiefen Sehnsucht, der Sehnsucht nach Erlösung. So schreibt er im Blick auf den Entwurf seines *Tristan* pathetisch an LISZT (Dezember 1854): »Da ich nun aber doch im Leben nie das eigentliche Glück der Liebe genossen habe, so will ich diesem schönsten aller Träume noch ein Denkmal setzen, in dem vom Anfang bis zum Ende diese Liebe sich so recht sättigen soll [...]; mit der ›schwarzen Flagge‹, die am Ende weht, will ich mich dann zudecken, um – zu sterben.«[32]

Im Sinne des eben Angedeuteten möchte ich im Folgenden in Bezug auf die Frage von Tod und ewigem Leben WAGNER und BRAHMS als Sehnsuchtsmusiker begreifen, die Erlösung gerade angesichts des Todes vor allem gesucht, indes womöglich doch auch in bestimmter Hinsicht gefunden haben. Ich hoffe, dass nach diesen Überlegungen in etwa deutlich wird, was MARTIN GECK wie folgt bezeichnet: »Man darf es nicht vergessen: Bei aller spirituellen Heimatlosigkeit, bei aller Skepsis gegenüber jeglicher Art von Metaphysik und ungeachtet aller Liberalität war Brahms in seiner Musik ein Gottsucher – nicht anders als neben ihm Wagner.«[33]

2.1 Der Tod als Grundproblem

Wie erwähnt, schuf WAGNER mit etwa 14 Jahren ein umfängliches Schauspiel: *Leubald.* In diesem schauervollen Stück mit immerhin 14 Toten sieht MARTIN GECK trotz allem Ungereimten, Weitschweifigen, sprachlich Ungeschickten gleichsam ein für alle Mal WAGNERS »Urszene« fixiert. Und die besagt: »Liebe ist stets mit Tragik verknüpft; eine definitive Vereinigung

---

[31] J. BRAHMS, Briefe (s. Anm. 6), S. 88.

[32] Zit. nach: Richard Wagner. Sein Leben in Bildern (s. Anm. 7), S. 36. – MARTIN GREGOR-DELLIN, Neue Wagner-Ermittlungen, in: ders., Was ist Größe?, München 1985, S. 141-174, bes. 144-146, analysiert die biographische, psychische Disposition Wagners in Hinsicht auf seine immerwährende Sehnsucht nach Erlösung. Dazu passt die von ihm zitierte Bemerkung Wagners von 1853: »Ich begreife gar nicht, wie ein wahrhaft glücklicher Mensch auf den Gedanken kommen kann, Kunst zu machen.« (a.a.O., S. 157)

[33] M. GECK, Johannes Brahms (s. Anm. 28), S. 140.

ist erst im Tod möglich.« Wenn auch später neben die Tragik unmöglichen Liebesglücks das Unheil tritt, das die Liebe selbst in sich birgt: Die Urszene wird immer präsent sein.[34] Demnach nun scheint für Wagner der Tod allerdings weniger ein menschliches Grundproblem darzustellen, als vielmehr das Mittel der Erlösung, nämlich im liebenden Selbstopfer (der Frau). Um nur die signifikantesten Beispiele kurz zu charakterisieren: Senta erneuert ihren Treueschwur, eilt dem Holländer nach »und stürzt sich von der Klippe ins Meer. Das Gespensterschiff versinkt – der Holländer aber ist durch Sentas liebendes Selbstopfer erlöst.«[35] Der sündige Tannhäuser wird zwar vom Papst nicht begnadigt. Aber »Elisabeths selbstloser Opfertod hat den Bannfluch des Papstes Lügen gestraft, denn der abgestorbene Bischofsstab ist in frischem Grün zum Leben erblüht und symbolisiert so Tannhäusers Erlösung durch Gottes Gnade.«[36] Isolde stirbt den »Liebestod« und erfährt somit ihre Verklärung in einer unio mystica von Liebe und Tod. »Die musikalische Gestaltung des Liebesakts und des Übertritts in die Ewigkeit [...] verbinden sich in Isoldes Schlussmonolog über ihre Vision einer Apotheose Tristans. Völlig ohne Gewalt und äußere Einwirkung verströmt sie sich gleichsam allein durch die Kraft ihres spirituellen inneren Empfindens [...] aus der Welt des trügerischen Tages in das unendliche Reich [...] ewiger Liebesnacht.«[37] Brünnhilde endlich wird zur eigentlichen Heldin des *Rings*. Ihr freiwilliges, liebendes Selbstopfer »überwindet schließlich die gescheiterte Weltordnung. [...] Sie zieht Siegfried den verfluchten Ring vom Finger und wirft eine Fackel in den Scheiterhaufen, in den auch sie selbst sich stürzt. Das Feuer der Liebe aber wird zum Weltenbrand, in dessen Purgatorium das abgelebte System und seine Repräsentanten vergehen. [...] Die Welt der Machtgier und der Liebelosigkeit wird durch die Macht der Liebe überwunden.«[38]

Das alles scheint, wie erwähnt, eher darauf hinzudeuten, dass für Wagner der Tod nicht ein Grundproblem des menschlichen Lebens, vielmehr dessen Lösung qua Erlösung ist. Allein, der Schein trügt. Zum einen ist es nicht der Tod, der erlöst, sondern die Liebe in Gestalt der liebenden Hingabe des eigenen Lebens – wobei uns noch beschäftigen muss, um welche

---

34 M. Geck, Wagner (s. Anm. 4), S. 23.

35 Sven Friedrich, Richard Wagners Opern. Ein musikalischer Werkführer, München 2012, S. 33.

36 A.a.O., S. 37.

37 A.a.O., S. 56.

38 A.a.O., S. 104.

Art von Liebe es sich hier handelt. Zum anderen ist mit den genannten Werken Wagners letztes Wort noch nicht gesprochen, denn im *Parsifal* scheint Wagner eine andere Lösung zu favorisieren, worauf ich bald zurückkomme. Somit dürfte der Tod für Wagner sehr wohl ein menschliches Grundproblem darstellen, wenngleich er nicht sein Hauptproblem zu sein scheint. Das ist vielmehr die Frage nach der möglichen Erfüllung der Liebe sowie der Erlösung angesichts der tragischen menschlichen Situation von Schuld und Verhängnis.

Demgegenüber ist für BRAHMS der Tod in all seiner Bitterkeit so etwas wie der cantus firmus seines kompositorischen Schaffens. Vom *Begräbnisgesang* op. 13, 1858 in Detmold entstanden, über das *Requiem*, das er mitten im Leben stehend komponierte und zu dem er die Texte zu den ersten vier Sätzen bereits 1861 notiert hatte, bis hin zu den *Vier ernsten Gesängen* und den *Orgelchorälen* als seinen letzten Werken begleiten ihn die Gedanken an den Tod.[39] Brahms hat offenbar zutiefst unter der Endlichkeit menschlichen Seins gelitten. Er hat die *Vier ernsten Gesänge*, »diese ergreifendsten und erschütterndsten seiner Lieder« selbst »unter Tränen gespielt. Er konnte sie öffentlich nicht ertragen.«[40] Der Tod war für ihn ein zentrales Thema im Sinne der Vergänglichkeit menschlichen Lebens[41] und damit des *eigenen* Lebens, das »davon muss« und dem es mithin nicht anders ergeht als dem »Vieh«.[42] Somit war der Tod für Brahms vor allem bittere Realität; seine Musik ist durchtränkt von Melancholie, von Wehmut. Auch wenn er in gewisser Hinsicht durchaus als »Sommerkomponist« bezeichnet werden kann[43], so ist seine Musik, die ja nicht selten als herb charakterisiert wird, eher vom Herbstgefühl bestimmt, vom Gefühl des wehmütigen Abschieds.[44] »Wir wissen nur, daß der Jünger Richard Wagners, Carl Tausig, Brahms 1862 mit der Philosophie Schopenhauers bekannt machte, nicht wie er auf sie reagierte. Wohl aber, daß nur wenige Kompo-

---

39 J. FORNER, Brahms (s. Anm. 17), S. 67.

40 A.a.O., S. 271.

41 M. GECK, Johannes Brahms (s. Anm. 28), S. 43.

42 Mit beiden Metaphern greift Brahms auf biblische Vorgaben zurück; einmal im *Requiem* auf Ps 39,5, zum anderen in den *Vier ernsten Gesängen* auf Pred 3,19. Auf die eminente Bedeutung biblischer Texte für die Vokalkompositionen von Brahms komme ich bald zu sprechen.

43 Vgl. J. FORNER, Brahms (s. Anm. 17).

44 Vgl. M. GREGOR-DELLIN, Brahms und die Normalität (s. Anm. 21), S. 210-214.

nisten [...] so todesnah und zugleich gegen den Tod komponiert haben wie Johannes Brahms.«[45]

Nach alledem scheint der Tod für BRAHMS ein zumindest gewichtigeres Grundproblem zu sein als für WAGNER. Denn während dieser dazu neigt, die bittere Realität menschlicher Endlichkeit im »Liebestod« gleichsam schwärmerisch zu überfliegen, ist für jenen die Bitterkeit des Todes wesentlich bestimmender und folglich deprimierender. Wenn jedoch der Tod für beide auch ein unterschiedliches Gewicht zu haben scheint, so sind sie gleichwohl zutiefst in der Sehnsucht nach der Erlösung im bzw. vom Tod verbunden. Darauf möchte ich nun abschließend eingehen.

2.2 Die Erlösung als Ziel

Wie erwähnt, sieht WAGNER offenbar im selbstlosen Opfertod bzw. im liebenden Selbstopfer (der Frau) die Möglichkeit der Erlösung der schuldig Gewordenen (Holländer, Tannhäuser, Tristan, der dem Fluch des Ringes verfallenen Männer). Die Frage ist nun, von welcher Liebe hierbei die Rede ist. Die göttliche Liebe im Sinne der Agape dürfte es jedenfalls nicht sein, denn diese scheitert, wie der Versuch des göttlichen Gesandten Lohengrin zeigt. »Gemäß der Idee einer Humanisierung des Göttlichen verkörpert Lohengrin den aus Erlösungsbedürfnis Mensch gewordenen Gott, den es aus seiner statusbedingten Isolierung und Einsamkeit aus Sehnsucht nach Teilhabe an den Glücksmöglichkeiten seiner eigenen Schöpfung zum Menschsein, zum menschlichen Lieben und Geliebtwerden drängt.«[46] Dieses hehre Ansinnen scheitert; Gott und Mensch, Lohengrin und Elsa, finden nicht zueinander, Lohengrin muss die menschliche Welt wieder verlassen. - Wiederum scheint die erotische Liebe allein für die Erlösung zumindest nicht hinreichend zu sein; jedenfalls kehrt Tannhäuser nicht in die Welt der Venus zurück. Am ehesten scheint die erlösende Liebe in einer Verbindung von Eros und Agape zu bestehen, wie sie von Elisabeth verkörpert wird. Aber welcher Art ist dann diese Verbindung? Ist sie eine »barmherzige Liebe«, wie sie Wagners Frau Cosima am Schluss des *Rings* in Brünnhilde dargestellt findet?[47] Oder ist sie doch eher von der Sehnsucht nach der Vereinigung mit dem Geliebten bestimmt, also von dem, was man in der platonischen Tradition Eros nennt? Ich lasse diese Frage hier aus zwei Gründen offen. Zum einen dürfte sich bei Wagner in den genannten

---

45 A.a.O., S. 213.

46 S. FRIEDRICH, Richard Wagners Opern (s. Anm. 35), S. 46 f.

47 M. GECK., Wagner (s. Anm. 4), S. 310.

Werken selbst keine klare Antwort finden.[48] Zum anderen scheint es ja, als würde Wagner in seinem letzten, krönenden Werk eine andere Lösung finden. So sieht es zumindest Peter Steinacker. Während nämlich vom *Holländer* bis zum *Ring* die Erlösung im Untergang der Protagonistinnen beschlossen liegt, der als liebendes Selbstopfer verstanden wird, ist im *Parsifal* Erlösung in der Entsagung gegeben. Damit aber wird in der Sicht Steinackers die Macht des Eros durch die der Agape abgelöst. »War bis zum *Tristan* der Eros die alles entscheidende Triebkraft des Seins, wird im *Parsifal* der Eros als evidentester Ausdruck des metaphysischen Defekts des Seins, des Verhängnisses und der Schuld, welche die Welt zerstören, gebrandmarkt. Kundrys verführerisches Heilsversprechen ist im Kern Wagners Weltanschauung aus der Feuerbachzeit und in Teilen des *Rings*, die Wagner im *Parsifal* grundsätzlich revidiert. Mit dieser Verschiebung des Liebesbegriffs vom Eros zur Agape wird der *Parsifal* die Liturgie einer neuen Religion, die die ›künstlich‹ gewordene christliche Religion retten und die Degeneration der Gesellschaft stoppen kann. Aus der erotischen Liebe wird das asketisch ›rein‹ gehaltene Mitleid, ganz im schopenhauerschen Sinn.«[49] Zwar meint Steinacker, dass bei Wagner die Agape weniger christlich, als vielmehr buddhistisch gedacht sei, insofern der Mensch durch Mitleid und Askese seine Erlösung selbst vollziehe. Das aber muss uns jetzt nicht weiter beschäftigen.[50] Fraglich bleibt auch neben Steinackers Unterscheidung zwischen Weltanschauung und Religion, ob man die genannten Werke vor dem *Parsifal* tatsächlich als ungeteilt vom Eros be-

---

[48] Vgl. dazu die Bemerkung Gecks, dass Wagner selbst keine Antwort auf die Frage eines Neuanfangs nach dem Untergang der Götter und ihrer Abkömmlinge wusste, wenn nicht alles wieder von vorn beginnen soll. »Bekanntlich hat er im Laufe der Jahrzehnte vier Schlüsse [sc. des *Rings*; W.P.] mit unterschiedlichem Tenor hinterlassen.« (M. Geck., Wagner [s. Anm. 4], S. 306) – Selbstredend sind derlei u.a. Unklarheiten für einen scharfsichtigen Kritiker wie Hanslick willkommener Anlass für entsprechende bissige Bemerkungen. So spricht er mit Blick auf *Tristan* und *Rheingold* von »schwindelhafter Verzückung« und »bombastischem Alliterationsgestotter« (E. Hanslick, Musikkritiken [s. Anm. 2], S. 182). Das hält Hanslick für exaltiert, für überschwänglich, gar für unsinnig (a.a.O., S. 194 f.). Selbst von Thomas Mann, alles andere als ein Wagner-Verächter, wird der Ausspruch überliefert: Die Blasebalg-Erotik des *Tristan* geht mir auf die Nerven.

[49] Peter Steinacker, »Alles, was ist, endet!« Richard Wagners Weg von der Weltanschauung zur Religion, in: DtPfrBl 113 (2013), S. 274-276. 281-284.

[50] Abgesehen von allerlei Unklarheiten und Ungereimtheiten ist es auch für Hanslick sehr zweifelhaft, ob mit der Stilisierung Parsifals zur Christusfigur, will heißen zum Erlöser der Menschheit, »wirklich der Geist echten Christentums gefördert werde« (E. Hanslick, Musikkritiken [s. Anm. 2], S. 227-229).

stimmt verstehen darf.[51] Was ich eben zu Elisabeth und Brünnhilde ausgeführt habe, spricht jedenfalls klar dagegen. Wie dem indes auch sei: Im *Parsifal* verfolgt WAGNER offenbar eine andere Idee als vorher. Bemerkenswert dazu die Hinweise von MARTIN GECK. Danach habe sich WAGNER in der »langen Latenzzeit« bis hin zum *Tristan* (Herbst 1854 bis Spätsommer 1857) nicht nur intensiv mit der Philosophie SCHOPENHAUERS befasst, sondern auch Vorarbeiten zu einem Bühnenwerk *Die Sieger* ausgeführt, das dem Thema Erlösung durch Entsagung gewidmet war. Dieses Werk wurde nicht fertiggestellt. Vielmehr hat WAGNER statt der *Sieger Parsifal* komponiert »und damit zwei Fliegen mit einer Klappe geschlagen. Parsifals Wahlspruch ›stark ist der Zauber des Begehrenden, doch stärker der des Entsagenden‹ ist die Antwort nicht nur auf *Tristan und Isolde*, sondern auch auf den *Ring*.«[52]

Demzufolge sind Wagners Werke nicht nur von der Sehnsucht nach Erlösung getrieben, sondern haben auch die Idee von Erlösung weiter entwickelt. Dabei hat Wagner an seinem einstigen Traum vom zukünftigen »Goldenen Zeitalter« zwar nicht im Blick auf die künftige gesellschaftliche Entwicklung, wohl aber im Blick auf die künftige Kunst festgehalten. Sie nämlich ist es, die dem Menschen seine wahre Bestimmung wiedergeben soll. Sie ist es, die damit den Auftrag der Religion übernimmt, den diese nicht mehr erfüllen kann. Um die bekannten Sätze aus Wagners Schrift *Religion und Kunst* von 1880 zu zitieren: »Man könnte sagen, daß da, wo die Religion künstlich wird, der Kunst es vorbehalten sei, den Kern der Religion zu retten, indem sie die mythischen Symbole, welche die erste im eigentlichen Sinne als wahr geglaubt wissen will, ihrem sinnbildlichen Werte nach erfaßt, um durch ideale Darstellung derselben die in ihnen verborgene tiefe Wahrheit erkennen zu lassen.«[53] Diese Wahrheit aber scheint für Wagner stärker noch als in den zuweilen dunklen Worten seiner musikalischen Dramen in deren Musik zu liegen. Diese nämlich bringt

---

[51] Noch fraglicher ist Gregor-Dellins Unterscheidung zwischen Liebe und Entsagung, wonach im *Parsifal* gezeigt wird, dass Liebe unter den gegebenen Verhältnissen nicht mehr möglich ist (M. GREGOR-DELLIN, Neue Wagner-Ermittlungen [s. Anm. 32], S. 172 f.). Denn dies dürfte doch schon das Thema der vorangegangenen Werke Wagners gewesen sein.

[52] M. GECK., Wagner (s. Anm. 4), S. 240. – Wagner selbst hat in seinen Ausführungen zum *Bühnenweihfestspiel in Bayreuth 1882* mit dem ihm eigenen Pathos davon gesprochen, dass der *Parsifal* zwar der gewohnten, widerwärtigen Welt des Truges entrückt sei, indes nicht in die Tiefe des Todes, sondern in den Wahrtraum der Erlösung (R. WAGNER, Ausgewählte Schriften [s. Anm. 23], S. 323 f.).

[53] Zit. bei: M. GREGOR-DELLIN, Brahms und die Normalität (s. Anm. 21), S. 163.

gleichsam das Unsagbare zum Ausdruck. 1861 schreibt Wagner über »Zukunftsmusik«: »In Wahrheit ist die Größe des Dichters am meisten danach zu ermessen, was er verschweigt, um das Unaussprechliche selbst schweigend uns sagen zu lassen; der Musiker ist es nun, der dieses Verschwiegene zum hellen Ertönen bringt, und die untrügliche Form seines laut erklingenden Schweigens ist die *unendliche Melodie.*«[54] Die Musik ist es, die selbst die Tragik unerfüllter, ja in diesem Leben unerfüllbarer Liebe zur Erlösung hin öffnet. Sie sorgt dafür, »dass aus dem ›entseelten Dahinsinken‹, von dem in den Regiebemerkungen so oft die Rede ist, jene ›milde Versöhnung‹ wird, in der Isolde ihren beispielhaften Liebestod stirbt.«[55] Sie transzendiert die Bitterkeit des Todes in die Wirklichkeit der Erlösung hinein. Um eine Ahnung von dieser Transzendenz zu bekommen, genügt es, »die vielen Werke wahrzunehmen, die unter Harfenklängen enden [...]: *Holländer, Tannhäuser, Rheingold, Walküre, Siegfried, Götterdämmerung, Tristan und Isolde, Parsifal.*«[56] So mag wie so manches andere der Schluss des *Parsifal* vage ausfallen; es entspricht dies offenbar der Auffassung Wagners, »dass sich Erlösung weder durch Worte noch durch Handlung ausdrücken, vielmehr nur musikalisch darstellen lasse.« Entscheidend ist mithin nicht der zuweilen dunkle Sinn der Worte; »entscheidend ist, dass via Musik Erlösung zelebriert wird.«[57]

Während Wagner, von der Sehnsucht nach Erlösung beseelt, diese zunächst im liebenden Opfertod, dann in der mitleidsvollen Entsagung und über all das hinaus in der sehnsuchtsvollen, aber auch Erlösung zelebrierenden Musik finden will, ist der nüchterne Brahms viel mehr um Erlösung verlegen, bleibt zumindest vorerst sozusagen bei seiner Sehnsucht danach stehen. Dabei scheint vor allem anderen das *Requiem* mit Hoffnungsbildern aus der biblischen Tradition geradezu gesättigt zu sein. Freilich ist es die Frage, welche Bedeutung Brahms diesen Texten beimisst. Denn sicher hat er gerade die apokalyptischen Texte aus 1. Korinther 15 nur als musikalisch gut verwendbare Bilder verstanden, etwa um Dramatik

---

[54] R. Wagner, Ausgewählte Schriften (s. Anm. 23), S. 222.

[55] M. Geck., Wagner (s. Anm. 4), S. 29.

[56] A.a.O., S. 27.

[57] A.a.O., S. 329. – Die entscheidende Bedeutung der Musik für die musikalischen Dramen Wagners sieht natürlich auch Hanslick – freilich kritisch. Im Blick auf den *Parsifal* etwa spricht er von einem »immer anspielungsreichen, in lauter ›Bedeutungen‹ arbeitenden Orchesterspiel, in welchem die Schollen eines aufgeregten Sprechgesangs schwimmen« (E. Hanslick, Musikkritiken [s. Anm. 2], S. 236; vgl. a.a.O., S. 186-188).

und sieghafte Hoffnung zum Ausdruck zu bringen. Im Rückgriff auf diese »mythisch verstandenen Bilder der Bibel« jedoch zeigt sich zugleich seine Nähe zu WAGNER. »Denn so merklich Brahms Abstand hält zu dem Pathos, mit dem der Antipode seine Kunstreligion verkündet, so ersichtlich orientiert auch er sich an einer langen Tradition existenzieller Wahrheiten in mythischem Gewand; in seinem Fall geht es jedoch nicht um ›Edda‹ oder ›Nibelungenlied‹, sondern um die von Martin Luther den Deutschen ans Herz gelegten biblischen Texte.«[58] Den Sinn dieser Texte aber sah er, der sich selbst als »bibelfesten Ketzer« bezeichnete, offenbar nicht nur darin, dass wir Leid und Tod als zum (menschlichen) Leben gehörig und damit unvermeidbar begreifen. Den Sinn sah er wohl vor allem darin, dass wir Menschen dem Unvermeidbaren »die Kraft der Liebe und des Tröstens entgegenstellen« können.[59] Dementsprechend ist sein *Requiem* oft und zu Recht vor allem als Musik des Trostes für die, »die da Leid tragen«, verstanden worden. Dass für BRAHMS dabei die im herkömmlichen lateinischen Messtext zentralen Motive der Fürbitte um den Seelenfrieden der Verstorbenen, der Bewahrung vor den Schrecken des letzten Gerichts, der Erlösung der Menschen durch den Kreuzestod Christi keine Rolle spielen, zeigt sowohl seine kritische Haltung gegenüber der kirchlichen wie seinen liberalen Umgang mit der biblischen Tradition.

Dass für Brahms die Sehnsucht nach und die Hoffnung auf Erlösung von Leid und Tod bestimmend sind, zeigt sich des Weiteren an der Alt-Rhapsodie op. 53 sowie dem Schicksalslied op. 54. Die zugrunde liegenden Texte stammen diesmal nicht aus der Bibel, sondern aus Goethes *Harzreise im Winter* sowie Hölderlins *Hyperion*. Beide Male hat für Brahms die vorgegebene Trostlosigkeit bzw. Tragik menschlicher Existenz nicht das letzte Wort. Einmal wird die düstere Einsamkeit des Wanderers schließlich durch den vom Männerchor unterstützten mild-verklärenden Hymnus erhellt: »Ist auf deinem Psalter, / Vater der Liebe, ein Ton / Seinem Ohre vernehmlich, / So erquicke sein Herz!« Zum anderen ist die Lösung noch bezeichnender. Der Text von Hölderlin endet im Gegensatz zu den ersten beiden

---

[58] M. GECK, Johannes Brahms (s. Anm. 28), S. 81. – Brahms, der überhaupt sehr belesen war, war auch ein intensiver Bibelleser. Von den fünf Bibeln, die zuletzt in seiner Bibliothek standen, hat ihn besonders seine »Knabenbibel« aus dem Jahr 1833, vermutlich ein Taufgeschenk, lebenslang begleitet. »Sie zeigt intensive Lesespuren, verschiedenfarbige Anstreichungen und die charakteristischen Kratzstellen im Papier. Das, was ihn gedanklich bewegte, fand er hier treffend formuliert, wobei ihm das Alte Testament näher stand als das Neue.« (J. FORNER, Brahms [s. Anm. 17], S. 137)

[59] Vgl. J. FORNER, Brahms (s. Anm. 17), S. 65.

Strophen, die die Seligkeit der ewigen Götter schildern, in der dritten Strophe mit der Schilderung der Verzweiflung des ruhelosen, leidenden Menschen. Das kann Brahms offensichtlich so nicht stehen lassen, er ringt um einen tröstlichen Schluss. Die Lösung, die er nach längerer Zeit findet, besteht darin: Er fügt »dem ansonsten in Es-Dur und c-Moll stehenden Stück ein instrumentales Nachspiel in C-Dur an, welches das Motiv der mit *Langsam* und *sehnsuchtsvoll* überschriebenen Orchestereinleitung aufnimmt und damit einen tröstlichen Abschluss bietet.«[60] In Hinsicht auf dieses Finale schreibt Brahms bemerkenswerterweise an den Dirigenten KARL REINTHALER (Oktober 1871): »Wie wir genug besprochen: ich sage ja eben etwas, was der Dichter nicht sagt, und freilich wäre es besser, wenn ihm das Fehlende die Hauptsache gewesen wäre.«[61]

In den *Vier ernsten Gesängen* schließlich, die ARNOLD SCHÖNBERG nicht von ungefähr als BRAHMS' Vermächtnis betrachtete[62], finden wir die durchgängige Tendenz zu einem tröstlichen Abschluss auf überaus eindrucksvolle Weise wieder. Die MAX KLINGER gewidmeten Gesänge auf biblische Texte sind zunächst von tiefer Trauer über die menschliche Endlichkeit sowie über das im menschlichen Leben herrschende Unrecht gekennzeichnet – so dass der Tod neben seiner Bitterkeit gar als Wohltat erscheinen mag. Die biblischen Texte aus weisheitlicher Tradition (Prediger Salomo und Jesus Sirach) spiegeln die trübe, wehmütige Stimmung, in der sich BRAHMS befand. Er beendete die drei Gesänge an seinem 63. Geburtstag; nicht einmal 14 Tage später stirbt CLARA SCHUMANN, BRAHMS selbst hat nur noch knapp elf Monate zu leben. Und dennoch: Als er sich entschließt, die Gesänge zu veröffentlichen, kann er offenbar wiederum nicht auf einen tröstlichen Abschluss verzichten. Daraufhin fügt er einen bereits früher komponierten Gesang auf Verse aus 1. Korinther 13 an. Dieser Gesang, der als einziger in Dur steht, endet mit den bekannten Worten: »Nun aber bleibet Glaube, Hoffnung, Liebe, diese drei; aber die Liebe ist die größeste unter ihnen.« Mit diesem Hymnus auf die Liebe endet also das vielleicht trübste Werk von Brahms. Er wollte gegen alle Traurigkeit Trost und Zuspruch vermitteln, sicher besonders denen, die »Unrecht leiden unter

---

[60] M. GECK, Johannes Brahms (s. Anm. 28), S. 95.

[61] Zit. nach: FRANK SCHNEIDER, Welt, was frag ich nach dir? Johannes Brahms, in: ders., Welt, was frag ich nach dir? (s. Anm. 24), S. (198-211) 208.

[62] ARNOLD SCHÖNBERG, Brahms, der Fortschrittliche, in: ders., Stil und Gedanke. Aufsätze zur Musik, hg. v. Frank Schneider, Leipzig 1989, S. (99-145) 141.

der Sonne«.[63] Ob die biblischen Texte für ihn tatsächlich nur Tradition waren und er »in der Religion« jedenfalls »keine Zuflucht hatte«[64], darf bezweifelt werden, hängt aber natürlich auch davon ab, was man unter »Religion« versteht. Auch muss man die Frage stellen, welche Art von Liebe Brahms meint, wenn er das »Hohelied der Liebe« verwendet - die von Paulus aufgeführten Charakteristika der Agape jedenfalls spart er aus. Gleichwohl scheint mir, dass er die vollkommene, also die göttliche Liebe meint, worauf zumindest die Zitierung von 1. Korinther 13,12 schließen lässt. Dass Brahms die traditionelle Verheißung ewigen Lebens nicht direkt anführt, ist wohl wahr. Aber dass wir in diesen ernsten Gesängen, wie Johannes Forner behauptet, »keine Stelle des Trostes« finden, dass sie die Überzeugung von der höchst fragwürdigen, wenn nicht gar sinnlosen menschlichen Existenz zum Ausdruck bringen, dass sie endlich gar »die letzte Konsequenz aus zutiefst pessimistischer Haltung« darstellen[65]: Dies wird nicht nur durch den angefügten vierten Gesang widerlegt, sondern mehr noch durch Brahms' kompositorisches Schaffen überhaupt einschließlich der zuletzt vertonten Orgelchoräle.

Nach alledem sind Wagner und Brahms in vielem in der Tat als Antipoden zu begreifen und standen sich demgemäß fern. Nahe beieinander jedoch sind sie nicht nur in ihrer Sehnsucht nach Erlösung gerade angesichts des Todes, sondern auch in der Hoffnung darauf, dass die Macht der (entsagungsvollen, hingebenden) Liebe größer ist als der Tod.

---

[63] Vgl. F. Schneider, Welt, was frag ich nach dir? Johannes Brahms (s. Anm. 61), S. 210.

[64] H. A. Neunzig, Brahms (s. Anm. 15), S. 86.

[65] J. Forner, Brahms (s. Anm. 17), S. 271.

Folkart Wittekind

Tod, Auferstehung und ewiges Leben in der gegenwärtigen Theologie

1. Einleitung

Im Folgenden sollen einige Tendenzen der gegenwärtigen theologischen Lehre von Tod und Auferstehung skizziert werden.[1] Summarisch vorwegnehmend lässt sich sagen, dass ein relativ unbefangener Gebrauch von Bildern, Symbolen, Hoffnungsaussagen und Zukunftsbeschreibungen zu beobachten ist, deren inhaltlich-gegenständliche Gültigkeit nicht immer erwiesen werden kann bzw. soll. Traditionelle christliche Bildwelten, die insbesondere aus den apokalyptischen Schichten von Altem und Neuem Testament stammen, werden in der Theologie reformuliert und als notwendige Aussagen des Glaubens behandelt. Damit hat die heutige Theologie einen anderen Umgang mit den eschatologischen Aussagen als die klassische moderne Theologie, die aus der neuzeitlichen Entwicklung und der Aufklärung die Kritik an allen weltbezogenen Aussagen in der Theologie geerbt hat.

Ohne dieses Phänomen endgültig klären zu wollen, sollen hier einige Begründungsformen aufgezeigt werden, die diese Aussagen tragen. Dies geschieht so, dass in einem ersten Schritt (2.) die Kritik an der inhaltlichen Apokalyptik aufgezeigt wird, wie sie die Rückkehr zur Eschatologie in der Theologie des frühen 20. Jahrhunderts prägt. In einem zweiten Schritt (3.) soll kurz versucht werden, die Rückkehr des Weltbezugs in die Eschatologie unter den Bedingungen der Apokalyptik-Kritik zu erklären. Im dritten

---

[1] Als Einblick in die moderne Lehrentwicklung eignet sich Gerhard Sauter, Einführung in die Eschatologie, Darmstadt 1995. Anders als der Titel angibt, ist die Darstellung der Theologie des 20. Jahrhunderts der eigentliche Inhalt dieser ›Einführung‹. Siehe dazu unten Punkt 3.

Teil (4.) wird dann der eigentliche Inhalt der Darstellung erreicht. Anhand verschiedener Stellungnahmen zu einzelnen Fragen der Eschatologie wird dargestellt, wie die alten Themen von Geschichte, Person, Zeit und Raum in das radikal Andere des Reiches Gottes wieder einziehen.

Zwei Vorbemerkungen sind nötig. In Bezug auf die gegenwärtige Theologie wird man beobachtend vielleicht von einer Rückkehr des unkritischen Bildgebrauchs aus der religiösen Tradition sprechen können. Progressive Veränderungen der modernen Theologie vermischen sich hier manchmal mit konservativ-biblischen bzw. -biblizistischen Formen von ›Theologie‹. Einschränkend muss aber (vor)bemerkt werden: Zunächst ist die zu beobachtende Tendenz nicht verallgemeinerbar. Es gibt sowohl auf katholischer[2] als auch evangelischer Seite immer noch viele Theologen, die an dem Verzicht oder einer umdeutenden Ermäßigung von apokalyptischem Wissen festhalten und insofern der ›neuen‹ Eschatologie ablehnend gegenüberstehen. Dazu gehört, um es deutlich zu sagen, auch der Verfasser dieses Berichts. Doch die zweite notwendige Vorbemerkung lautet: Es muss auch einem ablehnenden Beobachter möglich sein, die Gründe, die für die neue Ausweitung des Bildbestandes in der Theologie vorgebracht werden, unvoreingenommen zu würdigen. Unkritisch heißt nicht unbedingt unkontrolliert. Vielmehr ist den meisten Theologen – wenn denn nicht unmittelbar bibelbezogene Rechtfertigungsstrategien gewählt werden – durchaus bewusst, dass ihre Aussagen auf schwankendem Grund stehen. Fast alle bemühen sich um eine Hermeneutik eschatologischer Aussagen, in der die Möglichkeit eschatologischer Rede begründet werden soll. Es gibt, so soll hier behauptet werden, so etwas wie eine allen gemeinsame schöpfungstheologische Grundannahme. Sie besagt, dass die in der dialektischen Theologie aufgemachte Unterscheidung von Gott und Welt nicht so radikal gedacht werden darf, dass sie zu einer Gottlosigkeit der Welt führt. Der von der Welt radikal unterschiedene Gott ist als dieser ganz Andere doch in der Welt als Gott immer anwesend – verborgen, als Geheimnis, als proleptisch erahnbares Versprechen. Christliche Trinitätstheologie und Deutung der Geschichte der Welt unter offenbarungsgeschichtlichem, schöpfungs-, bundes- oder reich-gottestheologischem und auch eschatologisch-apokalyptischem Vorzeichen verbinden sich in verschiedensten inhaltlichen Ausprägungen moderner Theologie zu einem undurchdrungenen Komplex von Überzeugungen.

---

2 Z.B. JOHANNA RAHNER, Einführung in die christliche Eschatologie, Freiburg i.Br. 2010.

Schwierig bleibt, dass die Theologen dann so etwas wie ein Geheimwissen von dieser Anwesenheit Gottes unter dem Mantel der Verborgenheit haben müssen. Insofern bleibt diese Theologie dann nicht wissenschaftlich, sondern kehrt zu religiösen Ausdrucksformen zurück. Aber sie gibt für ihre Behauptungen immerhin Gründe an, die als Ausdruck eines Problems beschrieben werden können. Dazu dienen die folgenden Darstellungen. Sie sind zunächst theologiegeschichtliche Beobachtungen in Bezug auf die gegenwärtige Theologie, die irgendwann in eine eigene Theologie des Eschaton einmünden sollen und können. Eine solche Theologie müsste dann die Anregungen der dargestellten neueren Überlegungen aufnehmen können. Aber erst damit ginge sie dann über die beobachtende Aufnahme hinaus und könnte begründet Kritik üben.

2. Präsentische Eschatologie am Anfang des 20. Jahrhunderts als Kritik an der Apokalyptik

Wie die Inhalte der Schöpfungstheologie, so werden unter den kritischen Bedingungen der aus der Aufklärung kommenden modernen Theologie auch die eschatologischen, auf die inhaltliche Zukunft der Welt bzw. ihr zeitlich-räumliches Ende gerichteten Aussagen als unbegründbar erwiesen.[3] Das auf die biblischen Erzählungen und ihre allegorische Deutung aufgebaute Weltbild mit seinem vorherbestimmten Ende nach 6000 Jahren verliert im 18. und 19. Jahrhundert an Gültigkeit. Der Gedanke der Selbsterhaltung der Welt macht Gottes aktive Erhaltung der Welt von Augenblick zu Augenblick überflüssig. Die Zeiträume der Entstehung der Erde in der wissenschaftlichen Betrachtung verändern sich rasant und machen ihre Herausbildung in einem langen naturgeschichtlichen Prozess über Hunderttausende, ja Millionen von Jahren deutlich. Entsprechend verliert die Vorstellung von einem durch Gottes Eingreifen in den Weltlauf hervorgerufenen plötzlichen Ende der Welt an Gewicht. Sie wird mehr und mehr verdrängt bzw. als eine dichterische, symbolische und pädagogische Erzählung durchsichtig.

Neben die naturwissenschaftliche Fraglichkeit eines apokalyptischen Endes der Welt tritt die moralische Kritik. Sie liegt bereits in Gotthold Ephraim Lessings allgemeiner Religionskritik und in Kants Idee der ethi-

---

[3] Vgl. die immer noch lesenswerte Zusammenstellung der Kritik an den einzelnen Lehrelementen der Eschatologie: David Friedrich Strauss, Die christliche Glaubenslehre in ihrer geschichtlichen Entwicklung und im Kampfe mit der modernen Wissenschaft dargestellt, Bd. 2, Tübingen / Stuttgart 1841 (Nachdr. mit einer Einleitung von Werner Zager, Darmstadt 2009), S. 627-739.

schen Autonomie des Menschen vor, ist aber auch insbesondere auf das Drohpotenzial der Gerichtsvorstellung anwendbar. Wenn es die Aufgabe des Menschen ist, das Gute um seiner selbst willen zu tun, und wenn es die praktische Vernunft ist, die die Forderung des Guten zureichend in eigener Regie begründet, dann ist die Idee Gottes als eines Gesetzgebers und Richters nur ein Bild dieser Autonomie. Es gibt dann keine über die Verfehlung selbst hinausgehende Strafe oder Vergeltung durch ein göttliches Wesen zu fürchten. Die ausgemalte apokalyptische Szenerie verliert so ihre politische und moralische Bindungskraft, sie wird funktionslos.

Eine im engeren Sinn religionstheoretische Kritik der Eschatologie hat Friedrich Schleiermacher formuliert. Alle Dogmen und Inhalte des Glaubens sind Weisen des Ausdrucks der innerlichen Religion. Im Bild Gottes stellt sich die bewusstseinstheoretisch begründete schlechthinnige Abhängigkeit des Gefühls von einem Woher dieser Abhängigkeit dar. Solche Bilder des Ausdrucks funktionieren damit aber nur als Darstellungen eines bereits gegebenen inneren Besitzes bzw. eines religiösen Seins des darstellenden Subjekts. Der Glaube wird reflexiv auf sich selbst zurückbezogen, indem er sich ausdrückt und kommunizierbar wird. Damit fallen aber Aussagen, die sich auf einen zukünftigen Zustand der Welt oder des Menschen beziehen, aus dem heraus, was vom Glauben aus überhaupt aussagbar ist. Schleiermacher hatte deshalb alle eschatologischen Aussagen aus der eigentlichen Dogmatik, deren Aussagen theologisch-wissenschaftlich aus dem Selbstausdruck des Glaubens abgeleitet werden können, herausgenommen und als prophetische Aussagen an ihr Ende und ihren Rand gestellt. Es ist dem Glauben nicht möglich, begründete Aussagen über die Zukunft der Welt zu machen. Tut er es trotzdem, wie in den prophetischen Lehrstücken, dann handelt es sich bewusst um ausgedachte Bilder und selbst produzierte Schlussfolgerungen, die etwas über den Prozess dieser Produktion sagen, aber nicht inhaltlich für wahr genommen werden können.

Schließlich wächst im 19. Jahrhundert die Kenntnis über die historisch-religionsgeschichtlichen Hintergründe der Apokalyptik. Und im Kontext der Frage nach dem Wesen des Christentums wird die Unterscheidung von apokalyptischem Ausdruck und innerlicher Religion auch auf Jesus und das Urchristentum angewendet. Adolf von Harnack hat diese Form der Kritik in seiner Schrift »Das Wesen des Christentums« popularisiert. Danach ist die Apokalyptik die selbstverständliche vorstellungshafte Voraussetzung der jüdischen Religion um die Zeitenwende. Auch Jesus und das Urchristentum sind durchgehend und tief apokalyptisch geprägt und verwenden die entsprechenden Bilder und Vorstellungskomplexe. Aber das Eigentliche und Wesentliche der neuen christlichen Religion, wie es insbesondere im persönlichen Gottesglauben Jesu Christi zu finden ist, besteht im Bewusstsein der unmittelbaren liebenden Gottesgegenwart im Leben des Glaubenden.

Es ist nun diese Konstruktion der Differenz von wesentlich und äußerlich, die zunächst in der sogenannten konsequenten Eschatologie von Johannes Weiss und Albert Schweitzer bestritten wird. Diese ›konsequenten Eschatologen‹ verweigern die Anwendung der Differenz auf Jesus und das Urchristentum. Jesus darf nicht bürgerlich-moralisch-innerlichkeitsbezogen umgedeutet werden, wie es Harnack macht. Vielmehr ist er historisch gesehen eben ein apokalyptischer Bußprediger gewesen, dessen Botschaft ihre Überzeugungskraft nur wegen der gegenständlichen und massiven Vorstellung vom baldigen Weltende gewann. Man versteht Jesus und seine Religion nur, wenn man ihn als eine fremde, historisch abständige und apokalyptisch bestimmte Person stehen lässt. Schweitzer und Weiss waren nämlich der Meinung, dass diese apokalyptische Religion Jesu nicht die des modernen Christen sein kann. Sie plädieren im Kontext der Veränderung der Eschatologie dafür, die Differenz zwischen dem historischen Jesus und dem gegenwärtigen Christentum ernst zu nehmen und die Weiterentwicklung des Christentums anzuerkennen. Der Glaube verändert sich, und die Ersetzung der Apokalyptik durch die Innerlichkeit und Moral ist eine der notwendigen Änderungen, die das Christentum überlebensfähig gemacht hat und die Möglichkeit bereitstellt, in der Gegenwart ohne kognitive Dissonanzen Christ zu sein.

Diese Differenz zwischen dem Urchristentum und dem modernen, insbesondere protestantischen Glauben ist um die Jahrhundertwende zwischen dem 19. und 20. Jahrhundert insbesondere kulturtheoretisch debattiert worden. Denn die Erwartung des nahen Endes führt, so meinte man, zu einer Lebenshaltung, die sich asketisch von der Welt und der menschlichen Kultur samt Ökonomie, Politik, Recht und Kunst abwendet und eine Nicht-Teilhabe an dem allgemeinen öffentlichen Leben zur Folge hat. Apokalyptik ist nicht kulturprägend. Eine Verbindung zwischen dem Christentum und der Kultur ist erst durch die abnehmende Naherwartung im Laufe des zweiten Jahrhunderts möglich geworden. Das Urchristentum fällt dadurch aus der eigentlichen Kirchengeschichte und der sie charakterisierenden Durchdringung der Lebenwelt mit christlichen Anschauungen heraus. Da man der Meinung war, dass die Gegenwart (und die Zukunft der Menschheit auf dem Planeten Erde) durch die christliche Kultur des Bürgertums in seiner aufgeklärten westlichen, ökonomisierten Form bestimmt wird, war damit ein weiterer Grund gegeben, warum die eschatologisch-apokalyptischen Vorstellungen aus dem Bestand des modernen Christentums herausgehalten werden sollten.

Damit sind einige Gründe skizziert, warum apokalyptisch-eschatologische Aussagen im (protestantischen) Christentum am Anfang des 20. Jahrhunderts keine (große) Rolle mehr spielten. Die Dogmatiken konzentrieren sich auf die Selbstbeschreibung des menschlichen, geschichtlichen Geistes und ihren religiös-christlichen Ausdruck und ermäßigen entsprechend die apokalyptischen Traditionsbestände oder funktionalisieren sie ethisch-intentional um. Oder wie es Ernst Troeltsch mit einem theologischen Diktum, das seit dieser Zeit immer wiederholt wird, zusammenfassend ausdrückte: Das eschatologische Büro ist heutzutage meist geschlossen.[4]

Diese Hintergründe sind wichtig, um die Neuerfindung der Eschatologie als einer die protestantische Theologie bestimmenden Leitfigur im 20. Jahrhundert zu verstehen. Diese Neuerfindung einer eschatologischen Theologie prägt sich in der dialektischen Theologie in verschiedenen Formen aus. Im Folgenden wird die Position Rudolf Bultmanns referiert, der die Kritik an der Apokalyptik ausdrücklich weiterführt und die Eschatologie in einer präsentischen Form neu begründet.[5] Was ist damit gemeint?

Bultmanns eigentlicher Ansatzpunkt zur Neuaufrichtung einer eschatologischen Theologie muss von der Religionsphilosophie aus verstanden werden. Denn Bultmann hegt, wie viele Theologen in seinem zeitlichen Umfeld, die feste Überzeugung, dass die geistbezogene Einordnung der Religion in die Weise menschlichen Selbstumgangs, also ein kulturtheoretisches und kulturgeschichtliches Erfassen der religiösen Äußerungen der Menschen, nicht dem eigentlichen inneren Wesen von ›Religion‹ bzw. Glauben entspricht. Religion ist etwas anderes, weil sie im Innern auf den absoluten, jetzt geltenden und sich durchsetzenden Anspruch Gottes auf das Leben des Menschen bezogen ist. Der Gottesgedanke gewinnt dadurch eine ganz neue Funktion. Er ist nicht – wie z.B. in Schleiermachers romantischer Kritik – bloß einer der möglichen Inhalte und Ausdrucksgestalten der religiösen Innerlichkeit des Menschen. Sondern der Bezug auf Gott als das (oder der) ganz Andere entscheidet erst darüber, ob hier wirk-

---

[4] Ernst Troeltsch, Glaubenslehre. Nach Heidelberger Vorlesungen aus den Jahren 1911 und 1912. Mit einem Vorwort von Martha Troeltsch, München / Leipzig 1925, S. 36.

[5] Vgl. besonders Bultmanns ›Auseinandersetzung‹ mit Karl Barth, in der er Barth systematisch zustimmt und ihn exegetisch kritisiert: Rudolf Bultmann, Karl Barth, ›Die Auferstehung der Toten‹ (1926), in: ders., Glauben und Verstehen. Gesammelte Aufsätze, Bd. 1, Tübingen [8]1980, S. 38-64. Zu Bultmanns Eschatologie: Folkart Wittekind, Eschatologie zwischen Religion und Geschichte. Zur Genese der Theologie Bultmanns, in: Ulrich H.J. Körtner (Hg.), Die Gegenwart der Zukunft. Geschichte und Eschatologie, Neukirchen-Vluyn 2008, S. 55-84.

lich Religion in einem innerlich ernst zu nehmenden Sinne oder bloß als traditioneller Ausdruck kultureller Teilhabe geschieht. Glaube wird mit der Forderung befrachtet, seine Differenz von allem anderen menschlichen Bewusstsein in sich tragen zu müssen. Genau dafür steht der Gottesbegriff. An seiner absoluten Geltung und dem Bekenntnis des Glaubens zu dieser absoluten Geltung wird die Unterscheidung von wahrer, wahrhaftiger innerlicher Religion und bloß äußerlich-kultureller, über die Aneignung von traditionellen Bildinhalten funktionierender Religion deutlich.

Das erklärt, warum für Bultmann die Eschatologie nicht bloß einer der vielen verschiedenen Gehalte des Glaubens ist, sondern in die Bestimmung dessen, was Glaube selbst ist, einwandert. Denn die Unterscheidung Gottes von allem Weltlichen kann eschatologisch-apokalyptisch gefasst werden: Selbstverständlich geht Bultmann kritisch davon aus, dass Gott nicht in der Welt gefunden und isoliert werden kann. Gott ist vielmehr das offenbarende Element am Geschehen von Glauben. Gott greift also in die Welt ein, aber nicht so, dass der reale Verlauf der Welt verändert wird, sondern so, dass Glaube geschieht, Menschen zum Glauben kommen und die christliche Gemeinde sich in der Verkündigung selbst erhält und weiterträgt. Wo Glaube sich ereignet, hat Gott von außen in den Lauf der Welt eingegriffen und Unmögliches möglich werden lassen. Glaube ist deshalb theologisch gesehen nicht eine Fähigkeit des Menschen, sondern ein Ergebnis des offenbarenden Eingreifens Gottes in die Geschichte – eben ein eschatologisch-apokalyptisches Produkt.

Damit ist die Unterscheidung von Glaube und Geist, von (wahrer) Religion und Moral bestätigt bzw., wie Bultmann sagt, erst eigentlich radikal gedacht. Die Autonomie des Menschen in ethischen, politischen, gesellschaftlichen, kulturellen und ästhetischen Fragen kann unbefangen bejaht werden. Nur in der Religion ereignet sich der Bezug des Menschen auf die Offenbarung Gottes. In den anderen Bereichen des Lebens kann die Berufung auf Gott (z.B. als Gesetzgeber, als Drohinstanz, als Verklärung von geschichtlichen Vorgängen oder als politisches Bindemittel) mit der liberalen Kritik als menschliche Projektion entlarvt werden. Kritik an der willkürlichen, machtbesessenen, ideologischen oder pädagogischen Funktionalisierung des Gottesgedankens wird so jederzeit auch vom Theologen gefordert. Denn Glaube ist nur dort, wo jenseits dieser Funktionalisierung die Rede von Gott Ergebnis der Erfahrung des Ereignisses des Glaubens ist, wo also ›die Sache‹ vorgängig die Rede bestimmt.

Bultmann hat diese neue religionsphilosophische Auffassung des Wesens der Religion, mithilfe deren der christliche Glaube seinem Wesen nach eschatologisch-apokalyptisch bestimmt wird, auch auf die Erfassung des Neuen Testaments, auf das Urchristentum und insbesondere die Person Jesu angewendet. Die eschatologisch-apokalyptische Glaubensauffassung ist der neue Kern der christlichen Botschaft. Um ihn herum sortiert sich die tradierte religiöse Bildwelt der jeweiligen Gruppen und Gemeinden, mithilfe derer sie ihren Glauben ausdrücken. In der Verkündigung Jesu ist in der Gotteskönigreich-Ankündigung die neue eschatologische Botschaft bereits versteckt enthalten, insofern Jesus in seiner Verkündigung selbst den Ort des Naheseins Gottes sah. Die urchristliche Gemeinde hat daraus die einzig sachangemessene Konsequenz gezogen und die implizit in Jesu Verkündigung enthaltenen auf die Person Jesu bezogenen Elemente ausdrücklich gemacht. So entwickelt sich aus der eschatologischen Glaubensauffassung in Jesu Verkündigung dann die eschatologische Auffassung der Christologie: Jesus Christus ist selbst das Ereignis, in welchem Gott offenbarend in die Welt eingegriffen hat und in Bezug auf welches jeder weitere Glaube sich seiner selbst als Ereignis der göttlichen Offenbarung gewiss sein kann.

Die religionstheoretischen Grundüberlegungen, die zu einer Aufnahme der eschatologischen Lehre in die Auffassung des Glaubens selbst führen, müssen im Folgenden allerdings auch auf die apokalyptischen Aussagen vom Weltende, von der Neuschöpfung bzw. Auferstehung, vom Gericht und dem ewigen Leben angewendet werden. Bultmann hat diese Anwendung unter das Stichwort der präsentischen Eschatologie gefasst und damit seiner Umdeutung der eigentlichen Apokalyptik einen theologischen Begriff gegeben. Denn Bultmann behält die Kritik an der Apokalyptik, wie sie die Theologie seit der Aufklärung prägt, bei. Natürlich hält er die Aussagen zum Weltende, zur Auferstehung und zum Gericht nur für zeitgebundene, religionsgeschichtlich aus den Erfahrungen des jüdischen Volkes erklärbare Bilder. Aber er nimmt sie als Beschreibungen des Glaubensgeschehens in seine moderne Theologie auf. Das heißt, er verzichtet nicht auf die apokalyptisch-eschatologischen Aussagen wie die liberale Theologie, sondern formt sie um.

Bultmanns präsentische Theologie soll an einem kurzen Zitat verdeutlicht werden. »[A]n das Kreuz glauben, heißt, das Kreuz Christi als das eigene übernehmen, heißt, sich mit Christus kreuzigen lassen. Das Kreuz ist als Heilsgeschehen nicht ein isoliertes Ereignis, das an Christus als mythischer Person passiert ist, sondern dieses Ereignis hat in seiner Bedeutsamkeit ›kosmische‹ Dimension. Und seine entscheidende geschichtsumgestaltende Bedeutung wird dadurch zum Ausdruck gebracht, daß es *als das eschatologische Ereignis gilt*; d.h. es ist nicht ein Ereignis der Vergangenheit, auf das man zurückblickt; sondern es ist das eschatologische

Ereignis in der Zeit und jenseits der Zeit, sofern es, in seiner Bedeutsamkeit verstanden und d.h. für den Glauben, *stets Gegenwart* ist.«[6]

In diesem Zitat geht Bultmann vom Kreuz als einem historischen Ereignis aus. Entscheidend ist die Verbindung von Christologie und Glauben. Diese Verbindung geschieht durch die Beziehung beider Begriffe auf die Eschatologie. Im Kreuz Christi ist die Grundbedingung für den Glauben symbolisiert, nämlich die Abscheidung von der Welt. Seine Heilsbedeutung ergibt sich für Bultmann nur in der Auferstehung, bzw. genauer, die Auferstehungsaussage ist selbst ein Bild der Anerkennung des Kreuzes Jesu als das Kreuz, das der Glaube in seinem Sich-Ereignen auf sich nimmt. In dieser Bedeutung des Kreuzes für den Glauben liegt sein Anderssein gegenüber allen rein historischen Geschehnissen. Sofern also das Kreuz Christi als Bild des Glaubens anerkannt wird, ist es nicht nur ein historisches Ereignis, sondern es ist, wie Bultmann sagen würde, auch zugleich ›geschichtlich‹, nämlich im Sinne von in der Geschichte etwas radikal Anderes und Neues ereignend. Dies ist der Glaube als Ergebnis der Offenbarung Gottes.

Hinzuweisen ist auf Bultmanns Verwendung des Wortes ›kosmisch‹. Denn es geht, wie der Zusammenhang zeigt, nicht um eine universalkosmische Bedeutung, sondern um eine streng auf den Menschen und seinen möglichen Glauben bezogene. Mit ›kosmisch‹ meint Bultmann hier nur die Möglichkeit, dass allen Menschen zu allen Zeiten die Möglichkeit gegeben ist, zum Glauben zu kommen. Nicht die Geschichte des Kosmos ändert sich, wie in der traditionellen Apokalyptik, sondern die Selbstdeutung, das Selbstverständnis der Menschen in der Geschichte. Außerhalb von dieser erkenntniskritisch auf das Geschehen des Glaubens selbst beschränkten Redefunktion würde Bultmann die Rede von einem kosmischen Eingreifen Gottes in den Lauf der Welt für sinnlos halten.

Die theologische Rede Bultmanns von dem weltumgestaltenden Ereignis gilt also ausschließlich in Bezug auf die im Menschen sich ereignende Bedeutungshaltigkeit, gilt nur ›für den Glauben‹. Aber im Glauben ist sie ›stets Gegenwart‹. Das heißt begrifflich streng genommen, das apokalyptisch-eschatologische Ereignis von Gottes Offenbarung in der Welt ist ein Strukturelement der Selbstbeschreibung des Glaubens. Damit ist der Sinn der ›präsentischen Eschatologie‹ überführt in den der ›Stetsgegenwart‹ für den Glauben: Wo Glaube ist, beschreibt er sich notwendig in Bezug auf das

---

6 RUDOLF BULTMANN, Neues Testament und Mythologie, in: Hans-Werner Bartsch (Hg.), Kerygma und Mythos. Ein theologisches Gespräch, Hamburg 1948; ^{2}1951, S. (15-48) 42.

Eingreifen Gottes in die Welt, und zwar genau darum, weil er sich als Glaube nicht aus dem menschlichen Geist oder aus der Geschichte der Überlieferung ableitet, sondern sich als unableitbares Deutungsgeschehen in Bezug auf die Erzählung von Kreuz und Auferstehung Jesu Christi begreift. Glaube als wahre Religion konstituiert sich allein mit Bezug auf sich selbst. Kerygma und Glaube, Glaubensgehalt und Glaubensgeschehen, Glaubenserzählung und glaubende Rezeption bilden einen unauflösbaren, auf nichts anderes außerhalb begründbaren Zirkel.

Es ist für Bultmann selbstverständlich, daß jede Rede, die durch die Konstruktion aus der gegenwärtigen Selbstbeschreibung des Glaubens nicht gedeckt ist, keinen Anspruch auf wissenschaftliche Begründbarkeit in der Theologie machen kann. Die apokalyptischen Bildwelten, jede Form einer universal-kosmischen Aussage oder gar Auskünfte über ›schlussgeschichtliche‹ Ereignisse sind ebenso zu kritisieren, wie es die liberale Theologie seit der Aufklärung getan hat. Der Sinn der präsentischen Eschatologie liegt in der Umformung der religiösen Aussagen des christlichen Glaubens hin zu reinen Formen der Selbstbeschreibung des Glaubens. Das Außerhalb Gottes, seine radikale Andersartigkeit gehen ein in die Unableitbarkeit des Glaubens im Kontext der Welt. Glaube ist zwar selbst ein Geschehen innerhalb der Welt, denn dort, wo ein Mensch zum Glauben kommt, ist die reale Geschichte nachvollziehbar und erkennbar verändert. Aber Bultmann verweigert jede darüber hinausgehende Erkenntnis. Gott greift die Welt beendend in diese ein – eine solche Aussage lässt sich treffen, wenn man sie streng als auf das Geschehen des Glaubens gerichtet versteht. Aber darüber hinaus, in einem gegenständlichen, geschichtlich ›objektiven‹ Sinn ist die Aussage sinnlos. Dies gilt auch in Bezug auf die christologischen Aussagen, die erst im Kontext des Kerygmas der Gemeinde möglich sind und damit keine Aussagen über eine ›reale‹ Bedeutungshaltigkeit Jesu von Nazareth als historischer Person machen. Nicht Jesus an sich selbst ist das Offenbarungsereignis, sondern der Zusammenhang des Glaubens der Gemeinde mit der Erinnerung an die Verkündigung Jesu. Dadurch wird aber dem Anspruch nach auch ausgeschlossen, dass der Glaube das Eingreifen Gottes in die Geschichte in Jesus nur konstruiert. Es handelt sich nicht um reine Deutungsvorgänge. Sondern in der glaubenden Deutung wird das in Jesus bereits Geschehene erkannt. Das meint Bultmanns theologisches Zugeständnis der impliziten Christologie in Jesu Verkündigung.

3. Die universale Ausweitung der radikalen Eschatologie

Die ›präsentische Eschatologie‹ nimmt die Kritik der liberalen Theologie an der traditionellen Apokalyptik auf. Aussagen über das Ende der Welt gehören nicht zum eigentlichen Kernbestand des christlichen Glaubens, sondern sind ihm aus den apokalyptischen Beständen der jüdischen Religionsgeschichte zugewachsen. Die Apokalyptik ist so etwas wie der historische Entdeckungshorizont des christlichen Glaubens, und die historische Dauer und Durchsetzung des Christentums hängen genau an seiner Fähigkeit, diese apokalyptisch beeinflussten Entdeckungszusammenhänge hinter sich zu lassen und sich als eine ›präsentisch‹ eschatologische Religion zu verstehen.

Die Theologie des 20. Jahrhunderts hat gleichwohl ab den späten 50er Jahren versucht, die Beschränkung der frühen dialektischen Theologie auf den Glaubensakt zu überwinden und zu einer theologischen Weltdeutung zurückzufinden. Diese Kritik an der frühen dialektischen Theologie äußert sich z.B. bei DOROTHEE SÖLLE in dem Vorwurf gegenüber BULTMANN (aus dessen theologischer Schule sie eigentlich selbst kommt), sein Glaubensverständnis sei privat, individualistisch und deshalb in schlechtem Sinne bürgerlich.[7] Die Welt außerhalb des je individuellen Glaubensaktes komme in seiner Konzentration der Theologie auf die Beschreibung der Struktur des Glaubens nicht vor. Diese Dimension müsse aber wieder erreicht werden, wenn der ursprüngliche gemeinschaftlich-soziale Sinn der frohen Botschaft Jesu angemessen übernommen werden solle. SÖLLE steht damit in der breiten Front einer Politisierung der Weltanschauung, die die existenzialistische Sicht aus den 40er und 50er Jahren ablöst. ›Kirche für die Welt‹ wird zur Losung einer Theologie, die sich damit auch selbst rechtfertigt: Denn es wird die Allgemeingültigkeit der Theologie gegen ihre (scheinbare) privat-individualistische, auf das glaubende Subjekt zielende Beschränkung gesetzt. Der Glaubende vollzieht nur, so die neue theologische Devise, was eigentlich für alle gilt. Die Theologie lebt von einer allgemeingültigen Anthropologie, die auch jenseits der Anerkennung durch die Einzelnen gilt. Dieser Ansatz der Theologie ist auch auf sich selbst bezogen kritisch, denn er verhindert das Aufstellen von Aussagen, die nur für den Glauben gelten, die sich direkt auf spezielle Offenbarung berufen oder auf Tradition bzw. Schriftbeweis beruhen. Die Allgemeingültigkeit der theologischen Aussagen für alle Menschen wird zum Konstruktionspunkt der kritischen Nachkriegstheologie, die damit die erkenntnistheoretische

---

[7] Vgl. DOROTHEE SÖLLE, Politische Theologie. Auseinandersetzung mit Rudolf Bultmann, Stuttgart / Berlin 1971.

Grundnorm des Wissenkönnens – also die Beziehung der Glaubensaussagen auf die Reflexion des Glaubensgeschehens – als zweitrangig betrachtet. Die Theologie beansprucht ein eigenes rationales Wissen, das als Analyse allgemeinen Menschseins über die Gegenzeichnung durch die einzelnen Glaubenden frei hinweggeht.

Diese Tendenz, und darum geht es hier, lässt sich auch in der Lehre von den letzten Dingen beobachten. Selbst dort, wo im Sinne der dialektischen Theologie kritisch das menschliche Wissen von der Gottesoffenbarung unterschieden wird, und insofern eigentlich eine Konzentration auf die Reflexion dieses Offenbarungsgeschehens stattfinden müsste, wird eine universale Ausweitung des Offenbarungsgeschehens über den individuellen Vollzug des Glaubens hinaus gefordert.

In besonders eindrücklicher Weise zeigt sich diese Tendenz in der Eschatologie GERHARD SAUTERS.[8] Und zwar deshalb, weil er seine Eschatologie eigentlich in einer kritischen Absicht gegen jede Form einer Geschichtstheologie entwirft und insofern eigentlich jeder angewandten Kosmologie oder religiösen Überhöhung bestimmter geschichtlicher Vorgänge strikt widerspricht. Grundlage dieser Kritik ist die alte dialektische Entgegensetzung von Gott und Welt. Gott ist für Sauter immer zuerst der ganz Andere, der Unverrechenbare, das mit der Welt in einem starken, absoluten Kontrast stehende Gegenüber. Und es ist deshalb umso bedeutsamer, dass Sauter von dieser Position aus gleichwohl zu einer Kritik auch an der Eschatologie der frühen dialektischen Theologie fortschreitet. Diese Kritik gilt es im Folgenden zu verstehen, denn sie ist die Grundlage dafür, dass in der neueren Theologie zu einer unbefangenen Inanspruchnahme kosmologischer und zukunftsbezogener Aussagen zurückgekehrt wird, wie es im dritten Teil darzustellen ist.

Wie ist Sauters Eschatologie aufgebaut? Er unterteilt die Lehrentwicklung in drei große Grundkonzeptionen, nämlich erstens die klassische Eschatologie der kirchlichen Überlieferung mit ihren gegenständlich-apokalyptischen, aus den biblischen Schriften stammenden Anteilen einer Vorhersage für die tatsächliche Zukunft der Welt. Die zweite Grundkonzeption ist die der Umwendung der Eschatologie in die innerweltliche Reich-Gottes-Erwartung. Darunter fasst Sauter alle historischen Formen der Entwicklungstheorien, von Fortschrittsglauben, von idealistischer Geschichtsmetaphysik, von geistphilosophischen Selbstverwirklichungskon-

---

[8] G. SAUTER, Einführung in die Eschatologie (s. Anm. 1); vgl. DERS., Zukunft und Verheißung. Das Problem der Zukunft in der gegenwärtigen theologischen und philosophischen Diskussion, Zürich / Stuttgart 1965.

struktionen, von bürgerlichem Optimismus für die christlich-abendländische Zivilisation. Die dritte Grundkonzeption ist die einer ›radikalen Eschatologie‹, der auch Sauter selbst anhängt. Hier wird die oben an BULTMANN verdeutlichte radikal präsentische Eschatologie in barthianischer Form wiedergegeben. Sie widerstreitet nicht nur der traditionellen Theologie und ihren auf ein von Gott in der Ereignisfolge gesetztes transzendentes Ende der Welt gerichteten Erwartungen, sondern ebenso der Verbindung Gottes mit einer tatsächlichen innerweltlichen Entwicklung. Gott ist der ganz Andere – dies und nichts weiter ist die Grundaussage der Eschatologie, die erst dann und darauf aufbauend die Beziehung dieses ganz Anderen zur Welt und zum Menschen beschreibt.

Für die eigene theologiegeschichtliche Einordnung ist es wichtig, dass SAUTER in (und seit) den 60er Jahren eine Rückkehr der Theologie zur zweiten Grundkonzeption diagnostiziert. Gerade für die amerikanische Theologie nennt er als Auslöser den Einfluss PAUL TILLICHS, dessen Theologie er damit – wie die inhaltlich konträr gelagerte Theologie EMANUEL HIRSCHS – als im liberalen Erbe geschichtstheologisch verfasst beurteilt. (Damit wird die Frage, welche Theologie eigentlich das Anderssein Gottes in rechter Weise durchführt, zur Gretchenfrage der angemessenen Theologie. Denn am Beginn der 20er Jahre eint die genannten Theologen mit den sogenannten dialektischen Theologen die Erkenntnis, dass Gott als das bzw. der ganz Andere nicht im Ausgang von neukantianischen, bewusstseinsphilosophisch aufgebauten Religionskonzeptionen gedacht werden darf.) Die radikale Eschatologie (insbesondere des Barthianismus) wird durch das Interesse an politischen und gesellschaftlichen Macht- und Einflusskonstruktionen ihres radikal-kritischen Elements beraubt. SAUTER sieht hier linke Strömungen der Reich-Gottes-Theologie und rechte nationalistische Amerika-Theologien auf gleicher Ebene. Dagegen gilt es für ihn als notwendig, zu der radikal kritischen Konzeption der ursprünglichen dialektischen Theologie (insbesondere in ihrer durch KARL BARTH geprägten Form), wie sie sich bis 1930 entwickelt hat, zurückzukehren und ihr kritisches Potenzial neu gegen die gegenwärtigen Geschichtstheologien in Erinnerung zu rufen. Erst durch diese Kritik hindurch kann für SAUTER geklärt werden, was an dem theologischen Neuaufbruch aus den 60er Jahren tatsächlich bleibt, theologischen Bestand hat und nicht nur einer politischen Mode geschuldet ist.

Sauter geht nun so vor, dass er die eschatologische Hoffnung an Jesus Christus bindet. Damit nimmt er die radikale Kritik an jeder innerweltlichen Hoffnung auf, denn in Jesus Christus ist ja das ganz Andere Gottes weltlich offenbart worden. Mit dieser christologischen Kriteriologie der Eschatologie gegen ›Apokalyptik‹ bezieht sich Sauter auf BARTH, BULTMANN und KARL RAHNER. Er geht aber im Gegensatz zu diesen einen Schritt weiter, indem er die Christologie als ein schöpfungstheologisches Geschehen beschreibt. In der Christusoffenbarung ist der endgültige Sinn der Welt verborgen realisiert, bzw. als noch für die Welt verborgen, doch für die Christen offenbar geworden. Insofern ist es theologisch von der Christusoffenbarung aus möglich, schöpfungstheologisch-kosmologisch-eschatologische Aussagen zu treffen. Auf diese Ausweitung hat BARTH selbst, wie SAUTER bemerkt, verzichtet. Sauter nähert sich damit einer christologischen Neuschöpfungskonzeption, wie sie z.B. auch die Theologie JÜRGEN MOLTMANNS prägt, meint sie aber in einer Weise weltlicher und verborgener, die an die proleptisch-eschatologische Kosmologie WOLFHART PANNENBERGS erinnert.

Die Eschatologie hängt damit nicht mehr am Glauben, nicht an dem einzelnen Offenbarungsgeschehen, durch das Glaube geschieht. Theologie als Ganze ist nicht mehr als Strukturbeschreibung des Glaubensaktes oder als Vollzugsbeschreibung des Offenbarungsgeschehens zu entwerfen. Sondern die Theologie wird zur schöpfungstheologischen Ausweitung des Christusgeschehens. An Christus ist ablesbar, was der Sinn der Welt ist. Entsprechendes gilt für die Eschatologie. Sie ist nicht mehr nur Beschreibung einer Hoffnung für die Welt, nicht mehr nur kosmologische Zukunftserwartung, sondern sie ist Beschreibung eines sich hoffentlich realisierenden Sinns der Welt, der mit Sicherheit in Jesus Christus bereits als Gottes Absicht mit der Welt erkennbar geworden ist. »Was Jesus Christus vollbracht hat, treibt uns zur Erwartung, daß wir hineingezogen werden in das, was Gott will. Er ist der einzige Mensch, der uns sagen kann, was anders geworden ist und wie anders es geworden ist - denn er ist zugleich der ganz Andere.«[9] Damit wird die Eschatologie von dem Glauben und der Hoffnung gelöst und an das, was von Jesus Christus ausgesagt wird, angebunden. In Jesus Christus erfolgt die Ausweitung des Wissen-Könnens der Theologie. Denn die Aussage, dass Jesus Christus für alle weiß (und was deshalb alle eben [noch] nicht wissen müssen), wie die Welt werden soll, ist ja selbst eine unkontrollierbare theologische Behauptung. Sie trägt aber die schöpfungstheologische Ausweitung der Eschatologie, die SAUTER trotz seiner radikalen Kritik an jeder direkten Geschichtstheologie für möglich und notwendig hält. Die Forderung des Wissen-Könnens wird selbst zu einem Herrschaftsanspruch des menschlichen Wissens erklärt, dessen man sich, um das Ganz Andere an Jesus zu erkennen, begeben muss. Die christologische Anbindung wird von Sauter als Kritik an aller inhaltlichen

---

9 G. SAUTER, Einführung in die Eschatologie (s. Anm. 1), S. 104.

Hoffnung, als Kritik an jeder geschichtsbezogenen Erwartung instrumentalisiert. Die wahre Welt ist ganz anders, weil sie in Jesus Christus als Welt Gottes erkannt werden will. »Adressat der Eschatologie ist daher nicht bloß der denkende, erkennende, handelnde - und in allem bedürftige - Mensch, sondern die erlösungsbedürftige, leidende, von Gott gestaltete und neugeschaffene Kreatur.«[10] Die Eschatologie formuliert die Durchsetzung der Andersheit Gottes, die bereits in Jesus Christus Gestalt angenommen hatte, in und mit der Welt. »Gott wird in jedem Element seiner Schöpfung ganz Gott sein.«[11]

Der Sinn der Eschatologie Sauters liegt darin, die Schöpfung und damit die Geschichte der Welt wieder in die christliche Hoffnung aufzunehmen. Die Welt ist das ganz Andere Gottes, bzw. der Ausgang der Theologie muss die Behauptung sein, wie in der radikalen Eschatologie, dass Gott ganz anders ist als Welt und menschliches Denken. Daran hält Sauter kritisch fest, und er unterstreicht diese Kritik, indem er nur die Christologie zum Ausgangspunkt der Eschatologie erklärt. Aber der Sinn dieser christologischen Festlegung wird unter der Hand verkehrt, indem der Schöpfungsbezug der Christologie die Welt als die ganz andere Welt Gottes denken lässt. Mensch und Welt sind in der eschatologischen Durchsetzung Gottes nicht vernichtet, sondern aufbewahrt, aber eben als ganz anders, als neuer, auferstandener Mensch und als neu geschaffene Welt. Damit hat die Eschatologie nicht mehr nur einen kritischen Sinn gegenüber Zukunftsaussagen für die Welt als Ganzes. Sondern sie erlaubt selbst neu Aussagen über Sinn und Ziel von Welt und Geschichte. Und der Verdienst von Sauters Eschatologie liegt darin, diese Suche nach neuen Aussagen über die Welt und ihre Zukunft von einem radikal kritischen Standpunkt aus exemplarisch formuliert zu haben. Der Unterschied zu den von ihm als bloß geschichtstheologisch kritisierten Entwürfen mag am Ende gering sein. Denn Sauters Ansatz erlaubt es, von der Christusoffenbarung aus über das wahre Wesen der Welt, wie sie in Gott als neu geschaffene bereits christologisch da ist und dann allgemein sein wird, eine Fülle von Aussagen zu treffen. Sauter selbst verweigert dies. Aber er öffnet den Weg hin zu der theologisch gut begründeten Ausmalung der eschatologischen Welt, und damit zu einer neuen Apokalyptik.

---

[10] A.a.O., S. 107.

[11] Ebd.

4. Neuere Tendenzen in der Eschatologie

4.1 Auferstehung

Die neuere Diskussion der Auferstehung ist geprägt von der sogenannten Ganztodthese, die EBERHARD JÜNGEL im Anschluss an die Theologie BARTHS entwickelt hat.[12] Er hat aufgrund einer ausgeführten Kritik an der griechischen Seelenmetaphysik eine Tendenz der Eschatologie bestätigt, die bereits in der Theologie BULTMANNS vorhanden war, nämlich den Verzicht auf eine eigentliche Lehre von der Auferstehung der Toten im alten apokalyptischen Verständnis. Nach Bultmann geschieht Auferstehung in der Neuorientierung des Lebens im Glauben. Die Rede sowohl von der Auferstehung der Einzelnen im Tod wie auch von der allgemeinen Auferstehung zum Gericht am Ende der Zeit hält Bultmann für apokalyptische Lehrelemente, die im Sinne des Glaubensbezugs entmythologisiert, ihrer kosmologisch-gegenständlichen Inhalte entkleidet werden müssen. JÜNGEL ist es mit seiner Lehre vom Ganztod gelungen, die kritischen Einsichten der liberalen Theologie, wie sie auch in der Theologie BARTHS und BULTMANNS selbstverständlich weitergeführt werden, in eine neue Lehre von der Auferstehung zu überführen. Die Rede vom Ganztod meint nämlich bei JÜNGEL die Kritik an einer Vorstellung von einem substanziellen Kern des Menschen, der den Tod übersteht und dann in Gottes Reich aufersteht. Jede moderne Neuformulierung der Auferstehungslehre muss nach Jüngel durch diese Kritik hindurch. Damit wird zum einen der Tod ernst genommen und ein modernes Verständnis des Todes ermöglicht. Die klassische Seelenmetaphysik mit ihren gegenständlichen Elementen, wie sie sich z.B. in der Hoffnung auf ein Wiedersehen mit Verwandten, Geliebten und Freunden äußert, wird zurückgewiesen. Es gibt keine Hoffnung über den Tod hinaus, die sich auf den Menschen, auf die Seele des Menschen oder einen unsterblichen Geist richten könnte. Zum anderen wird doch eine neue Lehre von der Auferstehung möglich. Während die entmythologisierte Lehrform auf Aussagen über ein nach dem Tode verortetes Jenseits gänzlich verzichtet, erlaubt Jüngels Lehre die Hoffnung auf ein von Gott her geschehendes Auferstehen des Menschen. In Gott wird nach dem Tod die Identität des Menschen wiederhergestellt, aber auf eine solche Weise, die ganz dem alleinigen göttlichen Wirken unterstellt wird und damit keine vorstellungshaften Elemente aus dem jetzigen Leben mehr enthalten muss. Auch Jüngel verzichtet damit auf vorstellungshafte Elemente für die

---

[12] EBERHARD JÜNGEL, Tod (ThTh 8), Stuttgart / Berlin 1971.

Weise der Auferstehung, die den Einzelnen bevorsteht. Aber er erlaubt eine theologische Rede von der Auferstehung der Einzelnen in Gott. Die Theologie im eigentlichen, barthianischen Sinne, nämlich als Durchsetzung der Andersheit Gottes gegenüber der Welt, trägt bei Jüngel die Eschatologie. In Gott und von Gott wird der Einzelne restituiert werden, aber über die Art und Weise, wie sich hier Personalität bildet, an welche identitätsstiftenden Elemente sie gebunden sein wird, wie Raum und Zeit, Leiblichkeit und Bewusstsein zusammenkommen werden, wird keine Aussage gemacht.

In der neueren Theologie ist Jüngels Ganztodtheorie immer wieder diskutiert worden. Dabei richten sich die entscheidenden Anfragen an die Denkbarkeit der Identität des Auferstehenden. Wie kann über den Ganztod hinweg das Kontinuum eines Lebens gedacht werden, das in der Auferstehung dann wieder als dieses gelebte, als dasselbe Leben gewusst werden können soll? Jüngels Rede vom Ganztod scheint diese Kontinuität nicht zu ermöglichen. Seine Auskunft, dass Gott diese Identität neu schafft, wird als nicht ausreichend empfunden. Mit Hinweis auf den parallel gelagerten Neuschöpfungsgedanken wird die Kontinuität von alter und neuer Schöpfung, von altem und neuem Menschen behauptet. Wie Gott auch die Schöpfung nicht geschaffen habe, um sie als ganzes wieder vergehen zu lassen, so habe er auch den Menschen nicht leben lassen, um ihn dann erst geistlich wieder ganz sterben zu sehen, bevor er ihn auferwecke. Damit wird die Kontinuität zwischen altem und neuem Menschen nicht, wie von Jüngel kritisiert, in den Menschen verlagert. Aber es wird behauptet, dass es auch von Gott aus gesehen einen Anknüpfungspunkt im Menschen geben muss, von dem aus die Identität zwischen dem lebenden und sterbenden Menschen einerseits und seiner Auferstehungsgestalt andererseits hergestellt wird.

Wie diese Suche nach einer durchgehenden Identität und damit einer Verbindung von Leben und Auferstehung auch in die kritische barthianische Lehre vom Ganztod einwandern kann, lässt sich an dem Versuch des Jüngelschülers Stephan Schaede zeigen, die Identität des Menschen als ganze unter den göttlichen Schöpfungsgedanken zu stellen.

»Identität ist nicht zu einem bestimmten biographischen Zeitpunkt gewonnen, sondern bildet sich in jedem Augenblick des Lebens neu. Der Mensch hat nie seine Identität. Gott sorgt für sie. Dabei gewinnt der Mensch Identität nur, indem in ihm vergeht, was seine Identität zuvor inadäquat fixierte. Im Tod ist das irdisch endliche Identitätsmaterial endgültig erschöpft. Ich werde mit mir endgültig versöhnt, bin ›mit meinem Leben für immer identisch: ewiges Leben‹ (E. Jüngel).«[13]

Die Kritik JÜNGELS an einer durch den Menschen selbst hergestellten Identität vor Gott wird von SCHAEDE vom Eschaton auch auf das reale menschliche Leben übertragen. Damit gewinnt die Theologie Verbindung zu philosophischen Analysen des Menschen. Denn die Kritik an einer fixen, substanzhaften Identitätsvorstellung kann auch philosophisch, soziologisch, psychologisch und gegenwartsdiagnostisch anthropologisch begründet werden. Das Scheitern des menschlichen Begründungsgedankens an der Struktur von Selbstbewusstsein, wie sie in den bis in die Gegenwart reichenden Rezeptionen von FICHTES Philosophie immer wieder nachgewiesen wird, wird zum Aufbau- und Begründungsgedanken offenbarungstheologischer Behauptungen. Denn dass Gott für diese Identität sorgt, kann bildhafter Ausdruck dafür sein, dass der Mensch diese Identität nicht in einem bewussten Akt herstellt. Es kann aber auch als Machtspruch einer besserwisserischen Theologie gelesen werden, die auf alles eine fromme Antwort hat. Doch der eschatologische Sinn der Behauptung wird erst deutlich, wenn die Verbindung der Identitätsherstellung durch Gott zwischen dem Leben vor und nach dem Tod gesehen wird. Darauf kommt es SCHAEDE an. Denn wenn es schon in diesem Leben Gott ist, der die Identität des Einzelnen herstellt, dann ist kein Unterschied (hinsichtlich der Begründung) zwischen diesem und jenem Leben. Die Kritik an allen durch die Welt bestimmten Elementen von Personalität kann aus der ›klassischen‹ barthianischen Theologie übernommen werden. Aber die Vorverlagerung der Identitätsstiftung durch Gott auch in dieses Leben überbrückt den Graben zwischen Tod und Auferstehung. Die Sichtweise, als Theologe gleichsam einen göttlichen Blick auf die Welt einzunehmen und von dort aus die Eschatologie neu zu begründen, prägt Schaedes Weiterführung von JÜNGELS Theologie. Erkenntniskritische Fragestellungen treten zurück, die Allgemeingültigkeit der Behauptung über die nur von Theologen zu wissende Identitätsstiftung durch Gott verschafft der Theologie ihre Wissenschaftlichkeit.

---

[13] STEPHAN SCHAEDE, Bin denn ich es, der lebte und starb? Einige programmatische Analysen zum eschatologischen Problem, die Identität des Menschen vor und ›nach‹ seinem Tod zu denken, in: Ruth Heß u. Martin Leiner (Hg.), Alles in allem. Eschatologische Anstöße (FS J. Christine Janowski), Neukirchen-Vluyn 2005, S. (265-290) 289.

Modernisierend ist auch in SCHAEDES Versuch die Selbstverwirklichungstendenz. Wie in SAUTERS christologischer Definition von Schöpfung ist die Verwirklichung der Stiftung der Identität durch Gott im Eschaton das Zum-Vorschein-Kommen der wahren, eigentlichen ›Substanz‹ von Menschsein - eine Substanz, die es ja bereits im Leben nur in der dauernden Neustiftung dieser Identität von Gott her gibt. (Damit wird die alte metaphysische Vorstellung einer creatio continuata, die die Welt in jedem Moment in ihrem Sein erhält, auf die Identitätsfrage für den einzelnen Menschen übertragen.) Im Eschaton geschieht damit eigentlich nichts wirklich Neues mehr, sondern es kommt nur jenes ganz Anderssein Gottes, das bereits das Leben des Menschen stiftet, zum reinen Ausdruck. Das Eschaton verwirklicht, was bereits ist, aber noch durch unreine weltliche Elemente getrübt ist und insofern nicht wirklich erkannt werden kann (außer vom Theologen). Deshalb braucht es das Eschaton, damit allgemein wirklich werde, was in Wahrheit bereits jetzt Grundlage des Lebens ist. Das letzte Element dieser Wahrheit ist damit wie bei Sauter Gott selbst. Denn seine Andersheit prägt die Wahrnehmung der eigentlichen Identität der Person bereits jetzt.

4.2 Gericht

Seit der Aufklärung ist die Vorstellung eines Endgerichts, zu dem alle Menschen am Ende der Zeiten auferstehen, immer wieder von verschiedenen Seiten aus kritisiert worden. In der durchgeführten liberalen Kritik wird auf die Vorstellung eines solchen einheitlichen Geschehens ganz verzichtet. Aber auch die Vorstellung eines Einzelgerichts am Lebensende oder im Tod wird nicht weitergeführt. Für EMANUEL HIRSCH z.B., der hier ganz ähnlich argumentiert wie RUDOLF BULTMANN, ist das Gericht christologisch und nicht zukunftsbezogen-apokalyptisch-eschatologisch zu verstehen.[14] Es vollzieht sich direkt in dem Getroffenwerden des Einzelnen von der Verkündigung Jesu. Indem Jesus Christus als Wille Gottes über den Menschen verstanden wird, kann der Einzelne diesem Willen zustimmen oder ihn ablehnen. Diese Entscheidung selbst ist das Gericht, das christologisch über den Einzelnen ergeht. Denn indem Jesus Christus die Norm und Realisierung gottgefälligen Lebens ist, entscheidet sich an der Zustimmung zu Jesus Christus zugleich das endzeitliche Schicksal des

---

[14] EMANUEL HIRSCH, Das Wesen des reformatorischen Christentums (1963), neu hg. u. eingel. v. Arnulf von Scheliha, Waltrop 2000, bes. Kap. 7: Tod und Ewigkeit, S. 163-188.

Einzelnen, also die Frage, ob er zu den Geretteten oder Verdammten gehört. Eine darüber hinausgehende, zweite, das ganze Leben beurteilende Gerichtsentscheidung ist nicht denkbar.

Auch die Lehre vom Weltgericht wird in der jüngsten Theologie vielfältig reformuliert. Es scheint jüngeren Theologen die Folgenlosigkeit der irdischen Lebensentscheidungen für die Einteilung in Gut oder Böse bzw. religiös formuliert, in gottgefällig und gottfern, eine zu harte Vorstellung. Alte moralische Drohpotenziale für richtiges Handeln werden so in der Beurteilung des Lebens wieder aufgenommen. Insbesondere angesichts der Judenvernichtung im Nationalsozialismus, von völkervernichtenden (Bürger)Kriegen und inneren politischen ›Reinigungsaktionen‹ des 20. Jahrhunderts scheint eine religiöse Konsequenz notwendig. Die Opfer sollen gerettet, die Täter bestraft werden. Ein Ausgleich zwischen Tätern und Opfern wird vielfach abgelehnt, weil er jedem Gerechtigkeitsempfinden Hohn spreche und für die Opfer unzumutbar sei. Davon kann auch eine religiöse Beurteilung menschlichen Lebens nicht absehen.

Dass es auch innerhalb der traditionellen Lehrbildung, wie sie die katholische Lehre von den letzten Dingen insbesondere im Umkreis Joseph Ratzingers[15] weiterverfolgt hat, zu einer entsprechenden Umdeutung der Gerichtsvorstellung kommen kann, die sie auf die Weltgeschichte und das reale Geschehen im Verlauf der geschichtlichen Ereignisse bezieht, zeigt Wolfgang Beinert: »Zu den eschatologischen Überzeugungen des Christentums gehört die Lehre vom Weltgericht. Die meisten stellen es sich als eine Art Obersten Strafgerichtshofes vor, der über jeden einzelnen ein abschließendes und unanfechtbares Urteil spricht. Gericht hat es aber zu tun mit richtig werden lassen, ins Rechte bringen. Man darf einmal darüber nachdenken, ob nicht sein eigentlicher Inhalt die Eröffnung des göttlichen Planes in und mit der Schöpfung als eines Heilsplanes sein könnte – inmitten und ungeachtet des Leides. Das Weltgericht ist dann Vollzug der Rechtfertigung Gottes wie auch der Menschen.«[16] Das Gericht wird vom Ende der Zeiten weggenommen und in das Geschehen mitten hineingestellt. Gericht geschieht permanent, aber es geschieht nicht bloß, wie bei

---

[15] Benedikt XVI. / Joseph Ratzinger, Eschatologie. Tod und ewiges Leben, Regensburg [1]1977; NA 2007.

[16] Wolfgang Beinert, Schuld im christlichen Verständnis. Erwägungen zu Theodizee und Anthropodizee und auch zum Ablass, in: Christoph Böttigheimer u. Hubert Filser (Hg.), Kircheneinheit und Weltverantwortung (FS Peter Neuner), Regensburg 2006, S. (117-139) 138.

Hirsch oder Bultmann, individualistisch in der Entscheidung zum Glauben. Sondern Gericht ist in jedem Geschehen seine göttliche Zielrichtung. Auch Beinert verfolgt, wie schon bei Sauter und Schaede gesehen, die Ausrichtung des eschatologischen Geschehens an einem bereits angelegten ›Wesenskern‹ der Geschichte. Nur so ist Gericht als Zurechtbringen denkbar. Die Norm, das Rechte, ist bereits angelegt und gegeben. Und obwohl das Gericht in diesem Sinne in der Welt nicht ›sichtbar‹ ist, vielmehr eine reale Geschichte des Leids und des Unheils zu verzeichnen ist, kann die glaubende Sicht auf die Geschichte eine solche Spur des göttlichen Gerichts in den Ereignissen eben glaubend erkennen. Schöpfungstheologie und Bundesvorstellung sind Trägerfiguren der eschatologischen Gerichtsvorstellung. Mit beiden wird Gottes Macht über die Geschichte ausgesagt, die das Festhalten am Jüngsten Gericht erlaubt. Das Geschehen dieses Gerichts wird jedoch entsprechend umgeformt, indem es von einem festen Zeitpunkt am Ende weggenommen und in das geschichtliche Geschehen selbst hineinverlagert wird. Das Gericht ist die göttliche Lenkung, die jederzeit, trotz und in allem Unheil und Leid, das geschichtliche Geschehen trägt. Interessant in dem hier zu besprechenden Kontext ist nicht die Frage, ob so etwas vorstellbar ist und was es letztlich noch bedeutet, außer einer kontrafaktischen Beschwörung der eigenen Gottes-Zuversicht. Sondern hingewiesen werden soll auf die Argumentationsstrategie, die wie schon bei Sauter und Schaede auf der alten Kritik aufbaut, also eine eigentliche Vorstellung von einem Endgericht für alle zu einem bestimmten Zeitpunkt am Ende der Welt ablehnt, aber von einem starken Gottesgedanken aus eine freie Neueintragung des Gerichtsgedankens in das Geschehen vornimmt. An dieser Stelle treffen sich dann die Weiterentwicklungen des Barthianismus mit entsprechenden Weiterentwicklungen der traditionellen eschatologischen Lehrbildung.

4.3 Allgemeine Auferstehung

Die klassische Dogmatik unterscheidet zwischen der individuellen Auferstehung, die im Tod erfolgt, und der allgemeinen Auferstehung am Ende der Zeiten, die über das allgemeine Endgericht in das ewige Reich Gottes einmündet. Die himmlische Ewigkeit wird dabei als eine Schau Gottes durch die Einzelnen gedacht, die alle irdische Geschichte hinter sich lassen und zwar noch als individuelle Personen sie selbst sind, aber gleichwohl darüber hinaus keine Unterschiede mehr der Geschichte und der Werke aufweisen. Solche Unterschiede können in Gott nicht mehr gelten. Denn Gott wird zum einzigen, einigenden Zielpunkt der Auferstehung. Eine irdische Beschreibung der Fülle des ewigen Lebens, das durch die

Teilhabe an dem Sein Gottes ermöglicht wird, kann nach klassischer Lehre gerade nicht erfolgen, denn alle Analogien, alle Bilder verlieren hier ihre Funktion und Gültigkeit.

In der jüngeren Debatte hat die Theologin CHRISTINE JANOWSKI mit einer Erneuerung der Lehre von der Wiedereinbringung aller bzw. der Allerlösung eine reiche Diskussion der klassischen Apokatastasis-Lehre und ihrer Verurteilung durch die Kirche verursacht.[17] Sie geht von dem bereits mehrfach beschriebenen modernen barthianischen Gedanken aus, dass Gott als das gänzlich Andere der Welt verstanden werden muss. Von diesem Grundgedanken aus wehrt sie sich gegen die Vorstellung, dass Gott an der Ewigkeit der Verdammten, und damit an dem endgültigen Ausschluss von Menschen aus ihm selbst, irgendeinen Gefallen haben könnte. Da Gott alles in allem sein wird, und sich in diesem Sein Gottes seine Andersheit erst vollständig realisiert, wird die Unterscheidung von Verdammten und Gerechten gleichsam zu einem unzureichenden menschlichen Bild von der Alleindurchsetzung Gottes. Gegen jede dualistische Konzeption im Eschaton gilt die Zusage der Liebe Gottes zu seiner Schöpfung. Auch gegen nichtdualistische Lösungen, die von einer Annihilation der Verdammten sprechen, um der Ewigkeit der Verdammnis auszuweichen, wendet sich Janowski. Deshalb kommt sie zu dem Schluss, dass theologisch nur dann in einer richtigen Weise von Gott gesprochen wird, wenn jede Vorstellung eines Vergessens oder endgültigen Verdammens von Menschen aufgegeben wird. Deshalb spricht Janowski nicht eigentlich von einer die irdischen Differenzen überspringenden und so moralisch unzurechnungsfähigen endgültigen Versöhnung, sondern von der Notwendigkeit einer entdualisierten Eschatologie.

Janowskis Entwurf teilt mit der frühen dialektischen Theologie (sowie in diesem Punkt mit der klassischen Lehre vom ewigen Leben) die Tendenz der Vergleichgültigung der irdischen Differenzen im Angesicht der alles durchdringenden Liebe Gottes. Gegen diese Tendenz haben in der Diskussion viele jüngere Theologen Einspruch erhoben. Die Berner Theologin MAGDALENE FRETTLÖH plädiert für eine Aufnahme der irdischen Lebensgeschichten im Moment der allgemeinen Auferstehung. Die Erinnerung an die Lebensgeschichten – und nicht nur die abstrakten einzelnen Personen und ihre ›Wesensidentität‹ – bleibt erhalten. Die Personen gehen mit den Taten, Ereignissen und Geschichte(n), die sie ausmachen, in das

---

17 J. CHRISTINE JANOWSKI, Allerlösung. Annäherung an eine entdualisierte Eschatologie, Neukirchen-Vluyn 2000.

Eschaton und in das Gedächtnis Gottes ein. Die Welt wird damit mit ihrer kontingenten Geschichte ein Teil des göttlichen Wesens.

»Die biblische Metaphorik himmlischer Bücher steht dafür, dass Gott nichts verloren gibt. Diese Bücher sind namhafte Dokumente göttlicher Aufmerksamkeit für und Achtsamkeit auf alles irdische Geschehen. [...] Im Jüngsten Gericht werden sie aus Medien der Archivierung zu Medien der Kommunikation, des Gesprächs zwischen Gott und den Menschen.« »[...] [D]ann zielt die Einsicht in die göttliche Buchführung auf eine unerschöpfliche himmlische Kommunikation irdischer Lebensgeschichten, die das Vergangene nicht einfach vergangen sein lässt, sondern die Wirklichkeit der Vergangenheit verändert.«[18]

Gott nimmt an seiner Schöpfung Anteil, er setzt sie nicht bloß als das andere seiner selbst aus sich heraus. Das Buch des Lebens, mit dessen metaphorisch-allegorischer Funktion Frettlöh in ihrem Versuch spielt, ist dauerhaft die Aufbewahrung der Lebensgeschichten. Sie sind verzeichnet nicht bloß zum Zwecke des Gerichtsspruchs (der angesichts von nur zwei Ausgängen kaum als individualisierend gedacht werden kann), sondern um in Gottes Gedächtnis ein kommunikatives Geschehen in Gang zu setzen. In dessen Verlauf wird die Lebensgeschichte der Einzelnen nicht nur erinnert und damit der Einzelne als Einzelner aufbewahrt, sondern sie wird immer neu erzählt und während des Prozesses des Erzählens richtend - im Sinne von zurechtbringend - verändert. Das Gericht verändert also im Blick auf die irdische Geschichte seinen Sinn. Es ist nicht das gänzliche Ende dieser Geschichte, die Durchsetzung Gottes gegen diese Geschichte und sein Gericht über einen ewigen ungeschichtlichen individuellen personalen Kern, sondern es ist die Durchsetzung Gottes in Form einer Anknüpfung und Erinnerung an die irdische Geschichte. Die Ewigkeit besteht darin, dass die Vergangenheit und das irdische Leben, die Geschichte der Schöpfung Gottes immer neu erzählt wird, bis es zu einer aufbewahrenden, weil konkret anknüpfenden Zurechtbringung dieser Geschichte gekommen ist. Der Gottesgedanke wird mit dem der zu Gott gehörenden Schöpfung angereichert. Diese Schöpfung und jetzt auch ihre gesamte individualisierende und kontingente Geschichte wird von Gott aus neu erzählt und gedacht. Das Ende der Welt ist eigentlich nicht ihr Ende, sondern nur der Anfang des kreativen weg-Erzählens derjenigen Momente

---

[18] Magdalene Frettlöh, »Ja den Namen, den wir geben, schreib ins Lebensbuch zum Leben.« Zur Bedeutung der biblischen Metapher vom Buch des Lebens für eine entdualisierte Eschatologie, in: Ruth Heß u. Martin Leiner (Hg.), Alles in allem. Eschatologische Anstöße (FS J. Christine Janowski), Neukirchen-Vluyn 2005, S. (133-166) 153. 158.

an ihr, die nicht in Gott reinterpretierbar sind. Dabei wird aber der göttlichen Kreativität zugetraut, alle Momente in den Prozess der neuschöpferischen Umerzählung einzubringen. Auch bei Frettlöh wird also die Eschatologie von einer auf die Welt bezogenen Gottesidee aus neu gedacht. Die Welt wird entschieden in die Endereignisse mit hineingenommen. Der Unterschied zwischen irdischer Geschichte und Apokalyptik löst sich damit streng genommen auf. Das eine ist Gottes Vor-Ende-Geschichte mit der Welt, das andere Gottes Endgeschichte mit der Welt. Beides hängt von Gott aus gesehen unmittelbar aneinander. Die neue Bildwelt von Frettlöhs theologischer Neuformulierung der Eschatologie lebt von dem Willen, die Welt nicht durch das Anderssein Gottes begrenzt sein zu lassen, sondern sie theologisch als Element dieses Andersseins Gottes neu zu denken. Die Theologie wird dadurch erfinderisch. Denn sie stellt nicht nur die These von Gott als dem ganz Anderen auf, sondern sie erlaubt sich, die Welt von diesem Standpunkt Gottes aus neu zu denken. Damit mag ein universaler Standpunkt eingenommen sein. Aber erkenntniskritisch zu rechtfertigen ist er nicht.

4.4 Neuschöpfung

In vielen neueren Entwürfen treten pädagogische Überlegungen in den Vordergrund. Es liegt diese Tendenz in den bisherigen Ausführungen eigentlich schon eingeschlossen, denn es handelt sich dabei um eine pädagogische Tendenz, die nicht als anthropologisch-autonome Moral, nicht als Verwirklichung eines menschlichen Ideals gedacht wird, sondern sich direkt aus Gottes Einwirkung auf seine Schöpfung ergibt. Neuschöpfung kann als eine Aktion gedacht werden, die die mitwirkende Lenkung Gottes in seiner Schöpfung zum deutlichen Ausdruck bringt. Das Eschaton wird dann zum notwendigen endgültig isolierten Betrachtungsort dieser immer bereits verborgen vorhandenen göttlichen Schöpfungstätigkeit. Im Eschaton kann von den realen Unheilsereignissen, die den tatsächlichen irdischen Verlauf der Geschichte ausmachen, abstrahiert werden. Die pädagogische Tendenz ist insbesondere der katholischen Lehrform vom Jüngsten Gericht immer inhärent gewesen. Das zeigt sich deutlich an der Ausformung der Lehre vom Fegefeuer, die die zurechtweisende Erziehung durch Auferlegung von Bußpflichten und Kirchenstrafen in ein Leben nach dem Tod verlängert. Diese Pädagogik wird nur möglich durch die Zusicherung der endgültigen Aufnahme in den Himmel. Sünden sind hier zu bewältigende Abirrungen vom Zustand des erneut zugesprochenen Heils, das durch die kirchliche Verwaltung des Taufsakraments und die Berufung auf das durch Jesus Christus dem Menschen erworbene Heil gesichert ist.

In der neueren systematischen Theologie ergibt sich eine neue Form von eschatologischer Pädagogik durch die oben angedeuteten Überlegungen zum Täter-Opfer-Ausgleich. Die Unmöglichkeit der Versöhnung erfordert eine besondere Einwirkung Gottes auf die unversöhnbaren Menschen. Einerseits wird dadurch die unüberbrückbare Kluft zwischen Tätern und Opfern im irdischen Leben ernst genommen und nicht vorschnell harmonisierend übertüncht. Andererseits wird sie aber auch nicht in eine Ewigkeit des Gerichts perpetuiert.

Diese pädagogisch-zurechtbringende Funktion ist auch in dem Neuschöpfungsgedanken, der die Eschatologie des Bochumer Theologen Günter Thomas fundiert, zu erkennen. Thomas schließt mit dem Neuschöpfungsgedanken an die Theologie Jürgen Moltmanns an. Er arbeitet über die dauernde Neuschöpfung, die das irdische Leben durchformt und (jederzeit) auf das Reich Gottes hin ausrichtet, hinaus den Neuschöpfungsgedanken auch im alten Sinne als eine spezifisch eschatologische Neuschöpfung am Ende der Zeiten aus. Damit handelt es sich gleichsam um eine Wiederaufnahme der Apokalyptik, die sich dadurch von der alten Apokalyptik unterscheidet, dass sie nicht etwas ganz Neues in den Verlauf der Welt bzw. an ihr Ende setzt, sondern dass dieses Ende als konsequentes Geschehen aus dem neuschöpfenden Einwirken Gottes auf die Schöpfung zu jeder Zeit heraus entwickelt wird.

»Die Neuschöpfung von Himmel und Erde ist darum nicht eine ereignislose Verewigung eines durch Sünde beschädigten Lebens, sondern die ereignisreiche Erschließung einer neuen Lebensfülle. Das Jüngste Gericht ist ein zentrales Element der Neuschöpfung. Es realisiert, allem Spott der Spötter zum Trotz, Gottes responsorisches Schaffen angesichts der langen Geschichte des Elends, des Leids und des Lebensraubs.«[19]

Thomas will den Gerichtsgedanken umformen und die alte Funktion des Gerichts, nämlich die endgültige und ewige Aufteilung der Menschen in Gerettete und Verdammte, aufheben. Deshalb denkt er das Gericht als göttliche Zumessung einer ›neuen Lebensfülle‹. Doch diese Zumessung erfolgt nicht auf einmal, sie ist nicht die in einem Moment durchgesetzte Verwirklichung der göttlichen Lebensfülle, sondern sie erfolgt als ›ereignisreiche Erschließung‹, d.h. selbst als ein in aufeinanderfolgende Momente zerlegbares Geschehen. Damit kann das Gericht als ein unausweich-

---

[19] Günter Thomas, Gottes schöpferische Gerechtigkeit, in: Ruth Heß u. Martin Leiner (Hg.), Alles in allem. Eschatologische Anstöße (FS J. Christine Janowski), Neukirchen-Vluyn 2005, S. (109-132) 131. Vgl. ders., Neue Schöpfung. Systematisch-theologische Untersuchungen zur Hoffnung auf das Leben in einer zukünftigen Welt, Neukirchen-Vluyn 2009.

bares pädagogisches Wirken Gottes am Menschen verstanden werden, das seinen Ausgang in den irdischen Lebensgeschichten nimmt und deshalb die Unterscheidung von Tätern und Opfern stehen lässt, dann aber in einer zurechtbringenden Folge von göttlichen Gerichtsakten eine Versöhnung in Gott bewirkt. Der Schöpfungsgedanke ist diesem Gericht bereits über den Terminus der Neuschöpfung eingeschrieben. Gott wirkt eine neue Welt, die ihren eigentlichen Sinn der göttlichen Lebensfülle verwirklicht, bzw. der ihr jetzt endlich von Gott her zuwächst. Die Differenz zwischen der alten und der neuen Welt wird damit undeutlich. Dies verbirgt die Rede vom ›responsorischen Schaffen‹, mit dem der göttliche Gerichtsakt als ein antwortender Akt auf die Verfehlungen der Menschen reagiert, aber nicht als ein strafender, sondern als ein sozialpädagogischer Akt der Resozialisierung. Auch die neue eschatologisch-apokalyptische Rede von Neuschöpfung baut also in besonderer Weise auf einem Schöpfungsgedanken auf und damit auf einer Weltzuständigkeit Gottes, die schon immer und auch bereits jetzt lange vor dem Ende der Welt gegeben ist. Aber gleichwohl wird auf das Eschaton als Schlussgeschichte nicht wie in der frühen dialektischen Theologie verzichtet, sondern es wird als konstruktive reduktionistische Isolierung des göttlichen Moments an allem geschichtlichen Geschehen neu formuliert. Gott ist auch hier das Ziel der Welt, das ihr (als Schöpfung) von Anfang an wesensgemäß eingeschrieben ist. Zwar wird dieser Schöpfungsgedanke nicht in traditioneller Weise als Mitwirkung und Zielbestimmung in jedem Moment ausformuliert. Hier agiert Thomas kritischer, moderner und realistischer, insofern er die faktische Geschichte der Welt als eine Geschichte des Leids und des Unrechts begreift. Aber gerade als Reaktion auf diese Geschichte begreift der Glaube ihr eigentliches Ziel in Gottes neuschöpferischer Tätigkeit für die ganze Welt am Ende.

4.5 Ewiges Leben

Wie bereits erwähnt, verzichtet die klassische Lehre vom ewigen Leben auf jeden Versuch, dieses als eine Fortsetzung des irdischen Lebens oder überhaupt als ein diesem ähnliches Leben zu beschreiben. Die Aussage, dass das ewige Leben ein Leben der geretteten einzelnen Menschen in der Schau Gottes ist, macht den zentralen Kern der Lehre aus. Da die Welt in den apokalyptischen Endwirren vernichtet wird, gibt es in Gott kein ›weltähnliches‹ Leben. Damit wird in der klassischen Dogmatik hinsichtlich der Beschreibung der göttlichen Lebensfülle am Ende dann doch diejenige radikale Andersheit Gottes zum Ausdruck gebracht, die die frühe dialektische Theologie gegen die weltlich-entwicklungsbezogenen Reich-Gottes-Lehren des 19. Jahrhunderts formuliert hat.

Während in den bisherigen Neuformulierungen eschatologischer Lehre die jüngeren Theologen über die Namen JÜNGEL, LINK und MOLTMANN mit dem Barthianismus verbunden wurden, soll zum Schluss eine kosmologische Apokalyptik vorgeführt werden, die aus einer ganz anderen Richtung des theologischen Denkens kommt. MARKUS MÜHLING schließt in seinem umfangreichen Lehrbuch zur Eschatologie[20] an die theologische Position von EILERT HERMS an und entwirft von dort aus einen eigenwilligen Überblick über mögliche eschatologische Aussagen.

Die Theologie von Herms ist durch ihre ontologische Voraussetzungsstruktur gekennzeichnet, die Herms als Begründung jeder Erfahrungsevidenz und damit als Begründung jeder Wirklichkeitserfahrung aufstellt. Der Ausgang der Theologie ist damit modern-subjektivitätstheoretisch, aber über die Konstruktion der ontologischen Vorbedingungen für menschliche Erfahrungen werden dann in weitem Umfang klassische metaphysische Ideen reformuliert. In seinen Konstruktionen verfährt Herms in weiten Strecken bewusst ohne tatsächliche Gegenzeichnung im faktischen menschlichen Bewusstsein. Vielmehr behauptet er allgemeingültige anthropologisch-ontologische Grund-Strukturen, die zwar von ihm als Theologen erschlossen und gewusst (aufgrund der Offenbarung in Christus), von den übrigen Menschen aber weitgehend verdeckt gehalten werden, obwohl sie seiner (Herms') Meinung nach strikt für alle Menschen gültig sind und also erkannt werden müssten.

Diese ontologische Grundstruktur als die Wissenschaftlichkeit der Theologie begründend hat Herms auch in die Eschatologie eingezeichnet. Am deutlichsten dürfte das in seiner Relecture von SCHLEIERMACHERS Eschatologie werden.[21] Während Schleiermacher aufgrund der erkenntniskritischen Anbindung aller Aussagen des Glaubens an das Glaubensgeschehen selbst alle eschatologischen Aussagen nur als prophetische Aussagen bezeichnet und sie gleichsam als abstrahierende Kontrollaussagen in Bezug auf die Konstruktion des reinen Selbstbewusstseins[22] gelten lässt, schreibt HERMS in bewusster Absetzung von der üblichen SCHLEIERMACHER-Exegese die Funktion dieser Eschatologie in Schleiermachers Glau-

---

[20] MARKUS MÜHLING, Grundinformation Eschatologie. Systematische Theologie aus der Perspektive der Hoffnung, Göttingen 2007.

[21] EILERT HERMS, Schleiermachers Eschatologie nach der zweiten Auflage der Glaubenslehre, in: ders., Menschsein im Werden. Studien zu Schleiermacher, Tübingen 2003, S. 125-149.

[22] Vgl. MARTIN WEEBER, Schleiermachers Eschatologie. Eine Untersuchung zum theologischen Spätwerk, Gütersloh 2000.

benslehre um. Seiner Meinung nach bringt die Eschatologie in reiner Form die ontologische Grundstruktur der Wirklichkeit zum Ausdruck. Eschatologie ist gleichsam nur in Bezug auf die Erkenntnis der Wirklichkeit, wie sie wirklich ist, ›eschatologisch‹ zu denken. Für die Wirklichkeit selbst ist die schöpfungstheologisch-kosmologische Grundlage bereits da und wird in Jesus Christus auch als für den an ihn Glaubenden als erkenntnismöglich offenbart. Die Eschatologie realisiert damit die göttliche Gründung aller Wirklichkeit. Herms orientiert sich damit an einer Besonderheit der Christologie Schleiermachers, der Jesus Christus als vollendete Schöpfung bezeichnet. Schleiermacher setzt sich damit von den aufklärerischen Geschichtsentwürfen hin zur Realisierung der Vernunft und der Bestimmung des Menschen ab, weil sie die Möglichkeit enthalten, dass die Verwirklichung dieses Wesens des Menschen über das in Jesus Christus Gegebene und Offenbarte hinausgeht. Insofern ist für Schleiermacher Jesus Christus als Beginn einer kategorial für sich selbst stehenden Menschheitsgeschichte zu denken, in welcher das Wesen des Menschen voll realisiert ist und im Weiteren – also der Geschichte der Kirche, die dieses menschliche Wesen im Heiligen Geist tradiert – nicht verändert werden kann. Damit sind spekulativ-idealistische Formen der Geistphilosophie christologisch ausgeschlossen. Herms deutet allerdings diese christologisch-anthropologische Aussage Schleiermachers, die im Rahmen der erkenntniskritischen Begrenzung von Glaubensaussagen bleibt, im Sinne einer kosmologisch-ontologischen Schöpfungstheologie um.

In seinem eschatologischen Lehrbuch übernimmt Markus Mühling die theo-logisch-schöpfungstheologische Grundlegung Herms'. Das Handeln Gottes an der Welt wird zum Grundbegriff, auf dem auch die Aussagen über das Ende der Welt aufbauen. Die Aussagen über das Handeln Gottes verbinden notwendig die Wirklichkeitssicht des Glaubens mit der theoretischen Konstruktion der Theologie. Mühling denkt in allen theoretischen Aussagen, in denen es um die Konstitution des Glaubens geht, dieses Konstitutierende in einem gegenständlich-objektiven Sinn, ohne die konstruktive Tätigkeit des denkenden Setzens von ›Konstitution‹ kritisch zu reflektieren. Konstitution von Glaube, Welt und Christusgeschehen ist parallel zu denken und meint inhaltlich immer denselben schöpferischen Grundakt Gottes. Diese Behauptung wird damit zu einer Art geheimem Wissen der Theologie, das kaum nach außen kommuniziert werden kann.

Von diesen in Christus offenbar gewordenen Strukturen des Handelns Gottes an der Welt aus können dann die eschatologischen Aussagen herausgearbeitet werden. Letztlich ist, wie Mühling betont, die Rede vom Eschaton nichts weiter als ein Integral der auf die Welt bezogenen Aussagen der Gotteslehre überhaupt, also eine Ausführung der ökonomischen Trinität in Schöpfung, Erlösung und Vollendung. Das, was bisher bereits Grundlage der Welt war, wie die Christusoffenbarung zeigen kann, wird dann als einzig wahrer Zustand der Welt und des Wissens von ihr übrig bleiben. Dieser Ansatz der Eschatologie führt dazu, dass die Grundstrukturen der Wirklichkeit in das Eschaton verlängert werden. Da die Person in Christus als Ziel der göttlichen Schöpfungs- und Erlösungstätigkeit bestimmt ist, werden die Bedingungen, die zum Personsein gehören, in das Reich Gottes verlängert, wie Leiblichkeit, Kommunikation oder sogar einzelne (nichtbestimmbare) nichtpersonale Bereiche der Welt. Entscheidend ist über die Anknüpfung an die bestimmte Christusoffenbarung hinaus aber die Nicht-Anknüpfung an die kontingente faktische Gestalt der Welt. Gottes Reich wird die Möglichkeiten der Welt, die seiner göttlich bestimmten Gestalt nicht widersprechen, alle verwirklichen.

»Die eschatische Fülle ist vielmehr so zu verstehen, dass sie einen unendlich offenen Ereigniszusammenhang bildet, in dem Gott unendlich viele Möglichkeiten hervorbringt, die unendlich realisiert werden, ohne dass Realisierung und Möglichkeit sich decken würden. Dies zu denken bereitet aber der Logik der Unendlichkeit auch keine Schwierigkeiten.«[23]

Damit zeigt sich, wie die ökonomisch-trinitarische Anbindung der Eschatologie auf die Neugestaltung der klassischen Apokalyptik Einfluss nimmt. Denn nicht mehr das Ende der Welt und die reine Durchsetzung Gottes wird im Eschaton gedacht, sondern ein reiner Weltbezug Gottes, in dem die Welt auf ewig enthalten bleibt. Die Schöpfung der Welt wird in das Wesen Gottes aufgenommen und so in die Ewigkeit verlängert. Das Eschaton ist nicht etwas Neues, sondern die immer schon gegebene göttliche Grund-Struktur des Alten. Neu ist nur, dass sie in reiner Weise verwirklicht wird, also so, dass die Gott entgegenstehenden, sündenverhafteten Bestandteile der Welt ausgeschlossen sein werden. Die Anknüpfung an diese Welt wird dabei aufgehoben. Sie ist auch in ihren reinen Bestandteilen gleichsam nur eine der vielen Möglichkeiten eines schöpferischen Weltbezugs Gottes. Damit werden viele Welten denkbar, die als Gottes Schöpfung im endzeitlichen Geschehen realisiert werden können. So kommt es jetzt zu einer Fülle von Welten, die alle als Welten Gottes wirklich sein können, weil sie keine sündigen Bestandteile enthalten, und die alle als im eschatologisch-ewigen Leben enthalten gedacht werden können. Diese Welten sind alle göttlich bestimmt, da sie in Gottes Sein als Schöpfer enthalten sind. Deshalb müssen sie auch als wirklich werden könnend in der Fülle der reinen Verwirklichung Gottes gedacht werden.

---

23 M. MÜHLING, Grundinformation Eschatologie (s. Anm. 20), S. 302.

5. Schluss

Die Überlegungen zur gegenwärtigen eschatologischen Lehrbildung gehen von der präsentischen bzw. radikalen Eschatologie der 1920er Jahre aus. Hier wird ein weitgehender Verzicht auf theologische Aussagen über die Welt und ihre Zukunft geübt. Präsentische Eschatologie ist nicht nur die Behauptung der Gegenwart des Eschaton als Abbruch der Welt im Ereignis des Glaubens, sondern zugleich damit auch die Behauptung der Sinnlosigkeit von Beschreibungen des Weltendes als Form religiösen Wissens. Präsentische und radikale Eschatologie vollziehen sich als symbolisch-metaphorische Deutungsweisen der apokalyptischen Bildwelten. Von der Sachhaltigkeit der Bilder gehen diese Theologen nicht aus, selbst dann, wenn sie die traditionellen Begrifflichkeiten der Eschatologie (wie z.B. selbstverständlich die Rede von der Auferstehung) aufnehmen.

Die Überlegungen der dialektischen Theologie und ihrer Gottesrede in der Theologie werden in den neueren theologischen Entwürfen in verschiedener Weise aufgenommen und als Ermöglichung einer Neubeschreibung einer gegenständlichen, ›apokalyptischen‹ (zukunftsbezogenen) Eschatologie gewendet. Die kritische Funktion der Rede von Gott als dem ganz Anderen wird verdrängt. Vielmehr tritt an ihre Stelle eine über die Allgemeingültigkeit theologischer Weltaussagen funktionierende neue weltliche Bildhaftigkeit. Die auf den von außen schauenden Betrachter dieser Tendenzen fabulös und phantastisch wirkende Lehrproduktion wird intern mit dem theologischen Wissen, das aus den verborgenen Quellen einer besonderen Offenbarung Gottes in Christus stammt, legitimiert. Die Theologie schließt damit an die Bildproduktion des Glaubens an, die aus der Hoffnung auf den end-gültigen Machterweis Gottes gegenüber dem sündenbesetzten weltlichen Geschehen stammt. Sie beschränkt sich nicht auf ihre eigentlich wissenschaftliche Aufgabe, die Funktion der Bildproduktion des Glaubens in Bezug auf die eschatologisch-apokalyptischen Bilder durchsichtig zu machen. Die Möglichkeit dazu gewinnt sie aus der neuen metaphysisch-objektiven Wendung des Gottesgedankens. Gott wird über weite Strecken der gegenwärtigen Theologie trotz aller modernen erkenntnisbezogenen Kritik dann doch wieder als ›reale Voraussetzung‹ gedacht, von der auch die Theologie ausgehen müsse, um eben Theologie zu sein.

Teilt man genau diese Voraussetzung nicht, so ist die Theologie über die Abgrenzungen der frühen dialektischen Theologie hinaus in einer anderen Richtung als Wissenschaft weiterzuentwickeln. Sie hat als wissenschaftliche Beschreibung der inneren Funktion(en) der Bildproduktion des Glaubens nicht Anteil an Metaphysik und Philosophie, sondern mehr an einer sprach- und kulturbezogenen Literaturwissenschaft. Sie nimmt keine Allgemeingültigkeiten für die Inhalte des Glaubens außerhalb dieses Glaubens an. Sondern sie versteht die Sprache des christlichen Glaubens als eine auf sich selbst bezogene Explikationsform von religiösem Sinn. Der Gottesgedanke steht nicht für eine ›realistische‹ Sachhaltigkeit, sondern für die Selbstständigkeit und interne Absolutheit der christlichen Glaubenssprache. Von dort aus sind die dogmatischen Gehalte der ökonomisch-trinitarischen Gottesvorstellung des Christentums als Darstellungsweisen der Selbstdurchsichtigkeit der absolut in sich schwebenden Sprache des Glaubens zu konzipieren.

Allerdings hat die Kritik der frühen dialektischen Theologie an der apokalyptischen Eschatologie auch und gerade in dieser Weiterführung Bestand. Denn die klassische Apokalyptik ist gerade Ausdruck der Andersheit Gottes gegenüber der Welt. Das Gericht stellt den Akt der Begrenzung der Gültigkeit von Welt durch Gott selbst dar. Insofern formuliert die Eschatologie prinzipiell nichts anderes als diese göttliche Andersheit und Wesenhaftigkeit, die in der Theologie als Beschreibung der in sich selbstbezüglichen Deutungsrede des christlichen Glaubens aufgenommen wird. Eschatologie in klassischem theologischem Sinn formuliert bis heute das ›Ende‹ als letzte Durchsetzung Gottes gegenüber allem. Damit wird ein weltbezogener Allgemeinheitsanspruch aufgerichtet, der auf der Ebene der theologischen Beschreibung gerade nicht behauptet werden darf. Denn es lässt sich weder sachbezogen noch anthropologisch allgemeingültig erweisen, dass ›Gott‹ oder Religion notwendig für das menschliche Leben sind. Sondern die Absolutheit Gottes ist ein Sprachmodus zur Bezeichnung der Eigenheit christlicher Kommunikation über den Sinn des Lebens. Auf religiöser (christlicher) Ebene macht das Sinn. Aber dieser Sinn muss theologisch-wissenschaftlich funktional expliziert werden, er darf nicht in der Theologie einen allgemeingültigen Machtanspruch über mögliche Sinnentwürfe und -sprachen kultureller Verständigung herbeiführen. Diese Selbstbegrenzung der Theologie ist notwendig in einer modernen Welt, die nicht mehr in geschlossenen Milieus ihre Grundlagen definiert, sondern im Sinne eines radikalen Pluralismus auch noch die Möglichkeit von Menschsein jenseits religiöser Selbstverständigung für selbstverständlich und in sich sinnvoll reformulierbar halten muss.

Das bedeutet den Verzicht auf die beliebte Rede von der endgültigen Durchsetzung Gottes am Ende der Welt. So fromm dies klingt, und so sehr es auf einen gegenwärtigen Machtanspruch zu verzichten scheint und insofern die Freiheit des Menschen erlaubt, so sehr beansprucht es eben, den Sinn der Welt in einer ›real‹ allgemeingültigen Weise vom christlichen Standpunkt aus erkennen zu können. So scheint gerade die Eschatologie zum gegenwartsbezogenen Kriterium dafür werden zu können, ob die Theologie auf Ansprüche auf endgültiges Wissen verzichtet, die unbegründbar sind und nur zu Streit um die kulturelle Deutungshoheit über die Welt führen. Dieser Verzicht würde es erlauben, den Sinn der apokalyptischen Aussagen in dem Sprachspiel christlicher Glaubenskommunikation viel besser als bisher zu erfassen. Denn er basiert auf einer kontrollierten Trennung von Theologie als wissenschaftlicher Theorie und Aussagen der Glaubenskommunikation.

Andreas Rössler

»In der Welt endlich, aber in Gott ewig«

Ewigkeitsglaube in der »freien Theologie«

Welche Zukunft steht der Menschheit bevor? Ist für die Einzelnen mit dem Tod »alles aus« oder wird es danach in irgendeiner Weise weitergehen? Der Sache nach hängen eine gemeinschaftliche und eine individuelle »Lehre von den letzten Dingen« untrennbar miteinander zusammen. Freilich ist die gemeinschaftliche Eschatologie zunächst auf die irdische, innerweltliche Entwicklung ausgerichtet, die individuelle dagegen auf das »postmortale« (nachtodliche) Geschehen, bei dem Raum und Zeit im irdischen Sinn aufgehoben sein werden. Im Gedanken des »Reiches Gottes« kommen aber der innerweltliche und der jenseitige, postmortale Aspekt zusammen. Bruchstückhafte Verwirklichungen des Reiches Gottes sind innerweltlich zu denken, das vollendete Reich Gottes aber ist jenseits der irdischen Welt verortet.

Solche »letzten Fragen« wurden und werden auch in einer »freien Theologie« behandelt. Deren Antwortversuche sind besonders anregend dafür, sich heute möglichst unvoreingenommen, eigenständig und ehrlich mit Zweck und Ziel des Ganzen zu beschäftigen.

Es ist die Absicht dieser Untersuchung, größere Klarheit darüber zu gewinnen, was nach dem Tod auf uns zukommen könnte, was wir hier hoffen dürfen oder zu befürchten haben. Weil die »freie Theologie« darüber in entwaffnender Ehrlichkeit nachgedacht hat, ist sie ein reizvoller Ausgangspunkt.

1. »Freie Theologie« im engeren und im weiteren Sinn

Unter »freier Theologie« im engeren Sinn ist eine bestimmte freisinnige, liberale Richtung in der protestantischen Theologiegeschichte des 19. Jahrhunderts zu verstehen, die sich im 20. Jahrhundert fortgesetzt hat. Der erste Vertreter der freien Theologie, der 1844 mit seiner Schrift »Die freie Theologie oder Philosophie und Christentum in Streit und Frieden«[1] auch den Begriff »freie Theologie« geprägt hat, ist der Schweizer Theologe ALOIS EMANUEL BIEDERMANN (1819–1885)[2], ein Schüler des Philosophen GEORG WILHELM FRIEDRICH HEGEL (1770–1831) und des Theologen und radikalen Religionskritikers DAVID FRIEDRICH STRAUSS (1808–1874). Das Hauptwerk des Pfarrers und Zürcher Dogmatik-Professors ist die »Christliche Dogmatik« von 1868 und 1884/1885.[3]

Die wichtigsten beiden anderen Vertreter der freien Theologie, die von BIEDERMANN gelernt haben und mit ihm im Austausch standen, sind RICHARD ADELBERT LIPSIUS (1830–1892)[4], Professor für Systematische Theologie in Jena, und OTTO PFLEIDERER (1839–1908)[5], Professor für Systematische Theologie in Berlin.

---

[1] ALOIS EMANUEL BIEDERMANN, Die freie Theologie oder Philosophie und Christentum in Streit und Frieden, Tübingen 1844.

[2] Dazu RUDOLF DELLSPERGER, Alois Emanuel Biedermann (1819–1885). Freie Theologie, in: Stephan Leimgruber / Max Schoch (Hg.), Gegen die Gottvergessenheit. Schweizer Theologen im 19. und 20. Jahrhundert, Freiburg i.Br. 1990, S. 86-103. – Zu Biedermann auch: PAUL SCHWEIZER, Freisinnig – positiv – religiössozial. Ein Beitrag zur Geschichte der Richtungen im Schweizerischen Protestantismus, Zürich 1972; THOMAS K. KUHN, Theologischer Transfer: Die Baur-Schule und die schweizerische Theologie im 19. Jahrhundert, in: BWKG 105 (2005), S. 31-50.

[3] ALOIS EMANUEL BIEDERMANN, Christliche Dogmatik, Berlin 1868; 2., erw. Aufl.: Bd. I: Der principielle Theil, Berlin 1884; Bd. II: Der positive Theil, Berlin 1885. – Weitere Hauptwerke: Die freie Theologie oder Philosophie und Christentum in Streit und Frieden (s. Anm. 1); Ausgewählte Vorträge und Aufsätze mit einer biographischen Einleitung von J[ohannes] Kradolfer, Berlin 1885.

[4] RICHARD ADELBERT LIPSIUS, Lehrbuch der evangelisch-protestantischen Dogmatik, Braunschweig 1876, [3]1893 (bedeutend umgearbeitete Auflage); Glaube und Lehre. Theologische Streitschriften, Kiel / Hadersleben 1871; Dogmatische Beiträge zur Verteidigung und Erläuterung meines Lehrbuchs, Leipzig 1878; Philosophie und Religion. Neue Beiträge zur wissenschaftlichen Grundlegung der Dogmatik, Leipzig 1885; Die Hauptpunkte der christlichen Glaubenslehre im Umrisse dargestellt, in: JPTh 16 (1890), S. 1-41; Glauben und Wissen. Ausgewählte Vorträge und Aufsätze, Berlin 1897.

[5] OTTO PFLEIDERER, Grundriss der christlichen Glaubens- und Sittenlehre, Berlin 1880, [6]1898; Die Entwicklung der protestantischen Theologie in Deutschland seit Kant und in Großbritannien seit 1825, Freiburg i.Br. 1891; Religionsphilosophie auf geschichtlicher Grundlage, Berlin 1878, [3]1896; Religion und Religionen, München 1906. – Zu Pfleiderer: EMANUEL HIRSCH, Geschichte der neuern evangelischen Theologie im Zusammenhang mit den allgemeinen Bewegungen des europäischen Denkens, Bd. 5, Gütersloh [3]1964 ([1]1949), S. 562-571; FELIX FLÜCKIGER, Die protestantische Theologie des 19. Jahrhunderts (KIG 4, Lfg. P), Göttingen 1975, S. 26 f.;

Biedermann, Lipsius und Pfleiderer werden in theologiegeschichtlichen Darstellungen auch als Vertreter einer »spekulativ-kritischen Dogmatik«[6] oder als »spekulative Theologen«[7] nebeneinandergestellt. Andere Repräsentanten der freien Theologie werden als »historische Theologen« aufgeführt, so Ferdinand Christian Baur (1792-1860), Strauss und Ernst Troeltsch (1865-1923)[8]. Dass noch eine erheblich größere Zahl bedeutender Theologen unter dem Dach einer »freien Theologie« gesehen werden kann, zeigt die Theologiegeschichte von Horst Stephan und Martin Schmidt.[9] Hier werden ausdrücklich als Vertreter »freier Theologie« aufgelistet: Strauss, Baur, Eduard Zeller (1814-1908)[10], Wilhelm Vatke (1806-1882), Biedermann, Karl Heinrich Schwarz (1812-1885), Heinrich Lang (1826-1876);[11] sodann Lipsius, Pfleiderer, August Dorner (1846-1920), Hermann Lüdemann (1842-1933);[12] schließlich Troeltsch[13]

Jan Rohls, Philosophie und Theologie in Geschichte und Gegenwart, Tübingen 2002, S. 474 f.

6 Karl Heussi, Kompendium der Kirchengeschichte, Tübingen [11]1957, S. 482 f.

7 So bei F. Flückiger, Die protestantische Theologie des 19. Jahrhunderts (s. Anm. 5), S. 23-27; Martin Werner, Der protestantische Weg des Glaubens, Bd. 1: Der Protestantismus als geschichtliches Problem, Bern / Tübingen 1955, S. 773-787 (hier ist als vierter Repräsentant »spekulativer Theologie« bzw. »liberaler Dogmatik« der Schweizer Theologe Hermann Lüdemann aufgeführt); Heinrich Hermelink, Das Christentum in der Menschheitsgeschichte von der Französischen Revolution bis zur Gegenwart, Bd. 3, Stuttgart 1955, S. 236-238 (hier werden auf S. 223 Biedermann, Lipsius und Pfleiderer als »spekulative Gegner« Albrecht Ritschls bezeichnet).

8 F. Flückiger, Die protestantische Theologie des 19. Jahrhunderts (s. Anm. 5), S. 31-41.

9 Horst Stephan / Martin Schmidt, Geschichte der deutschen evangelischen Theologie seit dem deutschen Idealismus, Berlin [2]1960.

10 Eduard Zeller, Einige Worte über die Bedeutung einer freien Theologie für das öffentliche Leben, in: Jahrbücher der Gegenwart, Tübingen 1847, S. 65-86. – Auch später taucht der Begriff »freie Theologie« im Titel zweier Veröffentlichungen auf: Heinrich Weinel, Die Nichtkirchlichen und die freie Theologie. Meine Vorträge in Solingen, ihre Gegner und ihre Freunde, Tübingen / Leipzig 1903; Walter Gut, Der Sinn freier Theologie. Antrittsvorlesung, Zürich / Leipzig 1925.

11 H. Stephan / M. Schmidt, Geschichte der deutschen evangelischen Theologie seit dem deutschen Idealismus (s. Anm. 9), S. 154-167.

12 A.a.O., S. 262-265.

13 A.a.O., S. 283-290.

und MARTIN WERNER (1887-1964)[14]. THEODOR SIEGFRIED nennt als Vertreter der »freien Theologie« in der Schweiz BIEDERMANN, WERNER, FRITZ BURI (1907-1995) und ULRICH NEUENSCHWANDER (1922-1977).[15]

Die »freie Theologie« im 19. Jahrhundert geht auf BAUR und immer auch schon auf FRIEDRICH SCHLEIERMACHER (1768-1834) zurück. BAURS direkte Schüler sind STRAUSS, der sich allerdings von der Theologie entfernt hat, und ZELLER. Beeinflusst von BAUR sind ferner BIEDERMANN[16], LIPSIUS und PFLEIDERER. Letzterer war noch direkter Schüler von BAUR. Die Hauptlinie der »freien Theologie« im 20. Jahrhundert geht auf ALBERT SCHWEITZER (1875-1965) zurück und ist in der Schweiz beheimatet. Von ihm stark beeinflusst sind MARTIN WERNER sowie dessen Schüler BURI und NEUENSCHWANDER.

Die freie Theologie des 19. Jahrhunderts im engeren, theologiegeschichtlichen Sinn ist dem deutschen Idealismus verpflichtet, was bei dem Dreigestirn BIEDERMANN, LIPSIUS und PFLEIDERER deutlich ist. Doch besteht von ihren Grundanliegen her keine notwendige derartige Verknüpfung.

Ein *erster* Gesichtspunkt der freien Theologie ist die uneingeschränkte, »rücksichtslose« Wahrheitssuche. ZELLER nennt 1845 als ein Prinzip des »freien Theologen« »die Verpflichtung, rücksichtslos nach der Wahrheit zu forschen, ohne dass er weder rechts noch links blickt, was auch dabei herauskomme«[17]. 1877 fordert er, »dem Überlieferten und Bestehenden mit voller Voraussetzungslosigkeit gegenüberzutreten und seine Prüfung auf jede Gefahr hin rücksichtslos durchzuführen«[18]. BIEDERMANN plädiert für »rückhaltlosen Wahrheitsmut«, bei dem STRAUSS das große Vorbild sei.[19] »Frei« sein heiße, »nicht menschliche Autorität und menschliche Rücksicht, sondern nur die erkannte Wahrheit als oberstes Gesetz und als Richtschnur für mich anzuerkennen«[20].

---

[14] A.a.O., S. 351.

[15] THEODOR SIEGFRIED, Art. Liberale Theologie, in: EKL[1] 2, Göttingen 1958, Sp. (1084-1091) 1086. 1090.

[16] Zum Einfluss Baurs auf Biedermann und andere liberalen Theologen der Schweiz vgl. TH. K. KUHN, Theologischer Transfer (s. Anm. 2).

[17] EDUARD ZELLER, Über das Wesen der Religion, in: ThJb(T) 4 (1845), S. (26-75. 393-430) 428.

[18] EDUARD ZELLER, Über Ursprung und Wesen der Religion, in: ders., Vorträge und Abhandlungen. Zweite Sammlung, Leipzig 1877, S. (1-92) 71 f.

[19] A. E. BIEDERMANN, Ausgewählte Vorträge und Aufsätze (s. Anm. 3), S. 410.

[20] A.a.O., S. 431.

Die Wahrheit ist im Grund eine einzige, und wo immer sich echte Wahrheitsmomente finden, in Philosophie und Theologie, in den Religionen und Konfessionen, in den kirchlichen Richtungen, da stimmen sie miteinander zusammen. »Was Wahrheit am Christentum ist, das muss sich mit jeder Wahrheit vertragen, auch wenn diese erst im widerchristlichen Gewande mag aufgetreten sein; denn alle Wahrheit in der Welt stimmt im letzten Grunde zusammen.«[21] Von daher ist nach Lipsius jede »doppelte Wahrheit« abzulehnen, so als könnten sich etwa die philosophische und die theologische Wahrheit über Gott widersprechen oder als wären wissenschaftliche und religiöse Betrachtungsweisen gegensätzlich.[22]

Das Wahrheitsprinzip findet insbesondere im Blick auf das Problem der Bibelautorität etwa schon bei Gotthold Ephraim Lessing (1729–1781) einen deutlichen Ausdruck: »Die Religion ist nicht wahr, weil die Evangelisten und Apostel sie lehrten, sondern sie lehrten sie, weil sie wahr ist. Aus ihrer inneren Wahrheit müssen die schriftlichen Überlieferungen erkläret werden, und alle schriftlichen Überlieferungen können ihr keine innere Wahrheit geben, wenn sie keine hat.«[23]

Ein *zweiter* Gesichtspunkt freier Theologie ist die undogmatische, nicht-autoritäre Haltung und Vorgehensweise. Nach Zeller muss man hier »Farbe bekennen, und auf die eine Seite treten die, welche die überlieferten Lehren und Vorschriften als eine göttliche Offenbarung festhalten, und auf die andere diejenigen, welche an dieselben den gleichen Maßstab wis-

---

[21] A.a.O., S. 275 f.

[22] Vgl. R. A. Lipsius, Glauben und Wissen (s. Anm. 4), S. 395: »Aber wenn wir uns nicht zu der Lehre von der doppelten Wahrheit bekehren wollen, so müssen beiderlei Betrachtungsweisen, die wissenschaftlich-empirische und die religiösteleologische, immer wieder aufeinander bezogen werden. Nur so gewinnen wir die einheitliche christliche Weltanschauung, die wir suchen, die auf Erfahrungen und Tatsachen ruht, welche keine Wissenschaft deduzieren kann, und die gleichwohl mit keinem Ergebnisse echter Wissenschaft in Widerspruch kommt.«

[23] Gotthold Ephraim Lessing, Axiomata, wenn es deren in dergleichen Dingen gibt. Wider den Herrn Pastor Goeze, in Hamburg (2) [1778], Leitsätze zu den Abschnitten IX und X, in: Lessings Werke [in drei Bänden], hg. v. Kurt Wölfel, Bd. 3, Frankfurt a.M. 1967, S. 436. – Diese Art freie Theologie ist nicht auf den Protestantismus beschränkt, sondern sie kann sich auch etwa im Reformkatholizismus finden, so bei Johannes Hessen (1889–1971): »Amicus mihi Thomas, sed magis amica veritas« (Thomas von Aquin ist mir ein Freund, aber eine größere Freundin ist mir die Wahrheit; Motto bei Johannes Hessen, Thomas von Aquin und wir, München / Basel 1955, S. 6).

senschaftlicher Beurteilung anlegen, wie an jede andere im Lauf der Geschichte hervorgetretene Erscheinung«[24].

BIEDERMANN bestimmt in diesem Sinn die »spekulative oder freie Theologie« als eine Tätigkeit, die auf Erfahrung und Vernunft beruht, der eigenen Einsicht folgt und sich nicht von äußerer, fremder Autorität bestimmen lässt. Freie Theologie hat keine anderen Methoden und Vorgehensweisen als vergleichbare sonstige Wissenschaft auch. Sie geht also im historischen Bereich historisch-kritisch vor, im systematischen, normativen Bereich, wo es um den gedanklichen Zusammenhang und die religiöse Wahrheitsfrage geht, streng philosophisch: »*Frei* ist eine Wissenschaft, die 1) ihr Prinzip innerhalb des menschlichen Geistes hat und es nicht von außen erhält; 2) in der Entfaltung dieses Prinzips nur den immanenten Gesetzen des Geistes folgt und durch keine äußere Autorität bestimmt wird; und endlich 3) sich zu einer selbstständigen Gestalt in sich abrundet. Dies trifft bei derjenigen Gestalt der Theologie zu, welche die Entfaltung des spekulativen Begriffs der Religion zu einer ganzen Wissenschaft ist; darum heißt sie die *freie* Theologie.«[25]

Damit ist ein *dritter* Gesichtspunkt freier Theologie angesprochen. Ihr Material ist die Bibel und die ganze dogmengeschichtliche bzw. theologiegeschichtliche Überlieferung. Das zeigt sich deutlich bei den drei Hauptvertretern der freien Theologie. BIEDERMANN verfasste eine »Christliche Dogmatik«[26], LIPSIUS ein »Lehrbuch der evangelisch-protestantischen Dogmatik« samt einer Kurzfassung »Hauptpunkte der christlichen Glaubenslehre«[27], PFLEIDERER einen »Grundriss der christlichen Glaubens- und Sittenlehre«[28]. Eine freie Theologie wird, soweit sie christliche Theologie ist, grundsätzlich das gesamte Spektrum der Dogmatik und Ethik bearbeiten. Der springende Punkt aber ist: Die freie Theologie versucht die in der christlichen Tradition vorgegebenen Themen eigenständig zu behandeln, in einem gedanklichen Gesamtzusammenhang und mit nachvollziehbaren erkenntnistheoretischen Grundlagen und theologischen Grundprinzipien, die alle einzelnen Aussagen durchdringen und überprüfbar machen. Das nennt BIEDERMANN dann »spekulative Theologie«. Um auf diese Weise die

---

24 E. ZELLER, Über Ursprung und Wesen der Religion (s. Anm. 18), S. 72.

25 A. E. BIEDERMANN, Die freie Theologie oder Philosophie und Christentum in Streit und Frieden (s. Anm. 1), S. 177.

26 S. Anm. 3.

27 S. Anm. 4.

28 S. Anm. 5.

biblisch-christliche Tradition plausibel zu verstehen und ihren Wahrheitsgehalt zu ermitteln, bedarf es – und das ist der Ansatz von Schleiermacher – der eigenen Erfahrung, auch der Erfahrung des Göttlichen, Absoluten, und deren vernünftiger Reflexion. Biedermann stellt hier eine »Doppelforderung« auf: »a) nicht bloße Autorität, sondern eigene Einsicht entscheidet in letzter Instanz; b) wirkliche Einsicht gibt aber nur Verstandesverarbeitung der objektiven Erfahrung, nicht bloß subjektive Phantasieanschauung.«[29]

Erkenntnistheoretische Grundlage ist bei Biedermann die Zugänglichkeit des »absoluten Geistes« für den »endlichen Geist«, da sich der absolute im endlichen Geist widerspiegele und verwirkliche. Gerade in der menschlichen Endlichkeit sei eine »Vollkommenheit« begründet, »welche allein die menschliche Endlichkeit zum Träger der über jede einzelne Gestalt übergreifenden Allgemeinheit des Geistes befähigt«.[30]

Theologisches Grundprinzip ist bei Biedermann die Universalität und Ewigkeit des Christus, der Zuwendung Gottes zur Welt und den Menschen, und die Manifestation dieses Christusprinzips in Jesus von Nazareth, ohne dass das Christusprinzip auf Jesus beschränkt wäre. Das »spezifische Prinzip der christlichen Religion« ist »das in der religiösen Persönlichkeit Jesu Christi als unmittelbare religiöse Tatsache der Gotteskindschaft gestellte Problem der Gottmenschheit«[31]. Dieses »christliche Prinzip« ist »erst in der Tatsache des religiösen Selbstbewusstseins Jesu und des Glaubens an ihn in die Wirklichkeit der Geschichte eingetreten«[32]. Andererseits ist es »an sich aber ewig im Wesen Gottes und des Menschen als ihr wahres religiöses Verhältnis enthalten«[33].

Eine »freie Theologie« im weiteren Sinn, also über die vor allem von Biedermann, Lipsius und Pfleiderer bestimmte theologiegeschichtliche Richtung des 19. Jahrhunderts hinaus, wird die genannten drei Hauptgesichtspunkte festhalten: eine radikale Wahrhaftigkeit; eine undogmatische, nicht-autoritäre Haltung und Vorgehensweise, eine gedanklich schlüssige eigenständige Bearbeitung der biblisch-christlichen Überlieferung. Ein *vierter* Hauptgesichtspunkt dürfte, wie besonders ausgeprägt bei Pfleiderer,

---

[29] A. E. Biedermann, Ausgewählte Vorträge und Aufsätze (s. Anm. 3), S. 280.

[30] A. E. Biedermann, Die freie Theologie oder Philosophie und Christentum in Streit und Frieden (s. Anm. 1), S. 200.

[31] A. E. Biedermann, Christliche Dogmatik, Bd. II (s. Anm. 3), S. 580 (§ 789).

[32] A.a.O., S. 582 (§ 794).

[33] A.a.O., S. 583 (§ 795).

eine universalistische Ausrichtung sein, d.h. die Einbeziehung der Religionsgeschichte in die theologische Arbeit sowie die These, dass Wahrheitserkenntnis nicht auf eine bestimmte Religion einzuschränken ist.

Von Biedermanns Ansatz einer freien Theologie bleiben zwei Fragen, die zu bedenken sind. *Erstens* ist seine Auffassung, Gott der absolute Geist sei mit Hilfe des menschlichen Geistes »begrifflich« zureichend zu erfassen, fraglich geworden. Auch was in der Hegel-Schule und speziell bei Biedermann als »Begriff« verstanden wurde, der die vorläufigen, irdisch-allzuirdischen religiösen »Vorstellungen« transzendiert, ist letztlich doch nichts anderes als »Vorstellung«, wenn auch abstrakter Art. Sofern wir von Gott überhaupt inhaltlich-bestimmt (und nicht nur hinsichtlich der göttlichen Dimension als solcher) Aussagen machen wollen, bleiben diese immer vorläufig, gebrochen, gleichnishaft-symbolisch. Das haben auch Lipsius und Pfleiderer gegenüber Biedermann geltend gemacht. *Zweitens* stellt sich das Problem des inhaltlichen Maßstabs theologischer Aussagen, auch der »undogmatisch«, in bewusster Eigenständigkeit gewonnenen. Auch wenn freie Theologie im Sinn von »philosophischer Theologie« zu verstehen ist[34], die über das Christentum hinausgreift und letztlich universale Theologie sein will, muss es doch kein Zeichen von Autoritätshörigkeit sein, wenn man einen solchen Maßstab in der Bibel sucht, etwa in der dort bezeugten zentralen Manifestation Gottes in Jesus als dem Christus. Eben darum bemühte sich ja auch Biedermann. Für freie Theologie muss es nur darum gehen, dass ein in der Bibel gefundener Maßstab unserer Vernunft und Erfahrung nicht widerspricht, sondern einleuchtet.

2. Alois Emanuel Biedermann: Ewiges Leben hier und jetzt

Biedermann hat darin Anstoß erregt, dass er sich gegenüber der Möglichkeit einer »Unsterblichkeit der Seele«, eines persönlichen Weiterlebens nach dem Tod, ablehnend oder zumindest höchst skeptisch geäußert hat. Das erstaunt bei einem Theologen, für den der persönliche Bezug zu Gott immer der Mittelpunkt seiner religiösen Überzeugung gewesen ist.[35] So schreibt Biedermann einem Kollegen: »Die Liebe Gottes, subjektiv und

---

[34] So P. Schweizer, Freisinnig – positiv – religiössozial (s. Anm. 2), S. 44.

[35] Es hat »Theologen gegeben wie Biedermann, die in unzweifelhafter persönlicher Frömmigkeit sogar auf jeden Unsterblichkeitsgedanken überhaupt verzichtet haben«. So Martin Rade, Die Wahrheit der christlichen Religion (1900), in: ders., Ausgewählte Schriften, Bd. 1: Wirklichkeit und Wahrheit der Religion, hg. v. Christoph Schwöbel, Gütersloh 1983, S. 116.

objektiv, ist wohl dem Gläubigen die höchste Tatsache. Auch mir ist sie es im Vollsinn - wie abstrakt logisch ich auch ihr Wesen ausdrücke. Und so steht's für mich auch mit der realen religiösen Tatsache des ewigen Lebens, von der aus ich so vollkommen ruhig und selbstbewusst alle Verlegung in ein zukünftiges Jenseits als bloße Vorstellungsprojektion einer inneren Realität auffassen kann und meinen erkenntnistheoretischen Voraussetzungen nach auch muss - ohne wirkliche Einbuße am Inhalt wirklich religiösen Glaubens, den ein anderer nur im Rahmen des Unsterblichkeitsglaubens meint haben zu können.«[36]

Religion ist bei Biedermann »das Verhältnis zwischen dem unendlichen und dem endlichen Geist auf der Stufe des endlichen Geistes«[37]: »Nur der Mensch als endlicher Geist ist Persönlichkeit, Gott aber als absoluter Geist nicht. Allein *der Wechselverkehr der Religion ist immer ein persönlicher*, und zwar nicht bloß in der subjektiven Vorstellung, sondern in objektiver Wahrheit, weil er zwischen dem unendlichen und dem endlichen Geist *innerhalb* des endlichen menschlichen Geisteslebens vorgeht, also durchweg in der Form des letztern sich vollziehen muss.«[38]

Diese Beziehung zwischen dem endlichen Menschen und dem absoluten Gott ist für den Menschen »ewiges Leben« hier und jetzt. Es bedeutet die Erfahrung der Freiheit von der Macht der Sünde und die Freiheit zum verantwortlichen Handeln. Die »religiöse Freiheit« im Sinn Biedermanns ist nach Werner »Freiheit von der Knechtschaft der Sünde, Freiheit der aktiven Gestaltung der objektiven Welt zum Ausdruck der gottebenbildlichen Bestimmung des Menschen und schließlich die ›absolute Freiheit im Prozess der Selbstbefreiung von der Negativität des eigenen Weltdaseins außer Gott zum ewigen Leben in Gott‹. Mit persönlicher Unsterblichkeit hat dieses letztlich im Verhältnis zwischen endlichem und unendlichem Geist gründende ›ewige Leben in Gott‹ nach Biedermann nichts zu schaffen. Mit Schärfe lehnt er die ›Annahme einer Fortexistenz des Ich nach dem Tode‹ ab. Diese Bestreitung der individuellen Unsterblichkeit wie auch die mit dem Biedermannschen Begriff des ›absoluten Geistes‹ zu-

---

36 P. Schweizer, Freisinnig – positiv – religiössozial (s. Anm. 2), S. 204, Anm. 189; zit. in: Franz Hermann Reinhold Frank, Geschichte und Kritik der neueren Theologie, Erlangen / Leipzig 1894, S. 188.

37 Ulrich Neuenschwander, »Gott ist tot« und die Theologie, in: ders. / Werner Zager, Gott denken angesichts des Atheismus, Neukirchen-Vluyn 2001, S. (65-179) 85.

38 A. E. Biedermann, Christliche Dogmatik, Bd. II (s. Anm. 3), S. 547 (§ 717).

sammenhängende Bestreitung der Persönlichkeit Gottes hat zu beträchtlicher Polemik geführt.«[39]

»Ewiges Leben« für den Menschen: das ist bei BIEDERMANN in allererster Linie, wenn nicht gar ausschließlich, eine gegenwärtige Erfahrung. Hier knüpft er an eine Aussage SCHLEIERMACHERS am Schluss der zweiten Rede seiner »Reden über die Religion« von 1799 an: »Mitten in der Endlichkeit Eins werden mit dem Unendlichen und ewig sein in einem Augenblick, das ist die Unsterblichkeit der Religion.«[40] Freilich ist Schleiermacher in seiner Glaubenslehre von 1821/22 bzw. in der Endfassung von 1830/31 zu einer auch futurischen Eschatologie zurückgekehrt. Ferner steht BIEDERMANN hier, jedoch mit entschieden christlicher Intention, auf der Linie seines Freundes DAVID FRIEDRICH STRAUSS, der in seiner »Christlichen Glaubenslehre« von 1840/41 ein Leben nach dem Tod strikt abweist: Es komme »Alles darauf an, dass die Unsterblichkeit nicht als etwas erst Zukünftiges, sondern als gegenwärtige Qualität des Geistes, als seine innere Allgemeinheit, seine Kraft, sich über alles Endliche hinweg zur Idee zu erheben, aufgefasst werde«[41].

Mit seinem Nachdruck auf der Gegenwärtigkeit ewigen Lebens steht BIEDERMANN in etwa auf der Linie des Johannes-Evangeliums, freilich im Bewusstsein, dass Johannes nicht nur »die Ausdrücke der gewöhnlichen sinnlichen Vorstellung [von einer leiblichen Auferstehung] in geistiger Deutung anwendet«, sondern diese sinnliche Vorstellung »doch auch in ihrer sinnlichen Eigentlichkeit wolle verstanden wissen«[42].

Biedermann hat mit seinem präsentischen Verständnis des ewigen Lebens ein positives Anliegen: Wir sind zur Gotteskindschaft bestimmt. Indem wir die in Jesus vollendet verwirklichte Gottesbeziehung selbst leben und erfahren, verwirklicht sich der Zweck unseres menschlichen Daseins. Unser altes, verkehrtes Menschsein stirbt ab. In der Gemeinschaft mit Gott werden wir frei von Ängsten, Sorgen und der Macht der Sünde. Wir werden frei zur Weltoffenheit in Liebe. Dabei werden Übel und Leid innerlich

---

39 M. WERNER, Der protestantische Weg des Glaubens, Bd. 1 (s. Anm. 7), S. 775 f.

40 FRIEDRICH SCHLEIERMACHER, Über die Religion. Reden an die Gebildeten unter ihren Verächtern [1799], hg. v. Rudolf Otto, Göttingen 1899, S. 74.

41 DAVID FRIEDRICH STRAUSS, Die christliche Glaubenslehre in ihrer geschichtlichen Entwicklung und im Kampfe mit der modernen Wissenschaft dargestellt, Bd. 2, Tübingen / Stuttgart 1841 (Nachdr. mit einer Einleitung von Werner Zager, Darmstadt 2009), S. 737.

42 A. E. BIEDERMANN, Christliche Dogmatik, Bd. II (s. Anm. 3), S. 168 (§ 365).

überwunden. Die schmerzhafte Vergänglichkeit alles Daseins wird erkannt und zugleich bewältigt:

Der »heilige Zweck Gottes mit der Welt« verwirklicht sich »im *kreatürlichen Geiste*, wenn dieser vom Boden der Welt aus zu wesenhafter - nicht bloß sentimentaler - Liebegemeinschaft mit seinem schöpferischen Urgrunde sich erhebt, oder vielmehr von diesem sich selbst dazu erheben lässt, *Gottes reines Geisteswesen* als die *alleinige*, aber auch *absolut*e Vollkommenheit zu offenbaren und an sich selbst zu *erfahren*, indem er selbst sein volles kindliches Teil daran erhält und damit in Gott der Sphäre enthoben ist, in welcher das Übel das letzte Wort hat«[43].

Mit anderen Worten: »Ist Offenbarung des *Geistes* und Erweis des Geistes als das A und O aller Dinge der *heilige Zweck* der Welt; ist es die göttliche Bestimmung des kreatürlichen Geistes, dass dieser Zweck der Welt in *ihm* zur *Erfüllung* komme; gehört zum *Mittel* dazu notwendig, dass er die *Vergänglichkeit* alles Weltdaseins dem allein ewigen Gott gegenüber an sich selbst erfahre, aber auch den *Sieg* darüber an sich selber erfahre und bewähre in weltüberwindender Liebegemeinschaft mit dem ewigen Urgrunde der Welt; – so ist für ihn *alles Übel* und *Leid* in der Welt geweiht als Mittel wie zur Erfüllung seiner eigenen heiligen Bestimmung, Kind Gottes zu werden, so auch zur Verwirklichung des heiligen *Zweckes der Welt* überhaupt, der sinnliche, zeitliche Boden für das ewige, geistige Reich Gottes zu sein. Aufs tiefste und erschöpfendste sagt dies alles kurz der Ausspruch des Apostels: ›*denen die Gott lieben, müssen alle Dinge zum Guten mitwirken*‹.«[44]

Wieso aber lehnt Biedermann ein persönliches Leben nach dem Tod, eine »Unsterblichkeit der Seele« ab? Ist für ihn die Gemeinschaft des Menschen mit Gott, die sich im irdischen Dasein verwirklicht, mit dem Tod wieder ein für allemal vorbei? Verschiedene Gesichtspunkte kommen hier zusammen.

(a) Gott ist absoluter Geist, der Mensch dagegen endlicher, zeitlicher Geist. Insofern kommt nur Gott Ewigkeit im eigentlichen Sinn und, in der Weise der Vorstellungen geredet, Unsterblichkeit zu. Nach dem Neuen Testament ist Gott »der König aller Könige und Herr aller Herren, der allein Unsterblichkeit hat« (1Tim 6,15 f.). »Nur das Sein des *absoluten* Geistes ist unmittelbar eins mit dem Begriff ewiges Leben: Gottes Sein ist das

---

[43] A. E. Biedermann, Erinnerungen, in: ders., Ausgewählte Vorträge und Aufsätze (s. Anm. 3), S. (378-457) 456.

[44] A.a.O., S. 456 f.

ewige Leben. Dem Menschen, als kreatürlichem endlichen Geist, kann von vornherein ewiges Leben nur nach dem Muster *wirklichen Geist*-seins zukommen; das Moment seines kreatürlichen Da-seins fällt unter den Begriff des *zeitlichen* Lebens.«[45]

Mit dem menschlichen Tod ist also keineswegs »alles aus«. Mit dem Tod endet alles Sinnenhafte, Sinnliche, wie Vergänglichkeit, Leid und Übel. Aber der ewige Gott ist nicht »aus«, Gottes Ewigkeit bleibt. Der (endliche) Geist befreit sich, oder wird befreit, »von der Negativität seines endlichen Weltdaseins außer Gott zum ewigen Leben in Gott«. »Endlichkeit seines Weltdaseins« vollzieht sich am endlichen Geist »in der naturnotwendigen Aufhebung seiner eigenen Existenz, in Übel und Tod«. So findet er »seinen *absoluten* Daseinszweck«. Die »natürliche Aufhebung seines eigenen endlichen Weltdaseins außer Gott« bedeutet: »das *Ich selbst*« ist »in Gott bei sich selbst«[46]. Der Mensch bleibt endlich, vergänglich, und das heißt, dass sein Leben mit dem Tod zu Ende ist. Aber er hat, durch Gottes Gnade,[47] sein ewiges Leben in Gott selbst.

Zu fragen ist nur, ob dieses ewige Leben, an dem der Mensch durch Gottes Gnade Anteil haben darf, wirklich nur auf das zeitliche Dasein beschränkt ist oder doch darüber hinaus, wieder allein durch Gottes Gnade, seine Vollendung finden wird. Könnte es nicht sein, dass der »*endliche* Geist«, der als solcher ja wirklich mit dem Tod zu Ende, also »aufgehoben« sein wird, an der Ewigkeit des absoluten Gottes Anteil haben kann – des Gottes, für den der Tod eben keine Grenze ist?

Man könnte Biedermann doch in dieser Richtung verstehen, wenn er schreibt: Das positive Moment, d.h. der »reine Gehalt«[48] des Unsterblichkeitsglaubens ist die »Bestimmung des Ich zum *real weltfreien Geistesleben*: zum *ewigen* Leben der persönlichen Lebensgemeinschaft mit dem absoluten Geist«[49]. Man könnte Biedermann so verstehen, falls »weltfreies Geistesleben« nicht nur meint, *im* irdischen Leben frei von der vergänglichen Welt zu werden, sondern auch *nach* dem irdischen Leben »weltfrei« weiter an Gott zu partizipieren: »Führe ich gen Himmel, so bist du da; bettete ich mich bei den Toten, siehe, so bist du auch da« (Ps 139,8). So oder so aber ist mit Biedermann klar: »Ewiges Leben« hängt allein an Gott und ist ohne

---

45 A. E. BIEDERMANN, Christliche Dogmatik, Bd. II (s. Anm. 3), S. 658 (§ 976).

46 A.a.O., S. 589 (§ 808).

47 A.a.O., S. 659 (§ 980).

48 A.a.O., S. 657 (§ 973)

49 A.a.O., S. 657 (§ 972); vgl. S. 664 (§ 991).

ihn in keiner Weise möglich, weder im irdischen Leben noch etwa danach. Es hängt allein an Gott, was aus uns sein wird.

(b) Ausdrücklich stimmt Biedermann dem letzten Satz der »Christlichen Glaubenslehre« von Strauss zu. Es sei, schreibt Biedermann, »in seinem vollen Sinn gefasst, ein gewichtig wahres Wort«, und er zitiert dieses »Schlusswort« von Strauss:[50] »Das Jenseits ist zwar in allen der Eine, in seiner Gestalt als zukünftiges aber der letzte Feind, welchen die speculative Kritik zu bekämpfen und wo möglich zu überwinden hat.«[51]

Diesen Gedanken des zukünftigen Jenseits, der Unsterblichkeit der Seele bzw. »eines Fortlebens des Menschen über seine irdische Lebenszeit hinaus« hält Biedermann aus verschiedenen Gründen für fragwürdig.

Ein *erster* Grund: dieser Gedanke sei »religiös indifferent«,[52] also gleichgültig, bedeutungslos. Entscheidend sei nur, »die Idee des *ewigen Lebens* als der *absoluten Bestimmungserfüllung des Menschen* durchzuführen, auf Grundlage der Anerkennung, dass das christliche Prinzip der Gotteskindschaft die reale Selbstaufschließung des absoluten Geistes für den endlichen Geist sei«[53]. Deshalb müsste auch in einem aus welchen Gründen auch immer angenommenen »nach-irdischen Leben« »wenigstens das *religiöse* Verhältnis zwischen dem Menschen und Gott, die Bedingung zur Verwirklichung der göttlichen Bestimmung, kurz das Verhältnis dieses *künftigen zeitlichen* Lebens zum *ewigen* Leben *wesentlich gleich* wie schon in *diesem* Leben gefasst werden«[54].

Biedermann meint theologisch unanfechtbar, dass ein eventuelles Fortleben nach dem Tod ganz und gar an Gott hängt, ohne Gott überhaupt nicht möglich ist, und dann von der Gottesbeziehung her bestimmt sein muss, also von »ewigem Leben« im Sinn einer Gemeinschaft des in sich endlichen Menschen mit dem absoluten Gott charakterisiert ist.

Aber ist ein »Fortleben des Menschen über seine irdische Lebenszeit hinaus« wirklich »religiös indifferent«? Der persönliche Bezug zu Gott, gerade auch in seiner befreienden, von allen Beschwernissen innerlich lösenden Art, ist doch auch bei Christen fast immer sehr bruchstückhaft gestaltet und hat noch keineswegs eine vollendete Gestalt angenommen. Ferner gibt es viele Menschen, bei denen es noch gar nicht zu einer per-

---

50 A.a.O., S. 646 (§ 949).

51 D. F. Strauss, Die christliche Glaubenslehre, Bd. 2 (s. Anm. 41), S. 739.

52 A. E. Biedermann, Christliche Dogmatik, Bd. II (s. Anm. 3), S. 652 (§ 961).

53 A.a.O., S. 652 (§ 960).

54 A.a.O., S. 652 (§ 961).

sönlichen Beziehung zu Gott kommen konnte, sei es dass ihnen durch schwerste Schicksalsschläge ein Blick über das unmittelbare Elend hinaus nicht möglich geworden ist, sei es, dass sie früh gestorben sind oder gleich gar nicht das Licht der Welt erblicken konnten. Die »Bestimmung des Menschen zum ewigen Leben«[55] konnte sich bei ihnen noch nicht einmal fragmentarisch verwirklichen. Man darf aber bei der Frage danach, was nach dem Tod kommt, nicht nur Menschen im Blick haben, die »alt und lebenssatt« ihr irdisches Dasein vollenden können.

Ein *zweiter* Grund für Biedermanns Nein zu Vorstellungen vom Fortleben des Menschen nach dem Tod ist anthropologischer Art. Dass es im Tod mit dem gegenwärtigen Leib endgültig zu Ende ist, wird wohl nicht zu bestreiten sein. Nun hängen aber nach Biedermann Leib und Seele unlösbar miteinander zusammen: »Subjekt der Fortexistenz kann das Ich vorab nicht in der Totalität seines leiblich-geistigen Daseins sein, da der Tod gerade in der faktischen Aufhebung derselben besteht.«[56] Mit dem leiblichen ist nach Biedermann auch das geistige Dasein zu Ende, weil es das eine nicht ohne das andere gebe.

Freilich kann man angesichts von Nahtoderfahrungen die unlösbare Einheit von Leib und Seele bzw. Geist schon als etwas gelockert ansehen. Ferner ist theologisch nicht einzusehen, wieso Gott der Schöpfer und Vollender aller Dinge und Wesen an eine Aneinanderkettung von Leib und Seele gebunden sein soll, wenn er der ist, »der das, was nicht ist, ruft, dass es sei« (Röm 4,17).

Pfleiderer übte an dem anthropologischen Argument Biedermanns von der Untrennbarkeit von Leib und Seele nicht nur anthropologische, sondern auch theologische Kritik:[57] »Ist die Welt das Zumal von geistigem und materiellem Sein, so ist nicht abzusehen, wiefern sie ihren Grund in einem rein geistigen Gott haben könne; umgekehrt, wenn nach Biedermann das letztere anzunehmen ist, so wäre dann zu erwarten, dass das materielle Sein irgendwie auf ein geistiges Sein zurückgeführt, nicht aber diesem als ursprünglicher Wesensgegensatz zur Seite gestellt würde.«[58]

Den Gedanken der »Unsterblichkeit der Seele«, wie auch der »Auferstehung des Leibes«, lehnt Biedermann auch aus einem *dritten* Grund ab:

---

55 A.a.O., S. 658 (§ 977).

56 A.a.O., S. 654 (§ 965).

57 O. Pfleiderer, Die Entwicklung der protestantischen Theologie in Deutschland seit Kant und in Großbritannien seit 1825 (s. Anm. 5), S. 142 f. 148.

58 A.a.O., S. 142 f.

Es handle sich hier um menschliche, raumzeitlich bedingte »Vorstellungen«, die man zugunsten des reinen »Begriffs«, der philosophischen Erkenntnis, überschreiten und schließlich preisgeben müsse.[59]

Nun ist unbestreitbar die Vorstellung von der Fortdauer der Seele nach dem Tod eben eine Vorstellung, die aus raumzeitlicher Erfahrung genommen wird und die auf ein Danach projiziert wird, wo es Raum und Zeit in unserem Sinn gar nicht mehr gibt. Nur sind alle religiösen Auffassungen und Lehren Vorstellungen, die über sich hinausweisen auf den immer größeren, letztlich unvorstellbaren Gott. Auch das, was Biedermann in der Nachfolge HEGELS im Unterschied zur religiösen »Vorstellung« den philosophischen »Begriff« nennt, ist schließlich nicht die Sache selbst, sondern Vorstellung, wenn auch auf einem sehr abstrakten, wenig anschaulichen Niveau. Die Rede vom »absoluten Geist« etwa geht von der Erfahrung menschlicher Geistigkeit aus, die Rede vom »ewigen Leben« von der Erfahrung der Vergänglichkeit und zugleich von gefülltem irdischem Leben. Freilich ist die Auffassung, alles konkrete, bestimmte Reden vom Absoluten, Göttlichen, sei mit Vorstellungen gefüllt, sei also gleichnishaft, symbolisch und weise über sich hinaus, weniger von Hegel als vielmehr von KANT geprägt, von dem sich der das Absolute wirklich zu erfassen meinende BIEDERMANN vorsichtig distanziert.[60] Ob aber HEGEL oder KANT: Wir sind eben Menschen und können Gott in seinem Wesen, in seinem Verhältnis zu uns nur so weit erkennen, wie er sich uns zu erkennen gibt.

(c) Wenn aber die Glaubenserkenntnis immer Vorstellungen braucht, dann muss man sich *erstens* in jedem Fall klar machen, dass Vorstellungen Vorstellungen sind und nicht die Sache selbst. Man muss *zweitens* die Vorstellungen durchklären, indem man die eine Vorstellung durch eine andere ergänzt, also etwa »Unsterblichkeit der Seele« durch »Auferweckung des Leibes«. Man muss *drittens* die Vorteile und die Gefahren der einzelnen Vorstellungen bedenken. Hier steht die Vorstellung von der »Unsterblichkeit der Seele« in der Gefahr des Heilsegoismus. So ist nach BIEDERMANN »die Vorstellung von der Unsterblichkeit die letzte seiner religiösen Vorstellungen, die der Mensch, wenn er schon alle andern preisgegeben, noch festhält, und das um so zäher und ängstlicher, als es sein Letztes ist«[61]. Man muss sich *viertens* klar machen, dass nicht alle Vorstellungen in

---

[59] Vgl. A. E. BIEDERMANN, Christliche Dogmatik, Bd. II (s. Anm. 3), S. 644-648 (§ 949).

[60] Vgl. a.a.O., S. 520 (§ 701).

[61] A.a.O., S. 645 (§ 949).

gleicher Weise angemessen sind und manche sogar völlig unangemessen. Hier braucht man einen theologischen Maßstab.

So hat etwa EDUARD ZELLER, mit Biedermann gut bekannt und ebenfalls ein Vertreter freier Theologie, sich im Blick auf die Auferstehung Jesu von den recht körperlichen Vorstellungen der Jünger Jesu distanziert und geistige Vorstellungen skizziert, die er selbst für nachvollziehbar hielt: »Für uns nun, auf unserem Standpunkte, würde zu dieser Überzeugung [›dass‹ Jesus ›trotz seines Todes dennoch lebe und sein Werk mit der Zeit herrlich durchführen werde‹] der Gedanke ausreichen, dass der leiblich gestorbene geistig bei Gott fortlebe. Dem Palästinenser, der von einem solchen geistigen Fortleben nichts wusste, nach dessen Glauben zwischen Tod und Auferstehung nur das trübe Schattenleben de[r] Scheol lag, war dieser Ausweg verschlossen.«[62]

(d) Natürlich gibt es neben den von BIEDERMANN vorgebrachten noch weitere Bedenken gegen die Vorstellung von der Unsterblichkeit der Seele. Etwa: Unsterblichkeit im Sinn von endloser Zeit wäre entweder die totale Langeweile oder aber eine Horrorvision, der gegenüber die buddhistische Lehre von einem schließlichen Ende des Kreislaufs der Wiedergeburten und vom Eingang in das gefüllte Nichts des Nirwana wirklich eine Erlösung bedeuten würde.

(e) Man muss also festhalten: Mit dem Tod sind Raum und Zeit im irdischen Sinn zu Ende. Die Ewigkeit Gottes ist dagegen die andere, jetzt unvorstellbare Dimension, das »ewige Jetzt«, wie es in der Mystik heißen kann. Individuelle Erfüllung über den Tod hinaus kann nicht zeitlich endloses Weiterleben in einer anderen Sphäre bedeuten, sondern das Eingehen in eine andere Dimension, nämlich in die Ewigkeit Gottes. Vielleicht hat Biedermann dies, im Unterschied zu seiner sonstigen rein präsentischen Eschatologie, selbst nicht ganz ausgeschlossen, wenn er schreibt: »Die Vorstellung eines zeitlichen Jenseits hat nur im religiösen Jenseits ihren Grund: entweder muss es also in dieses zurückgenommen, oder denn mit diesem ausgefüllt werden.«[63]

(f) Die Position Biedermanns zur Frage eines individuellen Fortlebens nach dem Tod ist also nicht ganz so eindeutig, dass man ihn so verstehen könnte: »Ewiges Leben hier und jetzt und sonst gar nicht!« Meistens klingt es so, aber es gibt auch andere Andeutungen.

---

[62] EDUARD ZELLER, Strauß und Renan, in: ders., Vorträge und Abhandlungen geschichtlichen Inhalts, Leipzig 1865, S. (435-503) 498; vgl. a.a.O., S. 499.

[63] A. E. BIEDERMANN, Christliche Dogmatik, Bd. II (s. Anm. 3), S. 654 (§ 962).

Nicht ganz von der Hand zu weisen und doch etwas zu einseitig ist etwa die Kritik von Christoph Ernst Luthardt (1823–1902): »Auf ähnlich Hegelschem Standpunkt der Immanenz [wie Strauß in seiner ›Christlichen Glaubenslehre‹; A.R.] steht Biedermanns christliche Dogmatik, frei von der Autorität der Schrift und der Kirche, ohne einen persönlichen Gott und individuelle Unsterblichkeit, als spekulativen Ausdruck des modernen christlichen Bewusstseins sich bezeichnend: das kirchliche Dogma ist eine Objektivierung des subjektiv-religiösen Bewusstseins, welches seinen immanenten rein geistigen Inhalt nach psychologischem Gesetz äußerlich projiziert und zu einer transzendenten Anschauung macht und damit mythologisiert, aus welcher Objektivierung das Denken den geistigen Gehalt in seine eigenste Heimat zurücknimmt.«[64] Fritz Buri kommt dem Sachverhalt näher, wenn er schreibt, Biedermann habe »den individuellen Geist sich im Allgeist auflösen lassen«.[65]

(g) Bei der Frage, was nach dem Tod kommt, wird aus theologischen wie anthropologischen und erkenntnistheoretischen Gründen »ein Schuss Agnostizismus« angebracht sein. Das heißt, es bleibt Gott überlassen, was er aus uns machen wird. Der Mensch kann nichts Besseres tun, als sich der Güte und Barmherzigkeit Gottes anzuvertrauen. Biedermann selbst lässt eben diese Haltung mindestens an einer Stelle seiner »Christlichen Dogmatik« anklingen:

»Es ist dem religiösen Bewusstsein zuzumuten, sich dahin zu läutern, dass ihm die Unsterblichkeit kein religiöses Postulat mehr ist, dass es erkennt, sein religiöses Verhältnis zu Gott wäre auch in einem andern Leben, als Fortsetzung dieses Lebens, wesentlich dasselbe wie in diesem. [...] Dann stellt es sich also in diesem Leben zu Gott so, dass die Frage, ob ein anderes Leben sei oder nicht, nichts daran ändert. Es überlässt auf das hin die Entscheidung dieser letztern Frage ruhig Gott und der Zukunft, indem es dem menschlichen Geist die Fähigkeit abspricht, diese Frage zu entscheiden.«[66]

Das »Schlusswort« der umfangreichen »Christlichen Dogmatik« Biedermanns, der durchweg gesperrt gedruckte zweite und letzte Abschnitt seines § 1000, stimmt noch einmal einen zuversichtlichen Ton an, womit

---

64 Christoph Ernst Luthardt, Kompendium der Dogmatik, Leipzig 1865, [8]1889, S. 67; zit. nach der von Robert Jelke herausgegebenen 15. Auflage, Heidelberg 1948, S. 43.

65 Fritz Buri, Dogmatik als Selbstverständnis des christlichen Glaubens, Bd. 3, Bern / Tübingen 1978, S. 317.

66 A. E. Biedermann, Christliche Dogmatik, Bd. II (s. Anm. 3), S. 653 (§ 962).

eben die Entscheidung über die Zukunft des Menschen Gott überlassen wird:

»Der unendliche Weltprozess des endlichen, räumlich-zeitlichen Daseins hat in Gott, als dem absoluten Geiste, wie seinen ewig-allgegenwärtigen absoluten Grund, so auch sein ewiges Endziel, d.h. die Erfüllung seines absoluten Zweckes. Alles endliche Welt-dasein dient dem absoluten Geiste zum Medium der Erfüllung seines absoluten Zweckes durch die Erfüllung seines eigenen endlichen Daseinszweckes. Im Welt-dasein hat nur der endliche Geist einen eigenen absoluten Daseinszweck; diesen aber erfüllt er nur in der persönlichen Lebensgemeinschaft mit dem absoluten Geiste durch die Subjektivierung der Absolutheit des Geistes zum Lebensgrund, zur Lebensnorm und zum Lebensziel seines eigenen, in der Welt endlichen, aber in Gott ewigen Geisteslebens.«[67]

»In der Welt endlich, aber in Gott ewig«, das heißt nicht: »in der Welt endlich, in Gott endlos endlich«. »In Gott ewig« bedeutet auf alle Fälle: »nur in Gott ewig«, und nicht etwa »in uns selbst ewig«. Wir als endlicher Geist sind vom »absoluten Zweck« des »absoluten Geistes« umgriffen.

3. Richard Adelbert Lipsius: Gotteskindschaft und Gottesreich

Im Unterschied zu BIEDERMANN, dem er als kritischer Gefolgsmann und Gesprächspartner verbunden ist, geht LIPSIUS auf der Linie KANTS von der Begrenztheit menschlichen Erkennens aus.[68] So findet sich bei ihm im Hinblick auf die Möglichkeit einer auch philosophisch verantworteten Gotteserkenntnis ein Moment des Agnostizismus.

(a) Zur Frage etwa, ob und inwiefern in Gottes »absolutem Bewusstsein« außer der Ewigkeit auch Zeitlichkeit gegeben sei, gebe es keine schlüssige Antwort. »Denn weder können wir uns von einer zeitlosen Tätigkeit eine Vorstellung machen, noch kommen wir, sobald wir mit der Zeitlichkeit als Form des göttlichen Bewusstseins Ernst machen, über Anthropomorphismen, welche den Begriff des Absoluten verendlichen, hinaus.« So soll es »bei dem zwar nicht ›verzweifelten‹, aber bescheidenen ›ignoramus et ignorabimus‹ [wir wissen es nicht und wir werden es nicht wissen] sein Bewenden behalten.«[69] Metaphysik ist zwar sinnvoll, sie kann aber keine rational schlüssige, streng wissenschaftlich bzw. philosophisch

---

[67] A.a.O., S. 667 (§ 1000).

[68] Vgl. R. A. LIPSIUS, Dogmatische Beiträge zur Verteidigung und Erläuterung meines Lehrbuchs (s. Anm. 4), S. 142-151.

[69] R. A. LIPSIUS, Philosophie und Religion (s. Anm. 4), S. 97.

zwingende Gotteserkenntnis sein: »Nur das empirische Erkennen, dessen Gebiet sich durch neue Entdeckungen täglich erweitern kann, ist grenzenlos; die metaphysische Spekulation, soweit sie strenge Wissenschaft zu sein beansprucht, hat ihre unübersteigbaren, in unserer psychophysischen Organisation begründeten Schranken.«[70]

Die beiden grundlegenden Erkenntnisgebiete bzw. »Weltbetrachtungen« sind nach Lipsius die »kausale«, empirische, in der durchweg die Regeln von Ursache und Wirkung gelten und für die die verschiedenen Einzelwissenschaften zuständig sind, sowie die »teleologische«, ethische, in der es um Sinn und Ziel und damit um die Aufgaben des menschlichen Daseins geht.[71] Beide Weltbetrachtungen, die »empirisch-kausale« und die »religiös-teleologische«, müssen nach Lipsius zusammenstimmen und zusammenkommen. Es darf auf keinen Fall eine »doppelte Wahrheit« geben, da die Wirklichkeit letztlich eine einzige ist und in der Quelle aller Wahrheit zusammengebunden ist.[72]

Wie aber ist Gott, »das Absolute«, »der unendliche göttliche Grund«, die »absolute Kausalität«, zugänglich? Auf zweierlei Weise. Zunächst ist der Gottesgedanke philosophisch zwingend und damit ein Gottesbewusstsein existenziell unabweisbar. »Das Absolute ist das alles zeiträumliche Dasein begründende, selbst aber schlechthin zeit- und raumfreie Sein.«[73] Ein Urgrund von allem ist vorauszusetzen. Freilich ist dabei noch umstritten, wie er konkret zu verstehen ist, d.h., was das Wesen des Göttlichen ist. Mit dem »Begriffe des Absoluten« sind »sehr verschiedene Auffassungen verträglich: die materialistische, welche alles Geistesleben nur als Erzeugnis des Naturlebens betrachtet, ebenso gut wie die idealistische, welche im Geiste den Ursprung wie das Ziel alles Naturdaseins erkennt; die pantheistische, welche das Absolute als unbewusste, blind intelligente Naturmacht erfasst, ebenso gut wie die theistische, welche es als persönlichen Gott versteht«[74]. Das wahre Wesen des göttlichen Urgrundes ist für Lipsius nach christlicher Überzeugung »idealistisch« und »theistisch«,

---

70 A.a.O., S. 98. Vgl. ders., Dogmatische Beiträge zur Verteidigung und Erläuterung meines Lehrbuchs (s. Anm. 4), S. 142 f.

71 Dazu R. A. Lipsius, Die Hauptpunkte der christlichen Glaubenslehre im Umrisse dargestellt (s. Anm. 4), S. 6-9.

72 A.a.O., S. 6. Auch R. A. Lipsius, Glauben und Wissen (s. Anm. 4), S. 393.

73 R. A. Lipsius, Die Hauptpunkte der christlichen Glaubenslehre im Umrisse dargestellt (s. Anm. 4), S. 5.

74 Ebd.

nicht aber »materialistisch« und »pantheistisch«.[75] Dies ist aber erst der Rahmen. Genauer verstanden: Gott ist nicht nur »Naturmacht«, das auch, sondern er ist »unbedingt gebietender Wille« und »väterlicher Liebewille«[76].

Zu dieser christlichen Gotteserkenntnis gelangt man einerseits durch das biblische Zeugnis von der Christusoffenbarung, zum andern durch »persönliches Erlebnis«, durch Glaubenserfahrung, durch »Geisteszeugnis«[77]. Genauer gesagt: Die »Heilswahrheit« von der Offenbarung Gottes in Christus gewinnen wir im Einklang des biblischen Zeugnisses mit dem »gemeinsamen Glaubensleben der christlichen Gemeinde« und der individuellen Erfahrung »im inneren Leben der Gläubigen«[78]. Ohne Erfahrung und deren denkerische Verarbeitung gibt es überhaupt keine Erkenntnis: weder Welterkenntnis noch das Bewusstsein des Absoluten als »Grenzbegriff«[79] noch eben auch die »Heilsgewissheit«.

Um das wahre Wesen Gottes möglichst angemessen zu erfassen, bedarf es menschlicher Vorstellungen oder Symbole, die aus der Welterfahrung stammen. Das sind Annäherungen an die Wahrheit, nicht mehr, aber auch nicht weniger. »Wir sollen niemals vergessen, dass wir ein unendliches Bewusstsein und einen unendlichen Willen nur in Bildern und Gleichnissen vorstellen können, welche dem endlichen Geistesleben des Menschen entlehnt sind. [...] Wir müssen uns bescheiden, dass wir hier an der Grenze unsrer Erkenntnis angelangt sind, dass wir also außer Stand sind, eine adäquate Erkenntnis des innern Wesens und der Eigenschaften Gottes zu gewinnen. Das Einzige, was uns übrig bleibt, ist die fortschreitende Läuterung unserer religiösen Bildersprache.«[80] Diese »Läuterung« geschieht nicht so, dass man schließlich doch noch auf Vorstellungen, Bilder oder Gleichnisse etwa zugunsten von abstrakten »Begriffen« verzichten kann, sondern durch sittliche Vertiefung: »Diese Läuterung aber hängt weit weniger als man anzunehmen pflegt, von den Fortschritten unsres verständigen Denkens ab. Obwohl auch dieses sich immer bemüht hat, allzu grobe Menschlichkeiten von Gott fern zu halten, so kommen wir doch über die Anwendung menschlicher Analogien überhaupt niemals hinaus. Vielmehr vollzieht sich diese Läuterung vor allem durch den Fort-

---

75 Ebd.

76 A.a.O., S. 11.

77 A.a.O., S. 14-17.

78 A.a.O., S. 16 f.

79 A.a.O., S. 3.

80 A.a.O., S. 21.

schritt unsrer sittlichen Erkenntnis. Nur die vollkommen sittliche Religion wird also wirklich Gottes würdige Vorstellungen liefern.«[81]

(b) Das Ewigkeitsverständnis von Lipsius hängt mit seinem erkenntnistheoretischen Ansatz zusammen. *Erstens* hat Lipsius anders als Biedermann keine Vorbehalte dagegen, sich hinsichtlich der Frage nach der Zukunft Gottes und der Welt und der Frage eines Fortlebens nach dem Tod Vorstellungen zu machen. Alle Glaubenserkenntnis bedarf ja der Vorstellungen, der Bilder, der Gleichnisse. Man muss nur wissen, dass es Vorstellungen sind, die hinter der Wirklichkeit Gottes weit zurückbleiben. *Zweitens* bleibt in aller Glaubenserkenntnis, nicht nur beim Thema der Eschatologie, der Vorbehalt des Rätselhaften, des Verborgenen, des undurchdringlichen göttlichen Geheimnisses. Erst im künftigen vollendeten Reich Gottes werden »die Rätsel alle gelöst werden«[82]. *Drittens* aber darf man sich der nicht endenden Liebe Gottes anvertrauen.

»Reich Gottes« ist ein eschatologischer Schlüsselgedanke bei Lipsius, »Gotteskindschaft« der andere. Wer sich als Kind Gottes erfährt und weiß, darf sich jetzt schon zum Reich Gottes gehörig wissen, d.h. zu der »universellen Gemeinschaft der Kinder Gottes«: »Durch die persönliche Gewissheit der Gotteskindschaft ist die Zugehörigkeit zum Gottesreiche vermittelt [...]. Unter dem Gottesreiche im Unterschied von der Kirche ist zunächst die universelle Gemeinschaft der Kinder Gottes zu verstehen, welche auf Grund der ihnen zugeeigneten Versöhnung und Erlösung in den Stand gesetzt sind, Gottes Willen zu tun.«[83] Die im Reich Gottes geschehende »Verwirklichung ebensowohl des individuellen als des gemeinsamen Le-

---

[81] Ebd. – Man kann den erkenntnistheoretischen Ansatz von Lipsius folgendermaßen zusammenfassen: »Im Unterschied von Biedermanns Standpunkt der reinen Immanenz statuiert Lipsius ein objektives Transzendentes als religiöses Postulat, das als Mysterium anzuerkennen ist, aber vom Denken nicht erreicht und vollzogen, sondern nur approximativ ausgedrückt werden kann, so dass die dogmatische Operation im Grunde über die Bannlinie der Subjektivität doch nicht hinauskommt und nicht zu wissenschaftlicher Gewissheit des Transzendenten gelangt.« (CH. E. LUTHARDT, Kompendium der Dogmatik [s. Anm. 64], S. 72; zit. nach der 15. Auflage, S. 43) – Vgl. auch die von Lipsius referierte Kritik Biedermanns an seinem, Lipsius', erkenntnistheoretischen Ansatz: R. A. LIPSIUS, Dogmatische Beiträge zur Verteidigung und Erläuterung meines Lehrbuchs (s. Anm. 4), S. 142.

[82] R. A. LIPSIUS, Lehrbuch der evangelisch-protestantischen Dogmatik (s. Anm. 4), S. 869.

[83] R. A. LIPSIUS, Die Hauptpunkte der christlichen Glaubenslehre im Umrisse dargestellt (s. Anm. 4), S. 39.

benszwecks«[84] bleibt im irdischen Dasein freilich immer fragmentarisch. Deshalb entwirft der Glaube »das Ideal einer *ewigen Vollendung* sowohl des individuellen als des gemeinsamen Lebens« im künftigen vollendeten Reich Gottes.[85]

»Die *individuelle Fortdauer* über den Tod dieses Leibes hinaus« ergibt sich für Lipsius auf zwei verschiedenen gedanklichen Wegen. *Der eine* ist ein philosophischer Weg. Dieser ist nicht die »empirisch-kausale« Betrachtung, die auf den Einzelwissenschaften basiert. Hier gibt es nichts zu beweisen oder zu widerlegen. Sondern es ist die »teleologische Betrachtung«. Sie findet Anhaltspunkte, wenn auch keine strengen Beweise, für eine individuelle Fortdauer nach dem Tod darin, dass sich das »persönliche Ich« gegenüber der »äußeren Naturgewalt« behauptet, sich von ihr absetzt, sich über sie erhebt. »Diese Erhebung über die zeiträumliche Schranke vollzieht sich in dem Maße, als das Ich wirklich zur persönlichen Freiheit über die Welt gelangt. Hierin ist der unendliche Wert der sittlichen Persönlichkeit und zugleich ihr Anspruch gesetzt, trotz der Todeserfahrung zu leben.«[86] *Der andere* ist der spezifisch christliche Weg. Die durch Christus vermittelte Gemeinschaft mit Gott »ist das höchste, in sich selbst schlechthin wertvolle und eben darum ewige Gut, dessen der Gläubige lebend und sterbend gewiss ist: eine Gewissheit, der gegenüber der Gedanke der Zerstörung des im Ewigen festgewurzelten persönlichen Lebens durch das äußere Schicksal, welches den Menschen als Naturwesen trifft, ein Widersinn ist.«[87] Dazu wird diese Ewigkeitsgewissheit »nach dem persönlichen Vorbilde Christi« untermauert.[88]

Das Wie, die Art und Weise der künftigen Vollendung, ist uns freilich verborgen. Wir können »von den Existenzbedingungen eines künftigen Lebens nichts wissen«.[89] Das gilt auch im Blick auf die »künftige Vollendung des Gottesreiches«: »Gegenüber allen doch unbeantwortbaren Fragen nach den äußeren Existenzbedingungen dieser Reichsvollendung bleibt aber dieselbe bescheidene Zurückhaltung geboten, wie gegenüber der Frage

---

[84] Ebd.

[85] A.a.O., S. 40.

[86] Ebd.

[87] Ebd.

[88] Ebd.

[89] Ebd.

nach der Beschaffenheit des individuellen Vollendungslebens.«[90] Lipsius schließt seine kurzgefasste Glaubenslehre, die er übrigens auf Bitte seines Freundes OTTO PFLEIDERER geschrieben hatte,[91] mit einem bekenntnishaften Satz ab: »Nur das Eine ist dem christlichen Glauben gewiss, dass in dem vollendeten Gottesreiche die dermaligen Schranken des Naturlebens niedergerissen sein werden und in einer verklärten Welt eine verklärte Menschheit ihre Stätte finden wird, welche frei von Sünde und Schuld im unzerstörbaren Besitze des Ewigen und in der allen Zeitenwechsel überdauernden Betätigung dieses Besitzes lebt.«[92]

In einem 1889 verfassten Vermächtnis für den von ihm 1887 mitgegründeten Evangelischen Bund schreibt LIPSIUS ebenfalls bekenntnisartig: »Der Christ weiß in der persönlichen Gemeinschaft mit seinem Gott sich zugleich im Besitz des höchsten, unzerstörbaren Gutes, dessen er lebend und sterbend gewiss bleibt. Der Glaube an die persönliche Fortdauer und, setzen wir hinzu, an eine zukünftige individuelle und gemeinsame Lebensvollendung ist ein notwendiges, unentbehrliches Stück des Christenglaubens. Wer sich genötigt meint, allerlei naturwissenschaftlichen oder philosophischen Theorien zu Liebe diesen Glauben zu opfern, der beweist damit nur, dass er das höchste im Christentume gewonnene Gut nicht so hoch schätzt, als es geschätzt werden muss, dass also seinem Christenglauben in diesem Stücke ein wesentlicher Mangel anhaftet. Die persönliche Fortdauer ist wissenschaftlich weder zu beweisen noch zu widerlegen; aber sie ist Glaubensgegenstand, ein notwendiger Bestandteil christlich-teleologischer Weltanschauung. Auch in diesem Punkte darf ich versichern, dass in der sogenannten liberalen Theologie nur noch ganz vereinzelte Stimmen die persönliche Fortdauer bestreiten oder ungewiss lassen.«[93]

(c) Die Kritik von Lipsius an den eschatologischen Auffassungen BIEDERMANNS bezieht sich vor allem auf drei Punkte. *Erstens* argumentiert LIPSIUS anthropologisch*:* Bei Biedermann sei die *Seele* »das einheitliche

---

90 A.a.O., S. 41.

91 So O. PFLEIDERER, Die Entwicklung der protestantischen Theologie in Deutschland seit Kant und in Großbritannien seit 1825 (s. Anm. 5), S. 245, Anm. 1.

92 R. A. LIPSIUS, Die Hauptpunkte der christlichen Glaubenslehre im Umrisse dargestellt (s. Anm. 4), S. 41. – Vgl. auch die Skizzierung des Reich-Gottes-Verständnisses bei R. A. Lipsius durch O. PFLEIDERER in: Die Entwicklung der protestantischen Theologie in Deutschland seit Kant und in Großbritannien seit 1825 (s. Anm. 5), S. 250.

93 R. A. LIPSIUS, Lehrbuch der evangelisch-protestantischen Dogmatik (s. Anm. 4), S. 867; zit. aus: ders., Glauben und Wissen (s. Anm. 4), S. 400.

individuelle Realprinzip des gesamten sinnlich-geistigen Lebensprozesses des Individuums«. So sei bei ihm die Seele »als Krafteinheit gedacht, welche selbstverständlich nur in der Totalität der leiblichen Kräfte und Funktionen ihr Bestehen hat«, und somit sei bei Biedermann »die Vergänglichkeit des Seelenlebens schon in der Definition mitgesetzt«[94]. *Zweitens* stehe der Mensch dem »äußeren Weltdasein« und der »Todeserfahrung« als »geistige Größe von unendlichem Wert« gegenüber. Aber dieser Prozess einer »fortschreitenden Selbstbefreiung des innern Lebens von den ursprünglichen natürlichen Bedingungen, unter denen es erwachte«, komme im irdischen Dasein zu keinem Abschluss.[95] *Drittens*: »Die Annahme einer pneumatischen Leiblichkeit ist keineswegs so unausdenkbar, wie sie vielen erscheint.«[96]

4. Otto Pfleiderer: Irdische und überirdische Vollendungshoffnung

OTTO PFLEIDERER war Schüler seines württembergischen Landsmanns FERDINAND CHRISTIAN BAUR. Er war theologisch wie von Baur so auch von STRAUSS und BIEDERMANN beeinflusst und mit LIPSIUS freundschaftlich und theologisch verbunden. Er bezog, wie ZELLER, die Philosophiegeschichte und die Religionsgeschichte in die Theologie mit ein. Der dezidiert liberale Theologe war in der angelsächsischen Welt bekannter als in Deutschland.

(a) »Freie Theologie« vertritt PFLEIDERER, indem er sich, wie BIEDERMANN und LIPSIUS, den Grundüberzeugungen des christlichen Glaubens auch auf anthropologischem und philosophischem Weg annähert, soweit das eben möglich ist. Es »bleibt das Recht und die Pflicht der Glaubenslehre, die Wahrheit des christlichen Gottesglaubens auch für das denkende Bewusstsein auf Grund unserer gesamten menschlichen und christlichen Erfahrung zu rechtfertigen, indem nachgewiesen wird, wiefern sich der vernünftigen Wahrnehmung (Röm 1,20) eine mannigfache Gottesoffenbarung erschließt: 1) in der natürlichen Weltordnung; 2) in der sittlichen Weltordnung und 3) in der religiösen Heilsordnung. Auf jeder dieser Stufen erhält zugleich der Inhalt der Gottesidee eine immer bestimmtere Erfüllung durch die in dem betreffenden Erfahrungsgebiet sich offenbaren-

---

94 R. A. LIPSIUS, Lehrbuch der evangelisch-protestantischen Dogmatik (s. Anm. 4), S. 863.

95 A.a.O., S. 865.

96 A.a.O., S. 866.

den Wesensmerkmale oder Eigenschaften Gottes.«[97] Das »vernünftige Denken« sucht »in der Gottesidee die Einheit der Ideen des Wahren und des Guten, des Weltgrundes und Weltzieles«. Im »religiösen Gefühl«, das ja keineswegs nur im biblischen Umfeld zu finden ist, soll »die Abhängigkeit von der unendlichen Macht mit der freien Erhebung zum unbedingten Ideal verbunden sein«[98].

Zu diesem anthropologisch-philosophischen Anmarschweg gehört auch die Berücksichtigung der »religiösen Anlage des Menschen« und »der Menschheit«[99], die dann von Ernst Troeltsch als »religiöses Apriori« bezeichnet worden ist.[100] Die natürliche religiöse Anlage, die »gottverwandte Anlage der menschlichen Natur« ist eine Brücke, ein Anknüpfungspunkt für die »geschichtliche Offenbarung«, speziell auch die Christusoffenbarung.[101]

(b) In der »freien Theologie« von Biedermann, Lipsius und Pfleiderer liegt ein universalistischer Zug, eine Öffnung für die ganze Welt der Religionen und die Philosophie, indem unterschieden wird zwischen dem historischen Jesus, in dem sich Gott zentral offenbart hat, und dem Christusprinzip, der Christusidee, dem Prinzip der universalen Offenbarung, der universalen Zuwendung Gottes zu den Menschen. Dieses Christusprinzip ist in Jesus eingegangen, aber nicht auf ihn eingeschränkt. Es hat in Jesus seine wohl reinste, eindeutigste, aber nicht seine einzige Verwirklichung gefunden. Jesu »Bewusstsein der Gottessohnschaft« ist »die urbildliche Verwirklichung der allgemeinmenschlichen Bestimmung zu Gottessöhnen«[102]. Das Christusprinzip kann auch als Prinzip der Gnade bezeichnet werden: »So ist alles wahrhafte Gutwerden der Menschheit im Ganzen und Einzelnen das Werk der Gnade, welche das gute Prinzip in der Menschheit

---

[97] O. Pfleiderer, Grundriss der christlichen Glaubens- und Sittenlehre (s. Anm. 5), S. 75.

[98] A.a.O., S. 74.

[99] A.a.O., S. 20. 74. 83 f. 137.

[100] Dazu Andreas Rössler, Universales Gottesbewusstsein und religiöse Gleichgültigkeit: ein Widerspruch?, in: Werner Zager (Hg.), Universale Offenbarung? Der eine Gott und die vielen Religionen, Leipzig 2013, S. 89-123 (zum »religiösen Apriori« bes. S. 103-108).

[101] O. Pfleiderer, Grundriss der christlichen Glaubens- und Sittenlehre (s. Anm. 5), S. 20.

[102] A.a.O., S. 158; s. auch a.a.O., S. 137 f. 159. 161 f., ferner ders., Religion und Religionen (s. Anm. 5), S. 231 f.

(das ›Ebenbild Gottes‹) durch den weltgeschichtlichen Verlauf seines Kampfes mit dem Bösen zum Sieg hindurchführt.«[103]

(c) Im Unterschied zu BIEDERMANN, aber im Einklang mit LIPSIUS, wenn auch mit weniger Nachdruck als bei diesem, ist auch nach PFLEIDERER von Gott, dem »Grund des realen Seins«, der »göttlichen Intelligenz«, die zugleich »Allmacht« ist,[104] Konkretes, Spezifisches nicht anders als durch menschliche Vorstellungen, Bilder, Gleichnisse, Symbole zu denken und auszusagen.[105] Gemäß dieser »unvermeidlichen Bildersprache«[106] »können alle unsere Beschreibungen göttlichen Wirkens nur als *Bilder* gelten, die, weil aus der Erfahrung der endlichen Wechselwirkung entnommen, das göttliche Wirken an sich nur unzutreffend beschreiben, deren Bedeutung aber darin liegt, dass sie den mannigfachen Bestimmtheiten unseres Gottesbewusstseins, in denen wir einer Wirkung Gottes auf uns innewerden, zum anschaulichen und mitteilbaren Ausdruck werden.«[107]

Letztlich ist das »Weltprinzip«, der »unendliche Geist«, der »unbedingte Geist« unvorstellbar. Er »übersteigt alle Analogie unserer Erfahrung«[108]. Gegenüber aller geistigen Überheblichkeit, mit der man meint, Gott vollständig erfassen zu können, ist der »Agnostizismus«, die Auffassung, das Absolute sei unerkennbar, ein Korrektiv: »Als Reaktion gegen diesen übermütigen Gnostizismus hat der kleinmütige Agnostizismus der Gegenwart eine relative Berechtigung.«[109] Für die Glaubenden freilich kann dieser Agnostizismus nicht alles sein, weil sie gewiss sind, Offenbarung Gottes, d.h. »eine durch menschliche Seelentätigkeit vermittelte Mitteilung Gottes empfangen« zu haben,[110] also von der befreienden Gnade getroffen und erfasst worden zu sein.

---

[103] O. PFLEIDERER, Grundriss der christlichen Glaubens- und Sittenlehre (s. Anm. 5), S. 138; vgl. auch a.a.O., S. 172 f.

[104] A.a.O., S. 76.

[105] A.a.O., S. 14 f.

[106] O. PFLEIDERER, Religionsphilosophie auf geschichtlicher Grundlage (s. Anm. 5), S. 505.

[107] A.a.O., S. 504.

[108] A.a.O., S. 501.

[109] A.a.O., S. 502.

[110] O. PFLEIDERER, Grundriss der christlichen Glaubens- und Sittenlehre (s. Anm. 5), S. 19.

(d) Hinsichtlich der Eschatologie, der »Heilsvollendung«, unterscheidet Pfleiderer wie Lipsius das »Reich Gottes«[111] und die »Gotteskindschaft«[112]. Im irdischen, sich in der Geschichte weiterentwickelnden Reich Gottes versammeln sich die Menschen, die sich dessen bewusst sind und die das zu verwirklichen beginnen, dass sie Kinder Gottes sind: »In der Verbindung der gesamten Menschheit zum Bunde der Gotteskinder und in der Versittlichung des ganzen Gesellschaftslebens durch die Macht des christlichen Geistes vollzieht sich stetig das siegreiche Kommen und königliche Herrschen Christi in der irdischen Welt. Aber weil auf dem Boden des geschichtlichen Völkerlebens sich vollziehend, bleibt dasselbe auch immer an die geschichtlich menschlichen Bedingungen und Schranken gebunden.«[113]

So ist das irdische Reich Gottes, das bruchstückhaft und immer noch entwicklungsbedürftig jetzt schon erfahren wird, das eine, und das über den Tod hinaus erwartete vollendete Reich Gottes das andere. Dieses vollendete Reich Gottes beschreibt Pfleiderer eher individualistisch, also im Blick auf die Fortdauer der einzelnen Menschen nach dem Tod. Doch gehören »die soziale und individuelle Vollendungshoffnung«[114] zusammen.[115]

Auf eine immer gerechtere, friedvollere, die Menschenwürde aller achtende Welt, die dann eben irdisches Reich Gottes ist, können wir nur hoffen, und erst recht können wir von der vollendeten Gemeinschaft mit Gott jenseits der Schwelle des Todes nur im Modus der Hoffnung denken und glauben. »Wir hoffen also sein Kommen auf unsere Erde; diese Stätte unserer Leiden und Freuden, unserer Arbeit und Mühe soll, so hoffen wir, geweiht werden zu einem Reich des Guten, wo das Recht zur Macht wird und Friede und Gerechtigkeit sich küssen. Freilich bleibt auch bei dieser Hoffnung doch immer ein Überschuss der Jenseitigkeit des Ideales, das nie ganz im Diesseits der erfahrungsmäßigen Wirklichkeit aufgehen kann. Das liegt in der Natur der Sache, im Wesen des Ideales und im Bedürfnis des menschlichen Gemütes. Wir können uns ja nicht verhehlen, dass wir trotz allem unserem Streben und Mühen doch nie zu einem endgültigen Ziel zu

---

111 A.a.O., S. 83. 163. 167. 179 f. 224.

112 A.a.O., S. 36 f. 83. 203. 216-218.

113 A.a.O., S. 224.

114 Ebd.

115 So O. Pfleiderer, Religionsphilosophie auf geschichtlicher Grundlage (s. Anm. 5), S. 645 f.

gelangen vermögen.«[116] So bleibt eben »die Hoffnung, dass aller Streit und alles Leid der Zeit sich einmal lösen werde im Frieden der Ewigkeit«[117].

Genauso wie der Glaube muss auch die Hoffnung, hier also die »Vollendungshoffnung«, begründet sein. Im letzten Paragraphen seiner »Christlichen Glaubenslehre« zählt Pfleiderer mehrere Argumente für »die überirdische Zukunft der einzelnen Personen«[118] auf. Ein anthropologisches Argument ist das »Bewusstsein von der selbstständigen übersinnlichen Realität des persönlichen Lebens im Unterschied von seinem sinnlichen Organismus«[119], d.h., dass der menschliche Geist mehr ist als bloß eine Funktion seines Gehirns. Ein weiteres anthropologisches Argument ist »die zum Wesen der Menschenseele gehörige Entwicklungsfähigkeit«, und diese »könne nicht mit dem Moment des leiblichen Todes aufgehoben sein«[120]. Man wird freilich nicht sagen können, diese beiden Argumente seien unbestreitbar. Sie sind aber dann plausibel, wenn Gottes Ewigkeit vorausgesetzt und seine bleibende Zuwendung zu seinen Geschöpfen geglaubt wird.

Zu den anthropologisch-philosophischen kommen bei Pfleiderer zwei theologische Argumente für die »Vollendungshoffnung«. *Erstens* ist die »allweise Liebe Gottes«[121] grundlegend. *Zweitens* führt diese, auf Gottes Zuwendung zu den Menschen angewendet, zu der »Glaubensüberzeugung von unserer ewig in Gott begründeten und darum durch kein zeitliches Geschick aufzuhebenden Bestimmung zu vollkommener Gottähnlichkeit und Gottesgemeinschaft«[122]. Werden diese beiden theologischen Grundgesichtspunkte mit dem für Pfleiderer wichtigen Gedanken der Entwicklung[123] zusammengesehen, so ergibt sich eine eschatologische Vorstellung, wonach es im vollendeten Reich Gottes auch noch Möglichkeiten gibt, dass sich die »erziehende Gnade«[124] weiter entfaltet. Dieser Gedanke einer »unendlichen Mannigfaltigkeit der jenseitigen Entwicklungsformen und Stu-

---

[116] O. PFLEIDERER, Religion und Religionen (s. Anm. 5), S. 32 f.

[117] A.a.O., S. 233.

[118] O. PFLEIDERER, Grundriss der christlichen Glaubens- und Sittenlehre (s. Anm. 5), S. 224.

[119] Ebd.

[120] A.a.O., S. 225.

[121] Ebd.

[122] A.a.O., S. 224.

[123] Vgl. a.a.O., S. 99. 172.

[124] A.a.O., S. 137 f. 172.

fen, in welchen der unendlichen Liebe Raum bleibt zur endlosen Betätigung ihrer erziehenden Weisheit«[125], wird besonders tröstlich sein im Blick auf Menschen, die vorzeitig gestorben sind oder noch gar keine Lebenschancen gehabt haben.

Pfleiderer schließt seine Gedanken zur »Zukunftshoffnung« ab mit dem Vorbehalt der negativen Theologie von der »Unerforschlichkeit« Gottes,[126] was eine Warnung vor wild wuchernden eschatologischen Vorstellungen in sich schließt, und mit dem persönlichen Vertrauen darauf, in Gott geborgen zu bleiben: »Im Übrigen hat die evangelische Behandlung der letzten Dinge den Grundsatz biblischer Besonnenheit zu befolgen und statt willkürlicher Ausmalung des Unerforschlichen sich auf die Verheißung zu beschränken, dass wir bei dem Herrn daheimsein und in Erkenntnis und Liebe das hienieden zwar schon begonnene, aber unter dem endlosen Leid der Erde stets unvollkommen bleibende ewige selige Leben endlich vollkommen haben werden.«[127]

5. Freie Theologen im Gefolge von Albert Schweitzer

In aller Kürze seien noch drei »freie Theologen« und Vertreter einer »konsequenten Eschatologie« gestreift, die ähnlich wie das »Dreigestirn« Biedermann, Lipsius und Pfleiderer miteinander verzahnt und geistig miteinander verwandt sind: der elsässische Universalgelehrte Albert Schweitzer[128] und seine beiden Schweizer Gefolgsleute Martin Werner (1887-1964), Professor für Systematische Theologie in Bern, und Fritz Buri (1907-1995), Professor für Systematische Theologie in Basel. Als vierter freier Theologe ist Ulrich Neuenschwander (1922-1977)[129] zu erwähnen,

---

125 A.a.O., S. 225.

126 Vgl. auch den Abschnitt »Grenzen der Erkennbarkeit Gottes«, in: O. Pfleiderer, Religionsphilosophie auf geschichtlicher Grundlage (s. Anm. 5), S. 498-505.

127 O. Pfleiderer, Grundriss der christlichen Glaubens- und Sittenlehre (s. Anm. 5), S. 225. – Vgl. ders., Religionsphilosophie auf geschichtlicher Grundlage (s. Anm. 5), S. 646: »So fasst sich unsere religiöse Zukunftshoffnung zusammen in dem so einfachen wie tiefsinnigen Wort Jesu: ›Gott ist nicht ein Gott der Toten, sondern der Lebendigen‹, denn ›*Ihm leben sie alle*‹.«

128 Zu A. Schweitzer: Werner Zager, Albert Schweitzer als liberaler Theologe. Studien zu einem theologischen und philosophischen Denker (BASF 11), Berlin 2009; ders. (Hg.), Albert Schweitzer und das freie Christentum. Impulse für heutiges Christsein, Neukirchen-Vluyn 2005.

129 Posthum erschienene Publikationen: Ulrich Neuenschwander, Christologie – verantwortet vor den Fragen der Moderne. Mit Beiträgen zu Person und Werk

Professor für Systematische Theologie in Bern, wie Buri direkter Schüler von Werner. Neuenschwander, der sich etwa mit der Entmythologisierung, dem Atheismus und der Theodizeefrage beschäftigt hat, liegt weitgehend auf der theologischen Linie von Werner.

SCHWEITZER vertrat wissenschaftlich die These, die gesamte Verkündigung Jesu und der frühen Christenheit habe unter der »Naherwartung« des baldigen Weltendes und Anbruchs des Reiches Gottes gestanden. Jesus und das frühe Christentum hätten sich hier getäuscht. Darum sei im Zuge einer sich im Laufe der Geschichte der Kirche vollziehenden Enteschatologisierung an die Stelle des in Kürze plötzlich und übernatürlich hereinbrechenden Reiches Gottes das jetzt durch uns zu verwirklichende Reich Gottes getreten. Hier habe eine zeitgemäße Interpretation der Verkündigung Jesu anzusetzen. MARTIN WERNER verstand die Dogmenbildung der Alten Kirche als Folge der »Parusieverzögerung«, der Enttäuschung über das Ausbleiben der Wiederkunft Jesu. FRITZ BURI schließlich verband die auch von ihm geteilte Sicht seines Lehrers MARTIN WERNER mit einer theologisch von RUDOLF BULTMANN und philosophisch von KARL JASPERS bestimmten Existenzialtheologie, wonach die ganze christliche Glaubenslehre das Selbstverständnis der menschlichen Existenz ausdrückt.

(a) Entgegen einer gängigen Meinung hat SCHWEITZER nicht ausschließlich eine präsentische Eschatologie vertreten, wonach ewiges Leben jetzt geschieht und das Reich Gottes jetzt zu verwirklichen ist,[130] sondern sich gelegentlich auch zu einem »Leben nach dem Tod« bekannt, also dazu, dass wir nach dem Tod in Gott geborgen bleiben, auch wenn wir uns das im Einzelnen nicht vorstellen können oder müssen.[131]

In einer Predigt zum Totengedächtnis am 17. November 1907 sagt Schweitzer in der Straßburger Kirche St. Nicolai: »Wer sein Leben im Angesicht des Todes zu betrachten wagt, wer es von ihm stückweise zurückempfängt und es lebt als etwas, das ihm nicht gehört, sondern geschenkt worden ist, mit der innerlich freien und friedvollen Gesinnung des Menschen, der in seinen Gedanken den Tod überwunden hat, der glaubt an ein

---

Albert Schweitzers, hg. v. Werner Zager, Bern / Stuttgart / Wien 1997; DERS., In Freiheit glauben. Ermutigungen zu einem wahrhaftigen Christsein, hg. v. Werner Zager, Neukirchen-Vluyn 1999; DERS. / W. ZAGER, Gott denken angesichts des Atheismus (s. Anm. 37).

[130] Beispiele einer dezidiert präsentischen Eschatologie in: EINHARD WEBER (Hg.), Das Buch der Albert-Schweitzer-Zitate, München 2013, S. 52 (Nr. 16; 1902), S. 214 (Nr. 21; 1905), S. 255 (Nr. 12; 1904, und Nr. 13; 1907), S. 348 (Nr. 37; 1904).

[131] Dazu ANDREAS RÖSSLER, Der Gottesgedanke bei Albert Schweitzer, in: W. Zager (Hg.), Albert Schweitzer und das freie Christentum (s. Anm. 128), S. (69-101) 91 f.

ewiges Leben, weil er schon etwas davon hat und erlebt hat, und schon zehrt von dem Frieden und der Freude desselben. Wie es gestaltet ist, vermag er nicht zu sagen, er vermag seine Anschauung auch vielleicht nicht ganz mit den überlieferten Vorstellungen in Einklang zu bringen. Aber das weiß er gewiss, dass etwas in uns ist, das nicht vergeht, wenn wir selber vergehen, sondern das fortlebt und fortwirkt, überall wo das Reich des Geistes ist, weil es schon jetzt in uns lebt und wirkt, wenn wir innerlich durch den Tod zum Leben gekommen sind.«[132]

Auch in seiner Autobiografie von 1931 zeigt sich ein erkenntnistheoretischer Agnostizismus, der zwar nicht ein Leben nach dem Tod bestreitet, aber offenlässt, wie man sich dieses vorzustellen habe: »Wer erkannt hat, dass die Idee der Liebe der geistige Lichtstrahl ist, der aus der Unendlichkeit zu uns gelangt, der hört auf, von der Religion zu verlangen, dass sie ihm ein vollständiges Wissen von dem Übersinnlichen biete. Wohl bewegt er die großen Fragen in sich, wie in Gott, dem Urgrund des Seins, der Schöpferwille und der Liebeswille eins sind, in welchem Verhältnis das geistige und das materielle Leben zueinander stehen und in welcher Art unser Dasein vergänglich und dennoch unvergänglich sei. Aber er vermag es, sie dahingestellt sein zu lassen, so schmerzlich ihm der Verzicht auf die Lösung ist. In dem Wissen vom geistigen Sein in Gott durch die Liebe besitzt er das Eine, was Not tut.«[133]

Im zweiten Teil seines Werkes »Reich Gottes und Christentum« schreibt Schweitzer wohl um 1948/49: »Auch für den neuzeitlichen Glauben bedeutet das Werden des Reiches Gottes auf Erden nicht alles. Auch er schaut von dieser Welt und von der Zeitlichkeit auf die Ewigkeit aus und auf das, was nach dem Tode sein wird. Er weiß aber, dass wir dies Gott anheim gestellt lassen müssen und dass wir in diesem Dasein nach der Seligkeit trachten müssen, dass es in uns und in der Welt Reich Gottes werde, aus der uns Gott, wenn wir uns in ihr bewährt haben, zur zukünftigen eingehen lässt.«[134]

---

[132] Albert Schweitzer, Straßburger Predigten, hg. v. Ulrich Neuenschwander, München 1966, S. (67-78) 77; auch in: ders., Predigten 1898–1948, hg. v. Richard Brüllmann u. Erich Gräßer (Werke aus dem Nachlass), München 2001, S. (859-865) 865.

[133] Albert Schweitzer, Aus meinem Leben und Denken, in: ders., Gesammelte Werke, hg. v. Rudolf Grabs, Bd. 1, München 1974, S. (19-252) 247 f.

[134] Albert Schweitzer, Reich Gottes und Christentum, hg. v. Ulrich Luz, Ulrich Neuenschwander (†) u. Johann Zürcher (Werke aus dem Nachlass), München 1995, S. 354.

In einem Brief vom 3. März 1958 schreibt Schweitzer aus Lambarene einer vermutlich soeben verwitweten Frau in Wernigerode: »Unser Glaube ist, dass die Seelen derer, die von uns schieden, in das Reich des Friedens und des Lichtes eingehen und bei Gott sind. Dessen dürfen wir uns getrösten.«[135]

(b) MARTIN WERNER unterscheidet im zweiten Band seines Hauptwerkes »Der protestantische Weg des Glaubens«[136] eine zweifache Offenbarung Gottes als »Seinsgrund« und als »Sinngrund«, theologisch ausgedrückt, als Schöpfer und Erlöser. Der »Seinsgrund« ist der philosophische, der »Sinngrund«, gipfelnd in der Christusoffenbarung, der religiöse Weg, wobei der religiöse Weg den philosophischen voraussetzt und der philosophische im religiösen mündet. Der wahre Sinn des Daseins ist nur im wahren Seinsgrund zu finden, sonst wäre auf die Sinnfrage nur mit Wünschen und Illusionen zu antworten. Werner betont die Rätselhaftigkeit der Wirklichkeit, was theologisch mit der »Verborgenheit Gottes« ausgedrückt wird. Die Seinsrätsel bedeuten zugleich einen Sinnzwiespalt, dessen Erfahrung uns dann aber für die besondere Offenbarung Gottes im universalen, ewigen Christus öffnet, im Christusgeist, der sich in Jesus von Nazareth, aber auch anderswo manifestiert.[137]

Indem unter dem Wirken des Geistes Gottes Sinn verwirklicht wird, geschieht mitten im Irdischen »Reich Gottes«:[138] »Darum ist der Christusgeist Licht, das im Dunkel der Welt leuchtet. Indem er in einer sinnzwiespältigen Welt versöhnende und hilfreiche Gemeinschaft stiftet und so auf ein Wirken ausgeht, das schöpferisch aufbaut und erhält, wo sonst nach dem natürlichen Lauf der Dinge in zerstörerischem Zusammenprall Leben

---

[135] HANS WALTER BÄHR (Hg.), Albert Schweitzer. Leben, Werk und Denken 1905-1965. Mitgeteilt in seinen Briefen, Heidelberg 1987, S. 263.

[136] M. WERNER, Der protestantische Weg des Glaubens, Bd. 1: Der Protestantismus als geschichtliches Problem (s. Anm. 7); Bd. 2: Systematische Darstellung, Bern / Tübingen 1962. – Zu M. Werner: MAX ULRICH BALSIGER, Martin Werner – unbekannter Theologe (Forum Freies Christentum. Arbeitstexte des Bundes für Freies Christentum, Nr. 16), Stuttgart 1989; ANDREAS RÖSSLER, Seinsgrund und Sinngrund. Zum Gottesverständnis des Berner Theologen Martin Werner (1887–1964), in: Freies Christentum, Jg. 56 (2004), S. 116-128; MARKUS AELLIG, Jesus von Nazareth und der christliche Glaube in der Theologie Martin Werners, in: W. Zager (Hg.), Albert Schweitzer und das freie Christentum (s. Anm. 128), S. 169-182.

[137] Vgl. MARTIN WERNER, Thesen zum Christusproblem. Ein Beitrag zur Kritik der Theologie der Gegenwart, Bern / Leipzig 1934.

[138] Die folgenden Passagen zu M. Werner sind übernommen aus: A. RÖSSLER, Seinsgrund und Sinngrund (s. Anm. 136), S. 125 f.

gegen Leben, Wille gegen Wille, Macht gegen Macht sich aufreiben würden, entsteht ein Reich des wahrhaft sinnvollen Lebens, das nicht von dieser Welt ist, *das Reich Gottes.*«[139]

Doch kann es mit der Sinnverwirklichung im diesseitigen Reich Gottes allein noch nicht getan sein. Der Tod könnte alles zunichte machen und alles menschliche Wirken im Dienst der Liebe und der Wahrhaftigkeit vergeblich bleiben lassen. Die Nagelprobe für die Frage nach dem Sinn ist das Problem von Tod und Ewigkeit. Werners theologischer Entwurf bezieht die Hoffnung mit ein, dass es nach dem Tod in Gott eine Erfüllung gibt und weitergeht, wie auch immer: »Kommt das Problem des Todes zur Sprache, so wird es von vornherein unter den Gesichtspunkt der Erlösung von der Todesangst gerückt, als der innerlichen Befreiung zu der Möglichkeit des vorbehaltlosen Sichbeugens auch vor dem in der Ordnung der Todesnotwendigkeit sich ankündigenden Geheimnis der göttlichen Schöpfermacht, die uns im Tode nicht in das imaginäre ›Nichts‹ fallen und verloren gehen lässt, sondern uns zu sich als dem Ursprung und zu neuer unbekannter Seinswandlung zurückruft.«[140]

Ein Leben nach dem Tod wird von Werner nicht ausgemalt. Denn Gott überschreitet alle menschliche Erkenntnismöglichkeit, und somit auch Vorstellungen des allein von Gott zu erwartenden ewigen Lebens. »Wir anerkennen in der ehrfürchtigen Haltung das Geheimnis des Todes als das Geheimnis einer Seinsverwandlung, die uns in einer unserem menschlichen Verstand gänzlich unfassbaren Weise irgendwie zum ewigen Ursprung zurückbringt.«[141] Doch bleibt im Blick auf den Tod und die Frage des »künftigen Schicksals der Welt im Ganzen« »der Ausblick auf die für uns gänzlich unabsehbare Unendlichkeit der göttlichen Schöpfungsmöglichkeiten, durch die dafür gesorgt ist, dass Werden und Wandlung im Gesamtleben der Welt auch im Vergehen geformter Gestalt an keinem Punkte wirklich abbrechen, sondern durch solches Vergehen hindurch als stets neues Werden und stets neue Wandlung stets Neues schaffen«[142].

---

139 Martin Werner, Glaube und Aberglaube. Aufsätze und Vorträge, Bern / Stuttgart 1957, S. 114.

140 M. Werner, Der protestantische Weg des Glaubens, Bd. 2 (s. Anm. 136), S. 480.

141 M. Werner, Glaube und Aberglaube (s. Anm. 139), S. 110.

142 M. Werner, Der protestantische Weg des Glaubens, Bd. 2 (s. Anm. 136), S. 327. – Zum Verständnis des Todes und zum Ewigkeitsglauben insgesamt: a.a.O., S. 322-328 (»Der Glaube und die Todesangst«).

(c) Bei FRITZ BURI,[143] dem dritten Repräsentanten der »konsequenten Eschatologie«, wiederholt sich, was bei BIEDERMANN festzustellen war: die Konzentration, ja Beschränkung »ewigen Lebens« ganz auf das irdische Dasein und damit ein Nein zu einer Vollendungshoffnung über das diesseitige Leben hinaus: »Seiner als einzelner - im wahren Sinn des Wortes - innezuwerden, ist Unsterblichkeit, und sich als solcher in Gemeinschaft zu erfahren, ist Auferstehung des Leibes - zum Gericht und zur Seligkeit.«[144]

BURIS theologischer Ansatz ist im Anschluss an KARL JASPERS das »Selbstverständnis« dessen, der sich vor der »Transzendenz« verantwortlich weiß und davon nur aus eigener Betroffenheit und in der Form von Symbolen denken und sprechen kann. Christusoffenbarung ist für ihn die Erfahrung des Beschenktseins und des Daseinssinns trotz allem bleibenden Sinnzwiespalt. Die christliche Botschaft ist also Ausdruck des Selbstverständnisses der gläubigen Existenz. Die christlichen Dogmen sind Chiffren, sind symbolischer Ausdruck eines Glaubens, der sich in die unbedingte Verantwortung gerufen weiß. Gott ist bei Buri *zunächst* verstanden als die Dimension des unfassbaren Geheimnisses des Seins und des unlösbaren Rätsels des Sinns des Daseins. *Sodann* offenbart sich Gott in dem universalen Christus als die Stimme, die uns zur Verantwortung und damit zum Vollzug unseres Personseins ruft. Die »Gnade des Seins« besteht für Buri in der Möglichkeit, aus der Verantwortungslosigkeit herauszufinden, Verantwortung zu übernehmen und dabei auch eigene Schuld und deren Folgen zu sühnen.

Es ist zu fragen, ob sich aus diesem stark individualistischen und von der Welterfahrung und der Weltverantwortung ausgehenden Glaubensverständnis samt Buris Hang zum Agnostizismus, zur Auffassung, das göttliche Daseinsgeheimnis sei letztlich unerkennbar, notwendigerweise die rein präsentische Eschatologie ergibt. Man könnte von Buris Ansatz aus die Frage, was wir nach dem Tod zu erwarten haben, ja auch einfach offenlassen und eine Vollendung über das irdische Dasein hinaus Gott anheimgestellt sein lassen. Möglicherweise ist dies auch eine Option Buris, wenn er schreibt: »*Unsterblichkeit ist ein Symbol von Selbstverständnis, das als*

---

[143] Einen Einstieg in das umfangreiche Werk Buris bieten: FRITZ BURI, Verantwortung übernehmen. Ein Lesebuch, hg. v. Günther Hauff, Bern / Tübingen 1987; ALBERT SCHWEITZER / FRITZ BURI, Existenzphilosophie und Christentum. Briefe 1935-1964, hg. v. Andreas Urs Sommer, München 2000. – Zu F. Buri: PETER SCHULZ / ANDREAS URS SOMMER, Fritz Buri: Sein Weg. Leben – Denken – Glauben, Göttingen 2007.

[144] F. BURI, in: ders. / Jan Milic Lochman / Heinrich Ott, Dogmatik im Dialog, Bd. 1: Die Kirche und die letzten Dinge, Gütersloh 1973, S. 268.

solches nicht eine Aussage über das Leben nach dem Tode in einem Jenseits macht, sondern mit Hilfe diese Symbols eine Aussage über das Leben im Diesseits. Unsterblichkeit ist *ein Existential des sterblichen Lebens.* Vom Leben nach dem Tode wissen wir nichts, aber ohne Berücksichtigung der Vorstellungen, in denen die Menschheit je und je darüber phantasiert hat, ist die Bedeutung des Lebens und seines Sterbens nicht zu erfassen und sein Gehalt nicht ausgeschöpft.«[145] Was bei Buris Eschatologie stört, ist sein Verzicht darauf, diese Fragen ausdrücklich auf Gott zu beziehen.[146]

6. Acht Thesen zur Frage: »Was dürfen wir über den Tod hinaus hoffen?«

1. Die Frage, »ob mit dem Tod alles aus ist« oder ob es (wie auch immer) weitergeht, bewegt uns unser ganzes Leben lang. Niemand kann aber daran gehindert werden, zu behaupten, das, was nach dem Tod kommt, »interessiere ihn nicht«. Mit solcher Gleichgültigkeit oder umgekehrt mit einem Umgetriebensein von dieser Frage ist die Wahrheitsfrage noch nicht beantwortet.

2. Was nach dem Tod kommt, sprengt unser alltägliches sowie unser vernünftiges (rationales) und wissenschaftliches Erkenntnisvermögen, denn Raum und Zeit im irdischen Sinn sind dann für uns zu Ende. Hier ist also ein erkenntnistheoretischer Agnostizismus unumgänglich, der freilich auch nicht das letzte Wort behalten muss, sofern der Geist Gottes Gewissheit schenkt.

3. Wie das, was nach dem Tod kommt, so sprengt der ewige Gott unser Vorstellen und Begreifen. Das Göttliche als *Dimension* des Absoluten, alles Bedingenden ist zwar zwingend einsichtig (wie die Tatsache unseres Daseins), aber nicht das *wahre Wesen* des Göttlichen. Vom Ewigen und Göttlichen kann man *konkret* nur symbolisch-gleichnishaft reden, in Bildern, in

---

[145] Fritz Buri, Dogmatik als Selbstverständnis des christlichen Glaubens, Dritter Teil: Die Transzendenz der Verantwortung in der Schöpfung des dreieinigen Gottes, Bern / Tübingen 1978, S. 320.

[146] Dies ist die Kritik von J. M. Lochman, in: F. Buri / J. M. Lochman / H. Ott, Dogmatik im Dialog, Bd. 1 (s. Anm. 144), S. 276: »Bei aller Offenheit scheint mir Fritz Buri das eine, was not tut, außer Sicht zu lassen: Gott. Verschiedene Varianten postmortaler Überlegungen werden bei ihm angestellt; dass dabei Gott eine wesentliche Rolle spielen könnte, wird nicht berücksichtigt – wenigstens nicht explizit.«

menschlichen, aus der Welterfahrung und Selbsterfahrung genommenen Vorstellungen.

4. Im christlichen Verständnis bedeutet *künftiges* »ewiges Leben« - ob in der Vorstellung der »Auferstehung des Leibes« oder der »Unsterblichkeit der Seele« - nicht Streckung des irdischen Daseins, sondern das Eingehen in eine andere Dimension: in die göttliche Ebene, die Ebene dessen, was dem Universum zugrunde liegt. Die christliche Erwartung richtet sich dabei auch über das jeweils *individuelle* Schicksal hinaus auf die *Gemeinschaft* im vollendeten Reich Gottes.

5. Das Verständnis von Gott und die Erwartung dessen, was nach dem Tod kommt (und ob überhaupt etwas kommt), hängen eng miteinander zusammen. »Wenn wir nach einem Leben jenseits des Todes suchen, dann müssen wir es auch dort suchen, wo es ist, bei Gott.«[147] *Ohne* den alles bedingenden und umfassenden Urgrund, der transpersonal und als geistiger Wille zu verstehen ist, ist wirklich »mit dem Tod alles aus«. *Mit* Gott aber ist mit unserem Tod, wenn wir von uns aus am Ende sind, auf alle Fälle der lebendige, ewige Gott nicht am Ende.

6. Für eine christliche Ewigkeitshoffnung gibt es einen dreifachen Ansatz: (a) Die Erfahrung. Sie sieht sich unausweichlich dem Tod ausgesetzt, auch im Fall von Nahtoderfahrungen. (b) Die Vernunft. Sie denkt über die Erfahrung nach und auch darüber, was die Voraussetzung eines gütigen Gottes oder einer blinden Materie als letzter Kraft oder eines unerbittlich vergeltenden Weltgesetzes jeweils für die Frage einer individuellen Fortdauer nach dem Tod bedeuten würden. (c) Die in der Bibel grundgelegte christliche Glaubensüberlieferung. Vom Christusglauben und von der Botschaft von der Auferweckung Jesu her lautet die Hoffnung: »Jesus lebt, mit ihm auch ich«.[148]

7. Auch wenn es in unserer Erfahrung keine Beweise (und umgekehrt auch keine Widerlegungen) für ein Leben nach dem Tod gibt, so doch Hin-

---

[147] Aus der Osterpredigt »Leben aus dem Tod« von U. NEUENSCHWANDER vom 29. März 1964, in: ders., In Freiheit glauben (s. Anm. 129), S. (114-118) 116.

[148] CHRISTIAN FÜRCHTEGOTT GELLERT (1715–1769), in: Evangelisches Gesangbuch, Nr. 115.

weise, Spuren, Fingerzeige dafür, dass man mit gutem Grund sagen kann: »Es gibt eine andere Welt!«[149]

8. Manche Christen begnügen sich mit dem Glauben, dass Gott bleibt, und verzichten auf eine eigene Ewigkeitshoffnung.[150] Man darf aber doch darauf vertrauen, auch über den Tod hinaus in Gottes Gnade und Liebe geborgen zu bleiben, im Sinn des biblischen Wortes: »Ich bin gewiss, dass weder Tod noch Leben, weder Engel noch Mächte noch Gewalten, weder Gegenwärtiges noch Zukünftiges, weder Hohes noch Tiefes noch eine andere Kreatur uns scheiden kann von der Liebe Gottes, die in Christus Jesus ist, unserm Herrn« (Röm 8,38 f.).

Beide Haltungen können übrigens auch ineinander übergehen, sofern das Vertrauen darauf im Spiel ist, dass Gott für uns alles recht machen wird, im Sinn eines Wortes von Matthias Claudius (1740–1815): »Der Mensch lebt und bestehet/ Nur eine kleine Zeit,/ Und alle Welt vergehet/ Mit ihrer Herrlichkeit. Es ist nur einer ewig und an allen Enden,/ Und wir in seinen Händen.«[151]

---

[149] Der letzte Satz des rationalistischen Theologen Heinrich Eberhard Gottlob Paulus (1761–1851) auf dem Sterbebett. So Ute Schönwitz, Ich bin sehr schön logiert. Literarische Geschichten aus Leonberg (Warmbronner Anstöße, Bd. 3), Warmbronn 2011, S. 32.

[150] Das ist offensichtlich die Haltung von Dorothee Sölle (1929–2003), so in ihrem Buch »Mystik des Todes. Ein Fragment«, Stuttgart 2003: »Der Glaube an die Ewigkeit spielt [sc. bei Gerhard Tersteegen; A.R.] eine große Rolle, aber es ist nicht ein Glaube an das weiterlebende Ich, wohl aber ein Aufgehobensein in Gott.« (S. 134) »Was bedeutet Ewigkeit für mein Leben? Habe ich daran Anteil? Sollte ich mich nicht mit der Endlichkeit meines Lebens zufrieden geben?« (S. 139) »Lässt sich nicht eine Geborgenheit denken, die nicht in meiner Weiterexistenz liegt, wohl aber in Gottes Weiterexistenz?« (S. 143)

[151] Matthias Claudius, Erster Teil des »Motet« von 1782, in: ders., Werke oder Sämtliche Werke des Wandsbecker Boten, Stuttgart / Zürich / Salzburg 1957, S. 221.

Personenregister

Die kursiv gedruckten Seitenzahlen beziehen sich auf die Anmerkungen.

Allen, Woody **53**
Althaus, Paul ***80***
Angstwurm, Heinz ***96***

Bachmann, Ingeborg **25 f.**
Bähr, Hans Walter ***190***
Balsiger, Max Ulrich ***190***
Barnard, Christiaan **100 f.**
Bartels, U. E. ***98***
Barth, Karl **80, *132,* 139 f., 142**
Baudelaire, Charles **52**
Baur, Ferdinand Christian **161 f., 182**
Bause, H. W. ***96***
Bechstein, Ludwig **32**
Beethoven, Ludwig van **113**
Beinert, Wolfgang **146 f.**
Beltz, Matthias ***59***
Bergman, Ingmar **47**
Bernat, James L. ***95, 97, 99***
Beth, Karl ***72***
Biedermann, Alois Emanuel **160-176, 181-184, 192**
Blackmore, Susan ***103***
Blanke, Olaf ***104***
Böhmer, Otto A. ***18***
Borges, Jorge Luis **59**
Borjigin, Jimo ***104***
Brahms, Johannes **105-116, 118 f., 122-125**
Brinkmann, B. ***96***
Bromfield, E. ***104***
Bruckner, Anton **115**
Büchner, Georg **51**
Bultmann, Rudolf **34, 132-136, 139, 142, 145, 188**
Buri, Fritz **162, 175, 187 f., 192 f.**
Burrowes, K. ***104***

Calov, Abraham **63**
Camus, Albert **19, 52**
Carr, Daniel ***103***
Claudius, Matthias **195**
Cook, E. W. ***103***
Cornelius, Peter **106**

Darvall, Denise **100 f.**
Dellsperger, Rudolf ***160***
De Ritter, Dirk ***104***
Dessoff, Felix Otto **109**
Devinsky, O. ***104***
Dhanani, Sonny ***96***
Doehn, M. ***96***
Dorner, August **161**
Dostojewskij, Fjodor Michaylowitsch **52**
Drusche, Esther ***113***
Dupont, Patrick ***104***
Dürrenmatt, Friedrich **28 f.**

Elfferich, Ingrid ***102***
Engels, Friedrich **91**
Epiktet **37**
Epikur **18 f., 53 f.**

Faulkner, William **54**
Faust **23 f.**
Feldmann, E. ***104***
Feuerbach, Ludwig **51, 70, 78, 91**
Fichte, Johann Gottlieb **144**
Finteis, Thorsten ***97***

Flaubert, Gustave **24 f.**
Flückiger, Felix ***160 f.***
Forner, Johannes ***111, 118, 123,*** **125**
Frettlöh, Magdalene **148-150**
Freud, Sigmund **78**
Friedrich, Sven ***117, 119***
Frisch, Max **45**
Fromm, Erich **89**

Geck, Martin **106 f.,** ***113,*** **116-124**
Gellert, Christian Fürchtegott ***194***
Goethe, Johann Wolfgang **23 f., 42, 123**
Gomonova, I. ***96***
Goulon, Maurice ***99***
Graf, B. M. ***98***
Gregor-Dellin, Martin ***106, 116, 118, 121***
Greyson, Bruce **102**
Grimm, Jacob und Wilhelm **32**
Gronemeyer, Marianne **51**
Groth, Claus **107**
Gut, Walter ***161***

Hanslick, Eduard **106, 109 f., 113**
Haraldsson, Erlendur ***103***
Härle, Wilfried **80 f.**
Harnack, Adolf von **126 f.**
Hegel, Georg Wilhelm Friedrich **58 f., 71, 160, 166, 173**
Heidegger, Martin **34, 46 f., 55**
Herder, Johann Gottfried **42**
Hermelink, Heinrich ***161***
Herms, Eilert **153 f.**
Hernandez, Jason ***104***
Heussi, Karl ***161***
Hirsch, Emanuel **139, 145 f.,** ***160***
Hölderlin, Friedrich **123 f.**
Hornby, Laura ***96***
Hösle, Vittorio **55, 57-59**
Hossenfelder, Malte ***54***
Huff, Sean ***104***
Hume, David **70**

Ibsen, Bjørn **98 f.**

Janowski, J. Christine **148**
Jaspers, Karl **39, 188, 192**
Jesus von Nazareth **12, 131, 134, 188**
Jiang, Lu ***60***
Judson, I. R. ***103***
Jüngel, Eberhard **80 f., 142-144, 154**

Kamlah, Wilhelm **33-39, 42 f.**
Kant, Immanuel **39-43, 47 f., 52 f.,** ***60,*** **69 f., 129 f., 173, 176**
Keller, Heinrich Adelbert von ***19***
Kern, Peter ***38, 40***
Klarr, Daniel ***104***
Kleist, Heinrich von **26 f.**
Klinger, Max **124**
Kobell, Franz von ***32***
Kolano, Johanna ***101***
Kübler-Ross, Elisabeth **87 f.**
Kuhn, Thomas K. ***160, 162***
Küng, Hans **76-79**

Landis, Theodor ***104***
Lang, Heinrich **161**
La Rochefoucauld, François VI. de **45**
Laube, Heinrich **108**
Lee, UnCheol ***104***
Le Fort, Gertrud von **28**
Leonhardt, Rochus ***64***
Lessing, Gotthold Ephraim **42, 129 f., 163**
Link, Christian **153**
Lipsius, Richard Adelbert **160-163, 165, 176-185**
Liszt, Franz **116**
Liu, Tiecheng ***104***
Lochman, Jan Milic ***192 f.***
Lommel, Pim van ***40, 102***
Lorenzen, Paul **34**
Lüdemann, Hermann **161**
Luthardt, Christoph Ernst **175 f.,** ***179***
Luther, Martin **123**

Mann, Thomas **30 f.**
Marx, Karl **51, 91**
Mashour, George A. ***104***

McRae, Donald *101*
Mendelssohn Bartholdy, Felix **115**
Menovsky, Tomas *104*
Metzinger, Thomas **49 f.**
Meyers, Vincent *102*
Mollaret, Pierre **99**
Moltmann, Jürgen **140, 151, 153**
Montaigne, Michel de **46**
Moody, Raymond A. **87, 101 f.**
Mühling, Markus **153-155**

Nanut, Michael *97*
Neuenschwander, Ulrich **162,** ***167,*** **187 f.,** ***194***
Neunzig, Hans A. *110, 125*
Nietzsche, Friedrich **51, 54, 57, 115 f.**
Norenzayan, Ara **10,** ***15***
Nowak, R. *98*

Oberkinkhaus, Jörg *97*
Öchsner, Wolfgang *95*
Oehler, Jochen *15*
Oetinger, Friedrich Christoph **36**
Orso, S. *98*
Ortigue, Stephanie *104*
Osis, Karlis *103*
Owens, J. E. *103*

Pal, Dinesh *104*
Pannenberg, Wolfhart **72, 140**
Pascal, Blaise **50 f.**
Paul, Jean **42**
Paulus, Apostel **125**
Paulus, Heinrich Eberhard Gottlob *195*
Pfleiderer, Otto **160-162, 164-166, 172, 181-187**
Platon **17, 56 f.**
Puschel, K. *96*

Radbil, Avraham **13**
Rade, Martin *166*
Rahner, Johanna *128*
Rahner, Karl **83, 139 f.**
Ratzinger, Joseph **146**
Regal, Wolfgang *97*
Reinthaler, Karl **124**
Reisner-Senelar, Louise *99*
Richter, Friedrich **70**
Ring, Kenneth *102*
Ritschl, Albrecht **72,** ***161***
Rohls, Jan *161*
Roland **19-21**
Rosien, Peter **92 f.**
Rousseau, Jean-Jacques **42**

Sabom, Michael **87 f.**
Safranski, Rüdiger **52**
Sainsbury, Richard M. *58*
Sauter, Gerhard ***127,*** **138-141, 145, 147**
Schaede, Stephan **143-145, 147**
Scherer, Georg *56*
Schleiermacher, Friedrich Daniel Ernst **42, 65-69, 71 f., 130, 132, 153 f., 162, 168**
Schmid, Heinrich **63-65**
Schmidt, Martin *161*
Schneider, Frank *113, 124 f.*
Schnitzler, Arthur **27 f.**
Schönberg, Arnold **124**
Schönwitz, Ute *195*
Schopenhauer, Arthur **118, 120**
Schröter-Kunhardt, Michael **93**
Schulz, Peter *192*
Schumann, Clara **107, 109, 111 f., 124**
Schumann, Robert **106, 108, 115**
Schwarz, Karl Heinrich **161**
Schweitzer, Albert **41-43, 48, 131, 162, 187-190,** ***192***
Schweizer, Paul *160, 166 f.*
Seeck, Margitta *104*
Shemi, Sam *96*
Shewmon, D. Alan *100 f.*
Siegfried **19-21**
Siegfried, Theodor **162**
Sloboda, Jennifer *104*
Sokrates **17 f., 38 f.**
Sölle, Dorothee **137,** ***195***
Sommer, Andreas Urs *192*
Spaemann, Robert **60**
Spinelli, Laurent *104*

Spinoza, Baruch de **70**
Steinacker, Peter **120**
Stephan, Horst ***161***
Stevenson, I. ***103***
Stirner, Max **52**
Strauß, David Friedrich **69-72, 74, *129*, 160-162, 168, 171**

Tausig, Carl **118**
Tepl, Johannes von **21 f.**
Thomas, Günter **151 f.**
Tillich, Paul **74-76, 80, 139**
Tolstoj, Lev Nikolajewitsch **25**
Tristan **20 f.**
Troeltsch, Ernst **72-74, 132, 161**
Trubuhovich, Ronald V. ***98***
Tschaikowski, Peter **108 f.**

Van de Heyning, Paul ***104***
Van Laere, Koen ***104***
Vatke, Wilhelm **161**
Verdi, Giuseppe **109**

Wagner, Cosima **112, 119**
Wagner, Richard **105-123, 125**
Wang, Michael M. ***104***
Ward, Roxanne ***96***
Weeber, Martin ***153***
Wees, Ruud van ***102***
Weinel, Heinrich ***161***
Weischedel, Wilhelm **46**
Weiß, Johannes **131**
Weizsäcker, Carl Friedrich von **33 f.**
Werfel, Franz **29 f.**
Werner, Martin **161 f., 167, 187-191**
Wetzel, Manfred ***59***
Whitehead, Alfred North **56 f.**
Wiese, C. H. ***98***
Wiltshaw, E. ***103***

Zager, Werner **43, *187***
Zeller, Eduard **161-164, 174, 182**
Zuckier, Lionel S. ***101***

Autorenverzeichnis

Blume, Michael, Dr. phil., Religionswissenschaftler und Referatsleiter im Staatsministerium Baden-Württemberg für Kirchen und Religion, Integration und Werte in Stuttgart.

Bruhn, Jörgen, Lehrer i.R. für evangelische Religion, Philosophie, Deutsch, Geschichte und Musik in Bargteheide bei Hamburg.

Grossmann, Michael, Dr. paed., Theologe und Lehrer in Achern.

Martin, Erwin, Studiendirektor a.D., Gymnasiallehrer für Deutsch und Französisch in Worms.

Pfüller, Wolfgang, Dr. theol. habil., Pfarrer der Evangelischen Kirche in Mitteldeutschland.

Proescholdt, Martin, Privatdozent Dr. med., Neurochirurg am Universitätsklinikum Regensburg.

Rössler, Andreas, Dr. theol., Pfarrer der Evangelischen Landeskirche in Württemberg.

Wittekind, Folkart, Dr. theol., Professor für Systematische Theologie am Institut für Evangelische Theologie der Universität Duisburg-Essen.

Wittig, Hans-Georg, Dr. phil., Professor em. für allgemeine Pädagogik an der Pädagogischen Hochschule Freiburg.

Zager, Werner, Dr. theol., apl. Professor für Neues Testament am Fachbereich Evangelische Theologie der Johann Wolfgang Goethe-Universität Frankfurt am Main und Leiter der Evangelischen Erwachsenenbildung Worms-Wonnegau.